普通高等院校"十二五"城市轨道交通运输专业系列教材

颜景林（新加坡） 著

城市轨道交通运营管理

CHENGSHI GUIDAO JIAOTONG YUNYING GUANLI

（第2版）

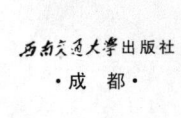

西南交通大学出版社

·成都·

内容提要

本书通过对大量城轨运营管理案例的深入研究,在简明地分析阐述城轨客流量与质的概念及作用(第一篇)后,以"人"为核心先讲城轨运营生产层面的车站站务、列车乘务和行车调度(第二篇),再讲城轨运营管理层面的安全管理、乘客管理、票务管理、培训管理、计划管理和规程管理(第三篇),不仅全面系统地揭示了城轨运营生产及管理的本质与规律,而且更为重要的是反映了业内有代表性的运营管理实务。

本书是为城市轨道交通运营管理专业的在校师生及现场工作人员量身定做的,也可作为城轨其他专业管理人员的参考用书。

图书在版编目(CIP)数据

城市轨道交通运营管理 /(新加坡)颜景林著. —2版. —成都:西南交通大学出版社,2018.4(2022.9重印)
ISBN 978-7-5643-6028-3

Ⅰ. ①城… Ⅱ. ①颜… Ⅲ. ①城市铁路 – 交通运输管理 – 高等学校 – 教材 Ⅳ. ①U239.5

中国版本图书馆 CIP 数据核字(2018)第 019760 号

城市轨道交通运营管理
(第 2 版)

(新加坡)颜景林 著

责任编辑／姜锡伟
助理编辑／宋浩田
封面设计／墨创文化

西南交通大学出版社出版发行
(四川省成都市二环路北一段 111 号西南交通大学创新大厦 21 楼 610031)
发行部电话:028-87600564 028-87600533
网址:http://www.xnjdcbs.com
印刷:四川森林印务有限责任公司

成品尺寸 185 mm×260 mm
印张 17 字数 425 千
版次 2018 年 4 月第 2 版 印次 2022 年 9 月第 8 次
书号 ISBN 978-7-5643-6028-3
定价 42.00 元

图书如有印装质量问题 本社负责退换
版权所有 盗版必究 举报电话:028-87600562

前　言

　　本系列的上一本书《城市轨道交通设备》讲的是"兵器",即对各种"兵器"各种特点的认识,是讲"物"。这一本《城市轨道交通运营管理》讲的是"武艺"和"兵法",其核心是"士兵"。所以本书的实质是讲"人"。使用兵器的士兵和制作兵器的铁匠相比,一个最大的不同是:**铁匠有时间,可以对兵器的设计细细地琢磨,而士兵在作战时则必须当机立断**。另一个根本的不同是:**铁匠和物打交道,而士兵和人打交道**。所以运输管理专业的毕业生和一般工程专业的毕业生面对的挑战不同。运输管理专业的学生要注意培养的是综合思考、快速做出正确判断的能力,以及综合利用资源的协调能力,以把所做的正确决定付诸行动。

　　在对毕业生进行回访时时常碰到一个非常尖锐的问题:在学校所学的知识有不少到了现场没有用,而现场工作所需的知识在学校却没有学。

　　一方面,我们因为希望为学生日后有较为广阔的发展空间打下基础,而向他们传授了比较多的知识;另一方面,因为现场的实际情况(包括硬件方面的设备设施以及软件方面的工作流程)千差万别,而学校的教学却不可能包罗万象,所以做不到应有尽有。

　　但尽管这样,我们却不能以此作为上述"学用脱节"现象的全部理由。教材编写确保学以致用是对学生和社会双重负责的体现。而为了学以致用,有必要在写作之前先对学生毕业到现场后所要从事的工作进行深入的分析,以使教材的目标明晰、定位准确。

　　城轨交通运输专业的学生在毕业后绝大多数是到城轨交通运营管理单位工作,即通常所说的城轨交通运营公司。那么城轨交通运营公司有哪些工作适合运输专业的毕业生呢?

　　图 1 是只显示核心生产单位和管理部门的典型城轨交通公司的组织架构图,虽然不同的城市所采用的架构及所使用的部门名称、岗位名称不尽相同,但基本的组织结构是类似的。

　　不难看出,在城轨交通运营公司,属于运营管理性质、适合大学毕业生在短期内作为努力目标的工作岗位主要有以下几种:站长、控制中心行车调度(包括正线行调和车辆段行调)、乘务组长。这些工作属于运营生产一线。

　　作为中期目标,管理一组车站的分组站长或线长、负责控制中心日常运作的控制中心总调、管理乘务的乘务队长都是可以考虑的职位。

　　接下来更高层次的职务可以是管理整条城轨线路所有车站的站务经理、管理全部司机的乘务经理、管理控制中心的控制中心经理以及相关二线管理部门的经理等。

　　基于此,本书采用了如图 2 所示的篇章结构。这种结构突出了城轨交通运营管理活动中的"一个中心和两个层次"。这一个中心就是乘客,而两个层次分别是生产层和管理层。生产层是指对具体设备的操作,以实现运送乘客的目的,包括列车驾驶、进路排列、车站设备操作等。而管理层是指对操作层相应的运营生产活动的组织协调和控制。与此同时,这种结构还能有针对性地为学生日后胜任相关岗位工作打下基础。

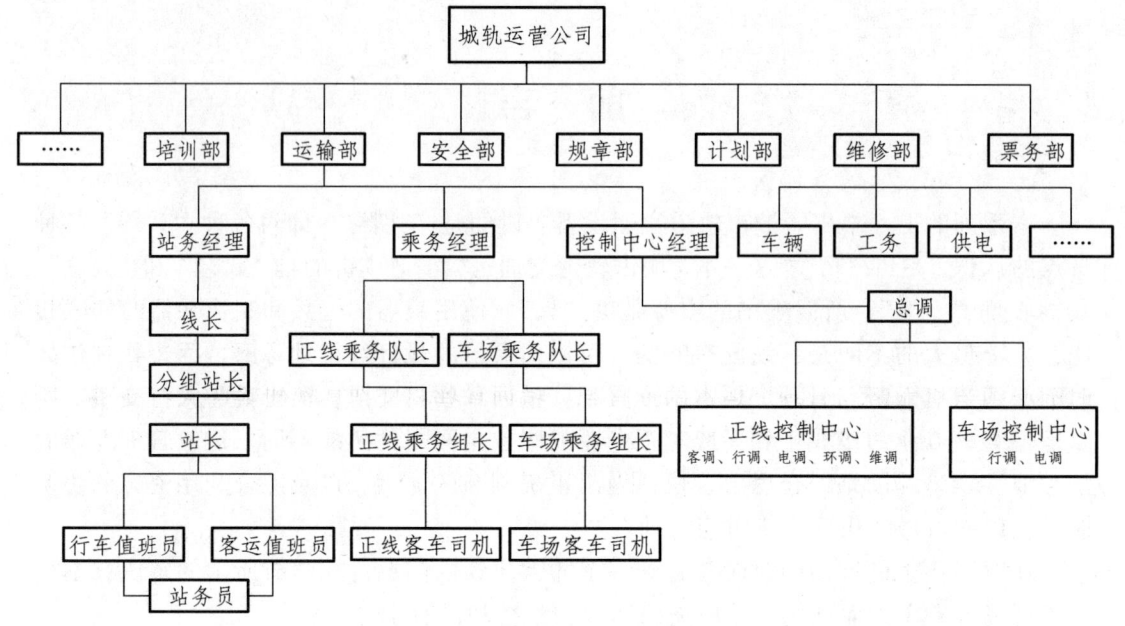

图 1　城轨运营公司组织架构图

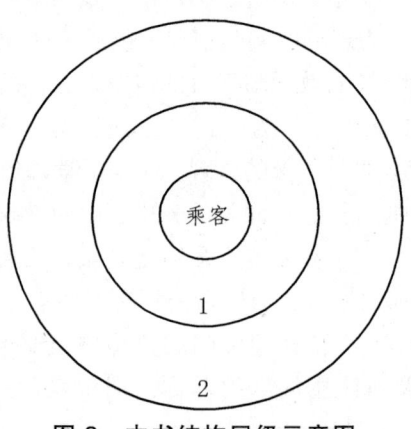

图 2　本书结构层级示意图

第一篇讲城轨客流，即位于图 2 同心圆中心的乘客，它包括客流的量和客流的质两个方面。本书把客流放在第一篇，是因为所有运营管理活动的终极理由是客流（没有客流也就没有运营），并以此为基础使学生牢固竖立服务顾客的思想意识。

客流的量包括客流的时空分布，是制定行车计划及车站设备（如扶梯、收费系统等）运行计划的依据；而客流的质包括乘客的类别及相应的对客运服务的要求，是制定客运服务政策措施的依据。

不把客流情况弄清楚，运营管理就会迷失方向。

另外，在制定运营管理方案时不能只一味地考虑如何去适应或满足客流，还必须考虑如何通过对质的管理，来改变总量及其时空分布。增加总量会增加社会效益甚至经济效益，而改变客流时空分布的不均衡性则有助于解决城轨运营管理的最大难题之一：能力在非高峰时段内的过剩。

第二篇讲属于操作层面的城轨运营生产，包括车站站务、列车乘务和运营调度。这种章节安排实际上是以运营生产活动的具体开展空间位置为参照系，分别描述各类运营人员的角色。针对每个空间位置，再按正常及非正常情况分别论述。对于正常情形下的运作，以时间或基本职责为线索，有条理、系统地描述各方面的活动。而对于非正常情形下的运作，则以具体的可能事件为线索展开描述。这样的安排，既保证了内容的完整性，不至于漏项；又保证了对内容描述的条理性有利于读者对知识点的掌握和记忆。

第三篇讲管理层面。该篇针对**运营管理三大目标**（安全、服务和效益）、**运营管理三大基本要素**（人、设备和计划与规程）的人、计划与规程安排了六章，分别论述安全管理、乘客服务与管理、运营票务管理、培训管理、计划管理和规程管理。

此外，在学习过程中还需注意本书以下四个方面的特点：

1. 理论与实务的关系处理。本书中有关于运营管理的理论，但更多的是实务。这一方面是因为实务是理论的应用，而一个理论可能在多个领域、多个场合得到应用，比如关于"城轨运输产品是客位位移"的理论在票价政策、成本控制等多个领域起到重要作用。所以在现实生活中，实务在数量上总是多于理论。另一方面，我们的教学目的正是要说明理论在具体场合是如何应用的。

2. 案例的使用。案例的作用至少有如下三个方面。

（1）案例为学生描述了日后工作的场景，也就是所学理论知识的应用环境。对于尚未有现场经验的学生来说，缺乏对现场的了解是学习理论知识的最大障碍。

（2）案例教学是达到学以致用目的最有效的方法。通过案例，学生可以提高认识问题、解决问题的能力。没有案例，理论就成了空洞的说教，就像在教育孩子要懂礼貌时只是一味地对他说"要懂礼貌"而不示范怎样做才算懂礼貌一样。

（3）案例活化了教材，增强了教材的可读性。再有营养的食物，如果难以下咽也很难起到作用。

本书引用的大型案例超过 50 个，极大地丰富了教学内容。

3. 对运营管理相关知识点的处理。本书的篇章安排是以运营生产及管理活动为主线的，这可以从每一章的标题上看出来。为开展运营生产或管理活动所需的知识点（比如列车运行图、运输能力等）会在相应的章节中反映，但不出现在篇章的标题里。这样的安排更贴近实际，因为在现场，工作是以活动的形式而不是以知识点的形式出现的。这同样是学以致用原则的体现。

4. 对和运营管理有关的其他知识点的处理。诚然，运营管理不可能在真空中进行，对运营管理的描述免不了提到运营管理所需的设备和设施。但是，本书的定位是运营管理，所以像车辆段选址、换乘站设计、列控设备功能等知识点，分别安排在本系列丛书的《城市轨道交通系统规划》和《城市轨道交通设备》里，而不再在本书中重复。

为了使城轨交通运营管理学习的成效最大化，除了要充分理解前面关于目标定位及与之相应的关于篇章结构的说明外，对于下面八个问题的阐述，更有助于读者把握城轨运营管理的本质。

一、城轨交通运营管理的基本任务是什么？

不论如何给城轨交通运营管理下定义，其基本任务总是：把建成的城轨交通系统运作起来以便把乘客运送到目的地。至于运作得好不好，或者说城轨运营管理的好与坏，是"量"的问题，有相应指标来衡量，这些指标包括安全、效率、准点率、效益等。

二、运营管理的目标是什么？

现在互联网很发达，而且各城轨交通运营公司也都非常重视互联网的作用，所以，想要知道运营管理的目标并不难。只要浏览一下相应的公司网站就会发现，各城轨交通运营公司所提的目标通常包括：安全、快捷、准时、方便、合理的票价等。特别是安全，大家无一例外地把它放在运营管理目标的首位。这绝非巧合，道理很简单：城轨交通属于交通运输行业，其本身并不创造实物价值，而只是完成人的空间位移。一旦发生事故，被运送的乘客所遭受的身心伤害将是难以补救的。而且城轨又是大运量的公交，涉及人员多，一旦出事，造成的后果就可能更严重。快捷、准时和方便是服务质量目标。而合理的票价是要在满足乘客服务的同时保证城轨交通运营公司自身的利益，以求可持续发展。

三、运营管理要解决的根本矛盾是什么？

供应和需求的矛盾、安全和效率的矛盾以及成本和收益的矛盾是运营管理需要解决的三大根本矛盾。解决上述三大根本矛盾的指导思想是协同论，即充分、有效发挥运营设备、运营人员，甚至乘客的潜能，在保证安全的前提下，满足乘客的合理出行需求，并实现经营效益的最大化。运筹学"中关于在限制条件下求最优解的思想在城轨运营管理中大有用武之地。

四、运营管理的客体是什么？

客体，也就是被管理的对象。在城轨交通系统中，运营管理的客体包括人和物，人又可以分为乘客和工作人员。物包括城轨交通系统内的各种设备、设施，如车站、轨道、车辆等。

五、运营管理的主体是什么？

运营管理人员是运营管理的主体。按照与乘客关系的远近，可以把运营管理人员分成两大类：一线人员，如站务人员，他们直接服务乘客；二线人员，主要任务是支持一线人员，比如控制中心的调度、负责计划、统计、培训等工作的人员。

随着城轨交通自动化程度的提高，有些原本不直接面对乘客，应该划归二线人员的，现在也越来越多地从幕后走向前台，直接介入到乘客服务，并对乘客产生直接的影响。比如越来越多的城轨系统在列车上设有紧急通话设备，供乘客在必要时直接和传统上处于幕后的控制中心的调度员对话。

六、乘客、运营人员身份的双重性如何理解？

乘客是运营管理的客体，但由于乘客直接介入到运输服务过程中，所以在一定程度上，乘客也扮演了"生产者"的角色，以完成整个服务过程，即"自助服务"（self-service），如自己购票、自搭电梯等。

运营人员一方面服务和管理乘客，另一方面自身也接受管理，如排班、业务技能、工作绩效等方面的管理。

七、运营管理的三要素是什么？

运营人员、运营设备/设施和运营计划与规程是城轨运营管理的三要素，缺一不可。其中运营计划与规程的作用是把另外两个基本要素有机地结合起来。

八、如何进行运营管理？

从上面对运营管理三要素的分析可以看出运营管理的手段是：法制。即通过运营规程把人和物按一定的规律有机结合起来。如果没有规程，那么众多的人和物就会成为一盘散沙，甚至于相互之间发生冲突。

本书是在对众多城轨运营管理案例进行广泛、深入的研究和分析的基础上总结提炼出来的，意在揭示城轨运营管理的本质及规律，并反映业内有代表性的运营管理实务。值得注意的是，一方面，任何理论和方法都需要一定的条件才能发挥出最大功效，正如三国演义中善用火攻的诸葛亮对司马懿的火攻却未能如愿是由于突然天降大雨一样，所以对本书的学习应遵循"活学活用"的原则，而不能生搬硬套。另一方面，案例只是例子而已，不可能包罗万象，这就需要注意对相应理论精神实质的体会及"举一反三"思考方法的运用。

著 者

2017年6月

目 录

第一篇 客 流

第一章 客流的量 ··· 2
   第一节 客流量数据的应用 ··· 2
   第二节 客流量数据的来源 ··· 5

第二章 客流的质 ··· 7
   第一节 客流性质对运营的影响 ·· 7
   第二节 乘客性质信息的来源 ··· 9

第二篇 运营生产

第三章 运营生产岗位 ··· 12
   第一节 运输部和维修部之间的接口 ····································· 12
   第二节 运输部各工作岗位的主要职责及工作性质 ················· 14

第四章 车站站务 ··· 18
   第一节 车站运作 ··· 18
   第二节 站务管理 ··· 32

第五章 列车乘务 ··· 40
   第一节 乘务运作 ··· 40
   第二节 乘务管理 ··· 60

第六章 运营调度 ··· 66
   第一节 行车调度 ··· 66
   第二节 OCC 管理 ·· 75
   第三节 线网 OCC ·· 89

第三篇 运营管理

第七章 运营安全管理 …… 94
第一节 隐患分析 …… 94
第二节 防患于未然 …… 119
第三节 有备无患 …… 128
第四节 轨区作业安全 …… 136
第五节 轧道车 …… 154

第八章 乘客服务及管理 …… 170
第一节 乘客服务 …… 170
第二节 乘客管理 …… 174

第九章 运营票务管理 …… 179
第一节 票价政策 …… 179
第二节 票务运作 …… 190

第十章 运营培训管理 …… 200
第一节 培训管理 …… 201
第二节 考 核 …… 210

第十一章 运营计划管理 …… 213
第一节 行车计划 …… 213
第二节 通过能力的加强 …… 220
第三节 每周行车通告 …… 225

第十二章 运营规程管理 …… 227
第一节 违 规 …… 227
第二节 规程的制定 …… 245
第三节 规程的五性 …… 252

参考文献 …… 260

第一篇

客 流

客流是城轨运营管理活动的终极理由，没有客流就没有城轨运营的必要。同时，只有对客流有正确、清晰的认识，才能使运营管理方案的制定和实施做到"有的放矢"。

本篇分两章分别讨论客流的量和客流的质。对客流预测的理论和方法的讨论见本系列教材的《城市轨道交通系统规划》一书。本书的重点在于对客流预测结果的分析和应用。

客流的量和质虽是客流的两个不同的方面，但它们之间有着深层次的联系，比如，高峰时段的客流主要以工作或学习为出行目的。这里高峰时段的客流是量的概念，而出行目的是质的概念；又如票价水平调整的效果在客流量的增减上会有多大程度的体现与主体客流的收入水平有很大的关系。这里乘客的收入水平是质的概念。

研究客流的量和质，其目的有两个：一是通过提供相应的服务来满足乘客的有关需求；二是通过制定恰当（即对客流的质有针对性）的管理政策，来调节客流的数量，使之与运输生产能力相匹配。这和第八章所讲对乘客的服务和管理是一脉相承的。

第一章　客流的量

客流的量即客流的多少。它有两个参照系：一是时间，二是空间。所以在讲客流的多少时，一定要先界定所讨论的时、空范围。本章分两节，用倒叙的方式，先讲客流量数据在运营管理中的应用，再讲客流数据的来源。

第一节　客流量数据的应用

客流量数据的应用领域有两个：一是行车工作，二是车站工作。

一、行车工作方案的制订

行车是为了运送乘客。在列车载客能力固定的情况下，在某个时段、某个地段需要开行多少趟车主要取决于那个时段、那个地段有多少乘客需要乘车。下面是一个简化的例子，且只讨论下行方向的早高峰小时内的行车安排。

某城市甲沿江而建，顺流而下共有 A、B、C 三个区。

A 是居住区，B 是居住区和工作区的组合，C 靠近入海口，是纯粹的工作区。

连接三个区的城轨线路布置如图 1.1 所示。

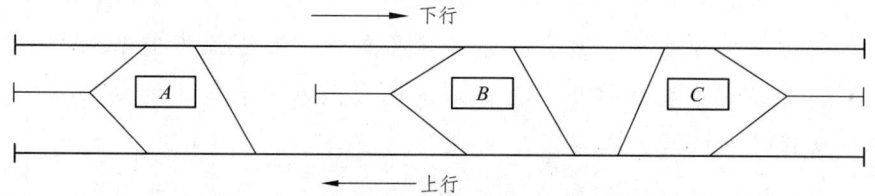

图 1.1　城轨线路示意图

每列车的载客能力为 1 000 人，属于中等运量的系统。假设在下行方向，早高峰小时（7:30—8:30）内的客流量数据见表 1.1。

表 1.1　下行方向的站间客流 OD 表（早高峰小时内）

	A	B	C	合计
A	0	10 000	10 000	20 000
B		0	10 000	10 000
C			0	
合计		10 000	20 000	30 000

即由 A 到 B 的乘客人数为 10 000 人。
由 A 到 C 的乘客人数为 10 000 人。
由 B 到 C 的乘客人数为 10 000 人。
从 A 进站的总人数为 20 000 人。
从 B 进站的总人数为 10 000 人。
从 B 出站的总人数为 10 000 人。
从 C 出站的总人数为 20 000 人。

对进出站乘客人数及站间断面客流量的表述可以有客流表（见表 1.2）和客流图（见图 1.2）两种方式。

表 1.2　进出站及断面客流表

进站	断面	出站	车站名
20 000		0	A
	20 000		
10 000		10 000	B
	20 000		
0		20 000	C

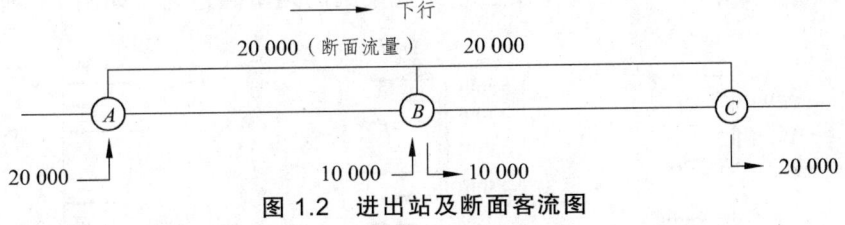

图 1.2　进出站及断面客流图

从 A 站进入的 20 000 人会乘车前往 B 站。到达 B 站后，会有 10 000 人下车出站，另有 10 000 人从 B 站进入，填补下车的 10 000 人留下的车内空间并与车上原有的 10 000 人一同前往 C 站。到达 C 站后所有人（20 000 人）都下车出站。

假设列车在 A 和 C 间的全周转时间（即一列车由 A 站出发到运行一个来回后，再次从 A 站出发之间的时间）为 1 h，那么为了运送前述的客流，需要 20 个列车，在 A 站每隔 3 min 就发一列车前往 C 站。

现假设 B 站附近有一个公交总站，服务来自卫星城镇 D 的公交车乘客。假设公交车在高峰小时内会给城轨送来 10 000 名乘客，而这 10 000 名乘客需搭城轨前往 C 站。那么相应的包含了公交送达客流的 OD 表（见表 1.3）、客流表（见表 1.4）及客流图（见图 1.3）分别如下。

表 1.3　客流 OD 表

	A	B	C	合计
A	0	10 000	10 000	20 000
B		0	20 000	20 000
C			0	
合计		10 000	30 000	40 000

表 1.4　客流断面表

进站	断面	出站	车站名
20 000		0	A
	20 000		
20 000		10 000	B
	30 000		
0		30 000	C

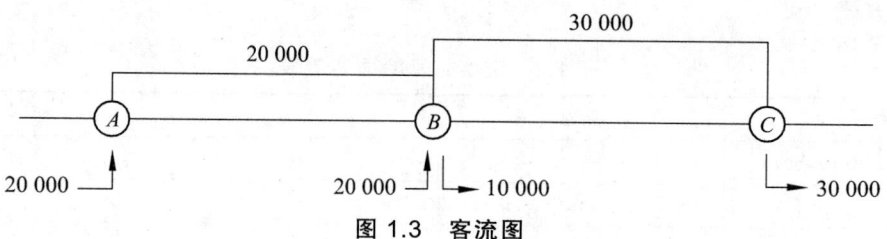

图 1.3　客流图

为了运送来自卫星城镇 D 的 10 000 名乘客,需在 B—C 加开 10 列车(每 6 min 由 B 发出一班)。这样就有两个不同的行车交路:大交路在 A、C 之间,小交路在 B、C 之间。在 A、B 站所看到的向 C 站方向发车的规律及在 C 站观察到的列车到达规律如图 1.4 所示。

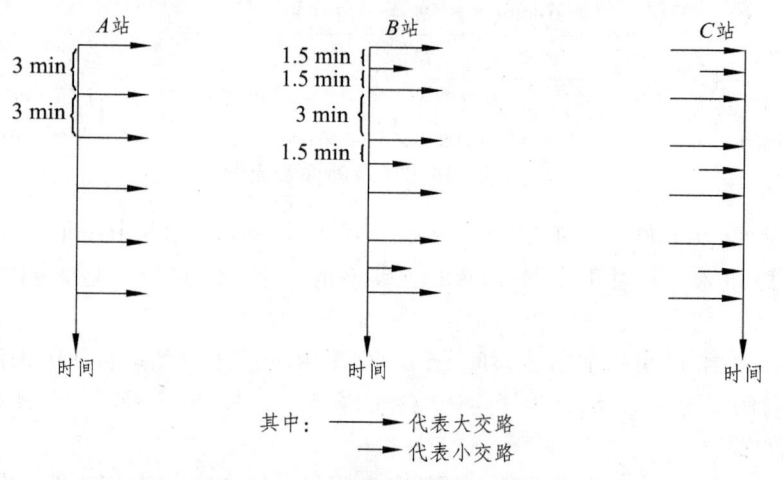

图 1.4　列车到发规律示意图

以上讨论的是早高峰小时下行方向的行车计划,对于其他时段,同样要视客流的多少而制定相应的行车计划。由于夜间客流少,且需要对沿线设备进行维护保养,城轨系统通常在夜间停运。当遇到节假日如除夕等,可能需要延长运营时间。这些都是依据客流量制定行车计划的例子。

二、车站工作方案的制定

在车站,客运服务相关工作也受到客流时空分布的影响。举例如下:

（1）车站客运服务人员的配备数量。

① 在不同的车站之间。

客流量大的车站，相应地需配备较多的人手。

② 同一车站的不同时段。

对于有明显客流高峰的车站而言，高峰时段所需的人手要比非高峰时段多。

（2）车票数量、备用金额度、车站卫生等也同乘客的数量有关。

（3）车站设备（进出站闸机、扶梯）的运用方案。

根据客流的方向性（即进、出站），AFC闸机和自动扶梯的运行方向要适时地进行调整，做到"见风使舵"。站内空调温度的设定和乘客数量也有关系，但不像AFC闸机及扶梯那样敏感。

第二节　客流量数据的来源

一、城轨线路投运之前

新城轨线路在投运之前都会经历规划阶段，客流规划是其中一个重要的方面。规划客流量决定了系统的规模，包括列车的规模以及车站的大小。客流规划的方法、模型有多种，可参见本系列教材的《城市轨道交通规划》一书或其他相关书籍。但不论何种方法、何种模型，它们在下述两个方面都具有共性：

（1）都需要生成不同时段的客流OD表（数据），格式如前面第一节中的例子。

（2）都与实际有出入，这是因为影响客流的因素非常多，而且在规划和实施之间的时间推移会带来相关因素的变化。因此规划阶段获得的客流数据对运营方案计划工作而言其参考价值十分有限。为了提高运营方案的计划质量，需要积极收集投运后的实际客流数据并分析其变化规律。

另外非常值得注意的是：研究客流不能停留在"预测"层面，而应提升到"规划"层面。这是因为"预测"是按照事物的发展规律对未来做一个推断，而"规划"则加入了人的主观意志，即希望事物按照自己的想法、意愿来发展。

研究天气，可以说是"预测"，那是因为在很大程度上天气是不可控的。但研究客流则不同，人对客流的时空分布可以施加很大的影响。一个例子是城轨沿线的城市发展是可控的；另一个例子是通过调整城轨的票价可以调节客流。

二、城轨线路投运之后

自动收费（AFC）系统会自动记录每个乘客的进、出站站点及时间，所以城轨线路投运后的各时段客流OD可由AFC数据直接给出。在短时间内，城轨线路的客流时空分布一般不会发生大的变化，除非发生重大事件，如：票价的明显调整，交通网络的调整（包括新城轨线的投运、地面公交网络的变化），新学期的开始。

◆ 思考题

（1）本章举例讨论了客流空间分布对行车计划的影响，请举例讨论客流时间分布对行车计划的影响。

（2）为什么城轨在夜间一般会停运？

（3）讨论影响客流量大小的因素。

（4）为什么说讲客流不应只讲客流预测，更应讲客流规划？

第二章 客流的质

客流的质即客流的性质,从总体上可以说是客流的构成,即各种类型乘客的比例。不同类型的乘客对服务的要求会有一些不同,虽然共同的要求是空间的位移。本章分两节分别讨论客流性质对运营的影响以及客流性质信息的来源。

第一节 客流性质对运营的影响

不同类型的乘客有着不同的服务要求,不同类型的乘客对运营管理政策的反应也不尽相同。下面是一些例子。

一、外地乘客

一方面他们对环境不太熟悉,会需要较多的咨询服务;另一方面因为是短暂停留,所以通常会使用单程票或短期的储值票,如"旅游票",在一日或几日内不限次或限次使用。

对于外地乘客较多的车站,如旅游景点、宾馆、火车站等附近的城轨车站,其客运服务工作就要加强问询服务及单程票等票种的储备。

如果外地乘客还涉及语言上的不同,如来自国外,就还需要城轨工作人员外语能力的加强。

二、老龄乘客

老龄乘客的普遍特点是行动不如年轻人快捷。在老龄乘客较多的车站需要做一些特别的安排,如:

(1)列车停站时间适当延长。
(2)自动扶梯速度适当放慢。
(3)适当增加候车座位的数量。
(4)适当增加服务人员的数量,协助老龄乘客上下车等。

下面的例子虽不属于城轨范畴,但很有启发意义。

某城市乙在行人过街道的斑马线两头的交通灯柱上设有"过街按钮"(参见图 7.37)。行人在需要过街道时先按按钮,在一定时间内会使横向交通的交通灯变红,而允许过街的交通灯变绿。允许过街的交通灯显示绿灯的时间长短是根据街道的宽度以及一般行人的步行速度确定的。由于老人过街所需时间较长,在按钮旁边加设了一个读卡器(参见图 7.37),老年行人在过街前不按按钮而是"刷卡",即在读卡器上"刷"自己的身份证。

随着社会老龄化程度的提高,"老龄乘客"课题越来越值得重视。

三、儿童乘客

鉴于和列车与站台间隙有关的客伤（英文称 Gap Injury，下文简记为 GI）比较频繁，某城轨运营公司展开了专项调查分析，结论之一是：年龄为 5～10 岁的乘客，由于注意力易分散，步子较小，且上下车不是十分熟练，会较其他年龄段的乘客更易发生 GI。按照分析报告的建议，公司在站台边轨道侧安装了红色闪光带。在列车停靠站台期间，该光带会闪红色，使 GI 事故次数明显减少，特别是 5～10 岁年龄段的乘客。

四、其他特殊乘客

位于超市附近的城轨车站常有双手提着购物袋或推着菜篮子车的乘客，这会对乘用自动扶梯带来危险。位于医院附近的城轨车站因为常有病人进出也会对运营管理提出特别的要求。下面的案例可以说明一些问题。

【案例 1】

"没有脑子"

一次，某城轨公司接到一封投诉信，指责在 D 站工作的站务员"没有脑子"。经调查，发现事情原来是这样的：

D 站的站台和站厅之间有一台电梯和两台自动扶梯。事发当时属于晚高峰，大量乘客进站，站务员按惯例把两台自动扶梯均设为下行去站台方向。巧合的是，当时电梯出了毛病，维修人员正在抢修。那位投诉的乘客是位孕妇需要出站，见电梯停用，自动扶梯又都是下行，只好硬着头皮拾级而上，幸好没有发生意外。

城轨公司事后向所有车站发出通知：以后发生类似情况，即唯一的电梯因故停运时，应保持至少一台自动扶梯处于上行。

一、按出行目的划分的乘客群

出行目的在时间上有一定的规律性。比如工作和学习出行多在早上和傍晚的固定时段，因而也就形成了所谓的早、晚高峰。

二、按性别划分的乘客群

有些国家或地区出于对宗教或其他因素（如安全）的考虑，在城轨车上设专供女性乘客使用的空间。

三、按乘搭城轨频率划分的乘客群

有的城轨公司经过一定的程序在城轨常客中选出一部分乘客，经一定的培训后，有偿（比如某种程度的免费乘搭地铁）为城轨公司开展对外安全宣传、向城轨公司反馈乘客意见、在必要时协助进行事故现场的救援疏散等活动。

四、按乘客收入水平划分的乘客群

票价水平调整是否能达到预期效果与乘客收入水平有相当大的联系。因此，了解客流性质对制定和调整票价政策也是至关重要的。

五、乘客平均乘距的长短

如果实际客流数据表明大量的乘客乘距都很短（比如只有3~5 km），那么就要考虑是否要调整票价结构以鼓励远途乘客。因为城轨的真正优势是远途，大量乘客频繁出入城轨系统但乘距却很短是不利于城轨优势的充分发挥的。

第二节 乘客性质信息的来源

一、城轨线路投运之前

除了在总体上对社会人口比例的分析外，对于具体的城轨车站，通过调查其周围的环境，看是否有医院、超市、火车站、中小学校等来把握站点客流的性质。

二、城轨线路投运之后

特殊乘客的特殊需要可以通过直接观察得到。票价政策相关的信息可以通过AFC数据及专项客流调查得到。关于专项客流问卷式调查，经验表明，回答问卷时的心态和真正乘用城轨时的心态是有明显差距的，因此实际票价调整引起的客流变动更能反映真实情况。

◆ 思考题

（1）讨论人口老龄化对客运服务的影响。
（2）讨论生活水平提高对客运服务的影响。
（3）讨论人口流动性的增强对客运服务的影响。
（4）讨论其他行业中的促销手法在城轨交通的应用。

第二篇

运营生产

> 城轨运营管理像其他行业一样具有两个层面：产品的生产与销售和企业的运作与管理，即生产层面和管理层面。与之相对应的是一线和二线，或者说台前和幕后。
>
> 本篇所要讲的是生产一线的活动。
>
> 在对生产活动进行描述时，不可避免地要涉及参与生产活动的各类人员。由于不同的城市对城轨运营管理所采用的组织架构形式不尽相同，各类人员的职衔名称也多种多样，所以为了便于描述，本篇第一章对运营生产组织架构进行讨论，并在此基础上对各类人员及其相互之间的关系等做个约定。
>
> 本篇第二、三、四章分别描述作为运营生产三个主战场的车站站务、列车乘务和行车调度三方面的运营生产活动。虽然是分开描述，但这三个方面的生产活动之间的紧密联系却是不容忽视的。在三个方面的活动中，行车调度处于主导地位，其角色相当于乐队指挥，其"乐谱"是列车运行图。
>
> 另外就工作的本质而言，行车调度和列车乘务共同完成城轨运输产品——旅客位移的生产，而车站站务是对这一产品的销售。这有些类似于铁路的"行车组织"和"客运服务"。所不同的是，由于城轨列车运行控制的高度集中化，行车组织和客运服务之间的界限变得更加明显：车站员工在正常情况下完全不参与行车组织，而只专注于客运服务。

第三章　运营生产岗位

由于所在地的政治、经济、文化等背景以及城轨设备情况的不同，各城轨公司在对运营生产进行组织管理时，完全可能有不同的安排。甚至同一城市、同样的设备，随着人员业务能力的提高，其组织形式也可能会进行调整。如图 3.1 所示的城轨公司组织架构反映了一个典型的城轨交通运营公司核心生产单位和管理部门的生产、管理岗位的名称，并假设该公司管理的是一条长 30 km 有 20 个车站和 1 个车场的城轨线路。

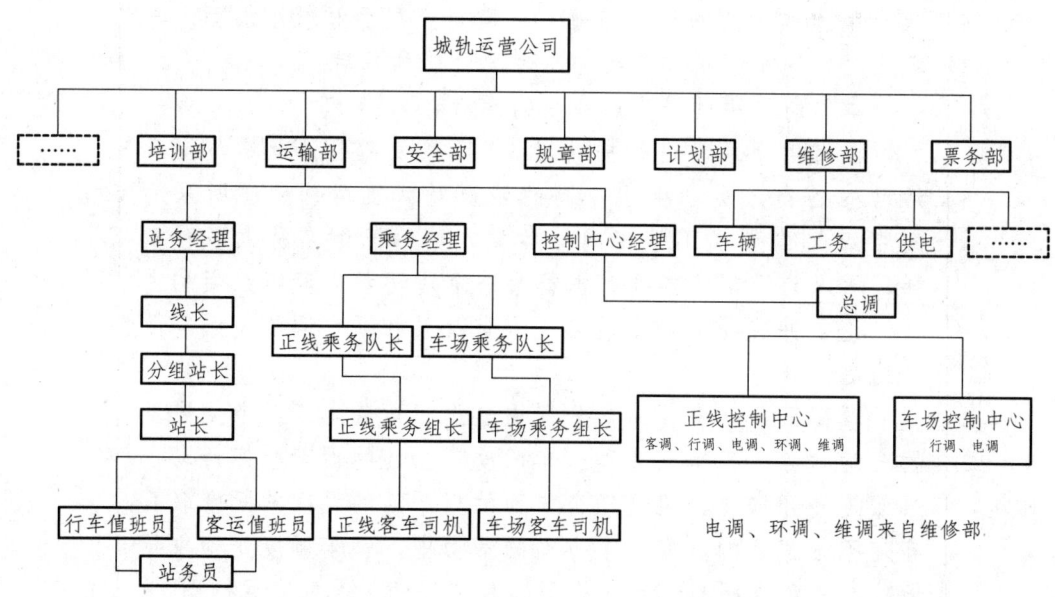

图 3.1　城轨运营公司组织架构图

第一节　运输部和维修部之间的接口

从总体上看，运输部的职责是通过对城轨设备、设施的有效运用，向乘客提供运输服务，而维修部的职责是对城轨设备、设施进行有效的保养和维护，使其处于良好的可用状态。乍一看二者之间的界线好像十分明确，有点井水不犯河水的感觉，但事实上两个部门的活动之间存在着许多接口，甚至有所交叉。

一、车　站

（1）当车站内非行车相关设备（如电梯）发生故障时，站务人员向有关的故障报告中心报修。故障报告中心设在维修部内。

（2）当车站内行车相关设备（如站台隔离门）发生故障时，由行调向正线控制中心的维调报修。之所以是由行调报修而不是由站务人员报修，是因为行车相关设备的使用者是行调，虽然设备本身可能位于车站。另外，行车相关设备发生故障时，行调会比站务人员更早发现，因为行调比站务人员更加密切地监视着行车情况。**城轨运输产品是由行调和司机负责生产。**

（3）位于车站的设备用房（如通信设备室、信号设备室）由相关维修部门管理。其余空间由站务人员直接管理。

（4）维修人员进入自己直接管理的设备用房需在房内的记事本上登记。维修人员不论是否是进入自己管理的设备用房，只要在车站开展工作就必须向站务人员登记。

（5）维修人员经过车站进入轨区之前也须向站务人员登记。

二、列车（客车）

（1）车辆维修部在每天出车前把可用车的车号及位置以书面形式（传真及电邮）通知车场行调。车场行调经车场乘务组长安排车场客车司机把车开到出段线后交给正线客车司机。

（2）车辆维修部把车场内的客车调车作业需求以书面形式（传真及电邮）通知车场行调。由车场行调经车场乘务组长安排车场客车司机。车场内客车调车作业所需的进路也由车场行调负责排设。

三、列车（工程车）

（1）工程车司机由工务部门直接管理。这是因为工程车主要是工务部门开展工务维修作业时使用。

（2）工程车在车场非信号区内（注：车场非信号区主要是钢轨等物料装卸作业的线路区域）的行车由工务部门的"调车员"现场指挥，在其余轨区（车场信号区及整个正线范围内）的行车由行调（车场行调或正线行调）指挥。但工程车在作业区（也称"工程领域"）内的行车由"作业负责人"通过"调车员"现场指挥。

四、控制中心

（1）在控制中心工作的电调、环调和维调来自维修部门，但听从控制中心总调的统一指挥。

（2）维修人员下轨区作业之前要向行调"请点"，并在完工后向行调"销点"。

（3）工程车运行所需的进路通常由行调排列，工程车司机也要听从行调的指挥，除非是在"工程领域"以内。工程领域是为大型轨区作业（如换轨）而划定的作业区，该作业区内的工程车的运行由"作业负责人"负责。

五、设备维修的界限

大多数的设备维修由维修部负责。运输部的人员通常只对设备进行"重启""旁路"等操作以维持运作。在有的城轨公司,运输部的人员可以做换灯泡、换电池等简单的维修工作,目的也是维持设备的运作。

第二节　运输部各工作岗位的主要职责及工作性质

一、站　务

1. 站务经理

站务经理负责对站务人员(包括站长、分组站长、值班员、站务员)的任命、考核,负责站务运作规章的审定,不轮班。

2. 线　长

线长轮班,每日运营开始前半个小时到位,午后下班由另一位线长接替,直到晚上运营结束。

线长对全线各站的运营工作进行巡查。

在降级运营时,线长负责在各站之间调配人手,并在最需要的车站"督阵"。

3. 分组站长

分组站长轮班,每日运营开始前半个小时到位,午后下班由另一位分组站长接替,直到晚上运营结束。

分组站长对所辖各站(大约3~5个站)的运营工作进行巡查,对所辖各站的各级站务人员的业务培训作计划并监督其实施。

在降级运营时,分组站长协助线长进行人员调配,并在最需要的车站与线长一起配合车站站长处理意外情况。

4. 站　长

站长轮班,每日运营开始前半个小时到位,午后由另一位站长接替,到运营结束前一小时再由第三位(夜班)站长接替,夜班站长在第二天早晨开站后下班。站长负责本站的运作,包括对本站工作人员的调派,对意外事件的处理等,负责《车站工作细则》的修编。

5. 行车值班员

行车值班员像站长一样实行三班制:上午班、下午班、夜班。

行车值班员负责车站范围内与行车有关的作业。

因为在正常运营情况下,行车工作高度集中在控制中心,所以行车值班员平时除了监视列车在本站的到发及乘客的上下外,多数时候一边协助客运相关工作,一边随时准备在发生降级运行时参与行车组织,比如:

（1）道岔的人工操作。如道岔转辙机发生故障而不能自动操作时。

（2）站控级行车设备的操作。如人工排进路，此时车站作为控制中心的局部后备，代控制中心对列车在车站辖区内的运行进行控制。

（3）站间行车的组织。当需要实施站间行车（电话闭塞）法时。

（4）作为"防护主任"，为轨区作业提供防护（参见第七章第四节）。

6. 客运值班员

客运值班员实行两班制，即只在客运服务期间值班，夜班停运时不值班。客运值班员的主要职责是带领站务员服务乘客，包括处理乘客的票务问题及特殊乘客的特别需要，同时负责车站非行车设备的监管和操作。

7. 站务员

站务员和客运值班员一样实行两班制。

在客运值班员的带领下，站务员负责完成乘客服务及车站非行车设备的操作。

为方便讨论，作为例子，假设同时在站工作人员数量为：

白天营运期间：高峰时段 7 人，其中站长、行车值班员、客运值班员各 1 位，站务员 4 位。非高峰时段站务人员减至 2 位。

夜间停运期间：站长和行车值班员各 1 位。

二、乘　务

这里只讲客车的乘务，工程车的乘务由工务部门负责。

1. 乘务经理

乘务经理负责对乘务队长和组长的任命及考核。为方便讨论，作为例子假设每 8 名司机组成一组，而每 3 组组成一个队。

乘务经理负责面试招收司机学员，并通过培训阶段结束后的面试决定其是否可以获得上岗证。

乘务经理负责乘务工作规章的审定。

2. 乘务组长

正线乘务组长实行两班制，早班从运营前半个小时到午后，下午班到运营结束后半个小时。车场乘务组长实行三班制，包括早班、下午班和夜班。车场乘务组长有夜班是因为夜间车场内车辆维修作业所需的客车调车作业。

乘务组长负责对司机的调派和对司机工作的检查考核。

3. 客车司机

正线客车司机负责：

（1）监视自动模式下运作的客车运行情况。

（2）监视人工模式下运作的客车的手动操作。

（3）在必要时执行某些列车故障（如车门故障）的排除。

（4）在必要时对车上乘客的广播和紧急情况下的疏散。

正线客车指导司机是有经验并有传授能力的司机培训师。他们负责对其他司机进行实操培训，包括新司机的入职岗前培训及每年的定期再培训。

车场客车司机负责车场内客车的调车作业，包括车场存车线和出入段线之间为配合正线收发车而进行的调车以及为车辆维修而进行的调车。有的城轨公司把部分车辆维修人员培训成"车场维修调车司机"，负责因车辆维修而需进行的调车。

三、行车调度

1. 控制中心经理

控制中心经理负责对控制中心正线行调、车场行调和客调的任命和考核。

控制中心经理负责对控制中心运作规章的审定。

2. 总　调

总调实行三班制（06:00—14:00，14:00—22:00，22:00—06:00；为了前后班之间的顺利交接，实际上前后班的人员要相应推迟下班约 5~10 min，或提前到位 5~10 min，下同），负责当班期间整个控制中心（包括正线控制中心和车场控制中心）运作的管理，特别是意外事件的处理。（假设正线控制中心和车场控制中心同在一处，均位于车场。）

3. 行调 1、行调 2

行调 1 和行调 2 同时上下班。

行调实行三班制（06:00—14:00，14:00—22:00，22:00—06:00），在正常情况下，负责当班期间所辖正线区段的行车及轨区作业的管理。当发生意外时，辖区行调负责处理意外，而另一个行调则负责全线的行车调度。

白班时段内，行调以行车作业管理为主，而夜班时段内则以轨区作业管理为主。

行调的主要职责也可以概括为：**负责管理对线路的使用，包括列车运行对线路的使用和轨区作业对线路的占用。**

4. 客　调

客调实行两班制（06:00—15:00，15:00—24:00），即只在客运时段（06:00—24:00）内当班。

客调负责监视各站（特别是繁忙车站）的客流情况，并在必要时协同相关车站及行调和司机对客流进行调节（多数时候是采取限流或分流措施），另外还负责对车内乘客的广播，以及回应车上乘客通过车上紧急通话器进行的通话。

限流的具体做法有：关闭部分的车站；对仍开放营运的车站通过关闭部分入口或部分 AFC 闸机以限制进入站台的人数。

分流的例子有：利用地面公交分担部分客流；让列车跳停个别车站以在相邻站之间重新分配到达客流。

5. 车场行调

车场行调实行三班制（06:00—14:00，14:00—22:00，22:00—06:00），负责**车场信号区**（车

场内装有列控系统，允许道岔、信号、进路远程控制的区域）内的调车作业。这包括为列车（客车及工程车）的运行排列所需的进路以及通过乘务组长为客车的调动安排司机。

概括起来，在客运时段内在OCC同时当值的有总调、行调1、行调2、客调和车场行调；在非客运时段内只有总调、行调1和车场行调。

本章引用的例子，包括组织架构、岗位名称、工作班制及人员数量等，都是为下文搭建一个背景，使下文的讨论有个参照系，便于阅读理解，并不代表最佳的组织方案。特别是人员数量，其受多个因素的影响，比如设备自动化程度、人员的工作能力和客流量的大小及构成等。有的城轨系统的繁忙车站同时有几十人在岗值班，而有的城轨系统的车站则完全无固定人员值守，只是有一组沿线巡视人员（流动服务员）协助控制中心对车站进行管理。

◆ 思考题

（1）本章讲了岗位设置及组织架构，基本上没讲人员数量。人员数量与许多因素有关，试举例就下列因素对人员数量的影响展开讨论：

① 设备自动化程度；
② 客流量的大小；
③ 运营生产的组织方式；
④ 线路长度（公里数）；
⑤ 车站数目。

（2）本章讲了运输部门和维修部门的接口。试举例讨论有效处理上述接口问题的方式方法。

第四章 车站站务

城轨的运营有点、线、面。点是城轨车站，线是各城轨线路，面是城轨网络。城轨车站是乘客和城轨系统的第一接触点，是乘客与城轨系统的接口，所以是先讲车站站务，之后才讲乘务和调度。

本章内容分两节。第一节讲车站运作。正常情况下的运作按时间顺序展开，即从早上开站到晚上关站以及关站之后的工作。非正常运作则以事件为线索，分别针对不同的非正常情景进行描述。第二节讲站务管理，重点讲站务人员，包括站长、值班员及其他站务人员的职责和权限。

本章的落脚点是帮助运输专业的学生当个称职的车站站长。

本章是以一个典型的地铁站为基础进行描述的：假设车站有站台层和站厅层，站台形式是地下岛式站台，车站有固定站务人员值守。有些小型的城轨系统（如一些轻轨），自动化程度非常高，客流量又较小，为节约运营成本而对车站采用无固定人员值守的管理方式，由控制中心直接负责监控，并在需要的时候辅以流动工作人员到现场协助处理。

第一节 车站运作

本节的结构如下：

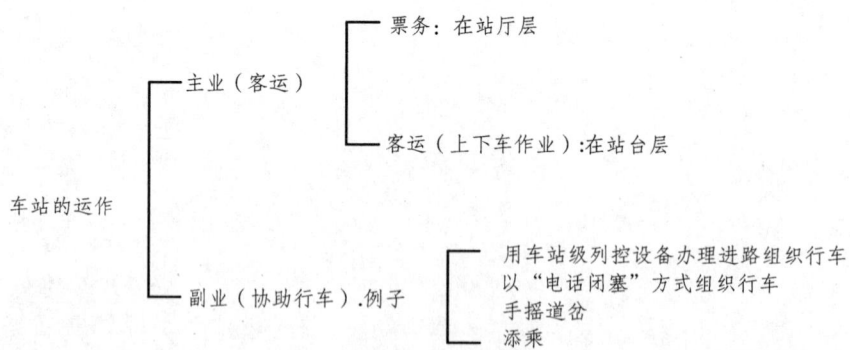

在铁路发展史上，车站在行车方面的戏份曾经很重，比如车站负责扳道岔、给信号等。随着通信和控制技术的发展，铁路行车组织日益趋于集中控制，特别是城轨交通。

城轨运营的产品是"客位位移"，计量单位是"客位公里"。负责生产的是乘务人员（开车）及控制中心调度（控制道岔位置、进路排列、信号显示，指挥乘务人员开车），负责销售的是车站。车站在城轨运营中的定位是"销售部"。

车站的工作有两方面，一是客运服务，这是车站的"主业"；二是协助行车，属于"副业"。

客运服务又可分为两部分：票务，发生在站厅层；组织乘客上下车，发生在站台层。这两部分实质上是：一手交钱（在站厅层的出站闸机缴费），一手交货（在站台层下车）。

在行车方面，之所以说车站是"协助行车"的角色，是因为城轨的运作在正常情况下是由自动列控系统、乘务人员和控制中心调度员负责的，车站人员只是在需要时才参与到行车组织工作中。

正确认识车站的角色十分重要。只有认识到位了，工作才能抓到位：在集中人力、物力做好售前（乘客上车前）、售后（乘客下车后）的服务同时，注意安排好为协助行车所需要的人力、物力。

一、主　业

（一）正常情况下的车站运作

城轨车站的运作和商场的情况有许多相似之处，特别是在正常情况下。唯一不同的是，在城轨车站内，"货架"上出售的"商品"是"客位"，即轨道上列车内的乘车位。这里的轨道就相当于货架，而车内的乘车位就是明码标价的商品，其价格是每个"客位公里"多少钱，所以有商场管理经验的人管理起车站工作来会有优势。

1. 早上的开站

和商场早上的开门相似，城轨车站早上的开站工作是把车站准备停当，迎接乘客的到来。这包括：

（1）站内设备（如空调、照明、收费系统、电梯、扶梯、广播等）进入工作状态。

（2）站内人员到位。

（3）站内环境清洁卫生。

（4）站门开启。

站门开启排在最后是因为一旦站门开启，乘客就有可能进站。考虑到乘客的需要，必须确保站内各方面在乘客进站前都到位。

站门开启时间的确定要考虑首班车的出发时间和乘客在票务、站内走行等方面所需的时间。一般可以在首班车在本站出发前的10分钟左右把门打开。

开门及站内设备（除电扶梯外）状态调整可以是定时自动进行的，同时备有人工操作模式作为后备。这个后备在两种情况下使用：一是自动控制失灵，需要人工介入；二是需要提前行动的情况。之所以电扶梯的开启不以定时自动方式进行，是出于安全考虑，即为了防止扶梯在梯上有人时突然改变状态而导致意外。

因为开站准备工作内容多，特别是规模较大的站，设备较多，所以把各项准备工作列成清单可以帮助开站准备工作有条不紊地进行，并且避免漏项。准备工作就绪后，要向控制中心报告。

2. 营业时间内的运作

前面说过，车站的中心任务是如数收取车资和安全组织乘客上下车。围绕这两个中心，需要开展一系列的工作：

（1）票务。大多数乘客持有有效的储值票，可以自行进出站。没有储值票的乘客可以利用自动售票机自行购买单程票。为储值票充值也可以由乘客自行使用AFC设备完成。票务窗口提供购票、退票、补票等人工票务服务。

（2）问询。在现代化的城轨系统内，通常设有供乘客自行查询诸如城轨网络列车服务时间、行程时间等信息的设备或设施，以及作为辅助的传统形式的告示牌、信息栏等。但由于并非所有乘客都会使用查询设备，也不是所有乘客都能看懂告示，所以站务人员提供问询服务还是必不可少的。

（3）例行广播。包括安全注意事项的宣传。

（4）站台秩序的维持。特别是繁忙车站，或一般车站的繁忙时段。

（5）组织乘客安全上下车。见下文的案例2。

（6）车站的巡视。看是否有不安全、不正常的情况。

（7）根据客流流向，对收费闸机和扶梯的运行方向进行调整。

（8）对自动售票机的钱箱、票箱进行必要的更换。

上述例行工作会占用站务人员的绝大部分时间。除这些例行工作外，还有如下一些工作时常发生：

（1）失物招领。乘客报告遗失物品，或前来认领遗失物品。

（2）乘客意见反馈或前来投诉。比如被车门、站台隔离门、收费闸门碰伤。

（3）维修人员进站开展设备维修。这类工作，特别是对那些会影响行车或站内乘客的应尽量安排在夜间列车停运之后进行。但由于夜间列车停运时段较短，且夜间工作人工费用高，人为失误几率大，或因设备故障急待修复等原因，还是会有一些设备维修工作需要在营业期间进行。

【案例2a】

地铁乘客脊椎受伤，下肢瘫痪

2013年1月28日晚上6:14，一位28岁的女乘客在从高架地铁站的站台去站厅的途中，一脚踏空，跌进移去了踏板、处于检修状态的自动扶梯的空隙里，造成脊椎受伤，下肢瘫痪。

移去了踏板、处于检修状态的自动扶梯

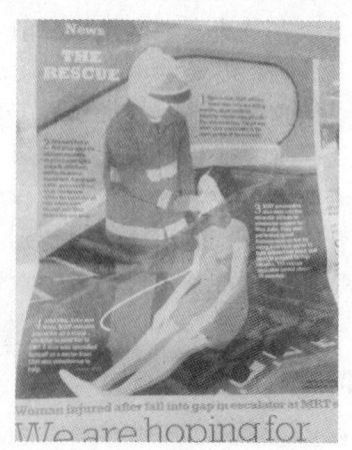

抢救过程示意图

受伤致瘫的女乘客　　　　　　　　　　　　事故扶梯

图 4.1　事故相关实景图和示意图

事故原因：自动扶梯发生故障，在运营时段内接受紧急维修。现场原本设有黄色的便携式围护板。维修人员因晚餐而离开现场后，便携式围护板被风吹去一旁。女乘客没有注意，一脚踏空，跌进扶梯空挡。

（4）车上有乘客需要救助（如突然昏倒），列车到站时，站务人员应及时协助。

【案例 2b】

下车乘客因外套卡在车门之间而被出站列车拖倒在站台

2007 年 11 月 1 日大约 14:30，在英国伦敦地铁北线的 Tooting Broadway 站发生一起车门夹住乘客衣服致使列车离站时把乘客带倒在站台上的事故，所幸被带倒的乘客只是受了轻伤。

一、背景情况

事发地点是北线的 Tooting Broadway 站，站台处于弯道，如图 4.2 所示。

图 4.2　Tooting Broadway 站站台

二、事件经过

肇事列车在到达 Tooting Broadway 站时晚点约 6 min。列车到站后，司机打开车门让乘客上下车。通过位于司机驾驶台的闭路电视监视器，司机看到乘客已经上下完毕，就关闭车门。

车门关闭后，驾驶台上的"车门关闭"指示灯点亮，司机在确认上述指示灯及列车前方"站台出发信号"点亮后，起动列车。

在车门关闭前的一刹那，第四节车厢的一位乘客匆匆忙忙下车，她的外套的尾部被车门夹住。她尝试把外套拉出来，但不成功，于是用手敲击车门以便引起车内乘客的注意。这时，列车已经起动，她被列车带着往出站方向跑了一段距离，在摔倒之前把外套从车门中间拽了出来。

第五节车厢的一位乘客发现了这一情况，启动了车内的"乘客紧急报警"装置。司机收到报警后，立即采取制动，把车停了下来。他尝试启动"乘客紧急报警"装置的乘客通话，但没有得到回应。他转而查看闭路电视的监视器，发现一位乘客躺在地上，另一位乘客正在弯腰帮她。司机于是利用车内通道往车尾走。到第五节车厢后，一位下班回家的地铁员工刚好也在第五节车厢，他向司机指出了那位启动紧急报警装置的乘客。该乘客解释说，她发现有乘客被列车拖扯，于是启动了紧急报警装置。司机对紧急报警装置进行了复位后，返回司机室用无线电向控制中心寻求援助。

控制中心向司机了解情况后，一方面传呼救护车，另一方面告诉司机到终点站（Morden站）后会有别的司机把他替换下来，以便协助调查。

由于列车尚未完全离站，所以司机鸣笛以引起在站台的车站工作人员的注意。在站台工作人员把手举过头顶示意发车后，司机起动列车离站。被列车带倒的乘客由救护车送到医院，并于同一天晚些时候出院回家。

三、调查结论

调查报告指出，事故的直接原因是司机在有乘客衣服被车门夹住的情况下起动列车。造成事故的其他因素包括：

（1）在起动列车之前，司机未认真通过闭路电视检查确认乘客已经上下完毕。

（2）在起动列车之前，司机太过专注确认"站台出发信号"，而忽视了对站台情况的确认。

（3）那位乘客在车门关闭前最后一刻匆匆忙忙下车。

四、经验教训

在设计上，为了减少车门夹微小异物对列车运行的影响，往往允许列车在车门夹微小异物（如书包的挎带）的情况下正常运行。这对上车乘客来说没有问题，但对下车乘客来说就不同了。解决方案通常是要求司机在起动前检查站台情况，有以下几种做法：

（1）当列车较短且站台平直时，司机直接目测检查。

（2）利用闭路电视间接观察。

（3）根据站台工作人员的发车手信号判断。

虽说站台隔离门有助于减少乘客掉下站台被进站或出站列车伤害的机会，但对于车门夹人或物的情况帮助不明显。除了有必要向司机强调检查站台情况的重要性外，站务员在有人或物被车门夹住的情况下，及时按压车站（站台或站控室）内的紧急停车按钮同样十分重要。

3. 晚上的关站

绝大多数的城轨线路并不是每天 24 小时运营的。这主要有两方面的原因：一方面，夜间的乘客数量非常小，不是真的需要由城轨这种大运量的交通系统来解决；另一方面，城轨自身的维护保养需要一个"停运"时段。

晚上关站的工作有三大项：

（1）清站。这是指在车站关闭前一定要保证站内不再有乘客。为此：

① 在末班车到达前 10 min 左右就开始通过广播和信息显示来告诉乘客末班车即将到达，车站将要关闭。

② 在末班车到达前 3 min 左右把收费闸机全部设置为"出站"状态，不再接纳进站乘客。

③ 在末班车发出后，检查站内所有公共区域特别是卫生间，确保站内不再有乘客。

（2）站内设备状态的必要调整。如关掉电扶梯、不必要的照明、空调等。

（3）站门关闭。有些车站在晚上停运后并不关闭站门，而只关闭位于收费闸机非付费区一侧的安全门，以便允许路人把站门及相应的部分非付费区作为过街通道。

4. 夜间的车站运作

停运期间的车站工作主要有以下两个方面：

① 整理内务，特别是关于票务的一些报表的填写和票、钱的清点。

② 接待和管理进站开展维修工作的工程人员。有些城轨公司在职责界定上要求站务人员为轨区作业提供防护服务，即由站务人员担当"防护主任"。当然，在这种情况下，夜班的站务人员配备数量要相应增加，必须保证至少一人留在站内值班以应对可能发生的紧急情况，如车站火灾。关于轨区作业参见第七章第四节。

（二）非正常情况下的车站运作

非正常情况的种类很多，这里只述及比较常见的非正常情况及相应的车站运作。

1. 站内客伤

站内的扶梯为乘客提供了方便，也为快速处理大客流创造了条件。但经验表明，城轨大多数的客伤意外都与自动扶梯有关，特别是孩子和老人，主要是因为他们的平衡能力及反应能力不及青壮年乘客。不过现在又有一个新的发展动向，即青年人由于在搭乘自动扶梯时太过专心于手机或掌上电脑而在扶梯末端跌倒。

当然在管理上或技术上采取一些措施可以在一定程度上防止扶梯意外的发生，但还不能完全杜绝。因此，一旦此类事故发生，站务人员应及时行动对受伤的乘客施行救护。如果客伤是由扶梯故障所导致，还要采取措施，以免造成更多的客伤。

为了对受伤的乘客进行救护，需要：

（1）站务人员事先接受过一些基本简单的救护培训。

（2）在站内配备相应的救护设备，如急救箱、轮椅、担架等。

（3）熟记救护车的联系号码。

（4）车站附近可以停放救护车的停车位。

为了对事故进行跟踪调查，需要：

（1）记录伤者的个人资料，特别是联系方式。

（2）保存好有关的闭路电视录像资料。

（3）对事发现场拍照。闭路电视有时由于位置关系而没能记录到实际过程或虽有记录但画面不够清晰。

（4）争取事发现场目击证人的协助。

通常这类事故虽需要至少一个站务人员（通常是站长）来处理，但车站的运作一般不会受到很大影响。

除了电扶梯外，车门、电梯门、站台隔离门、收费闸机等也可能造成客伤。另外，不平的地面、有水湿滑的地面也可能造成客伤。

2．大客流

大客流是指车站内（有时甚至包括车站附近）挤满了乘客。这是一个相对的概念，而不是指乘客的绝对数量。这里的"相对"是相对于车站及其四周可利用的乘客空间。大客流的形成原因也是一个相对的概念，即乘客的到达相对于乘客的离开。车站就好像一个蓄水池，如果排水速度小于进水速度，那么就可能出现溢水现象。大客流可能是预计得到的，也可能是突发的。预计得到的是那些有计划的活动，比如大型体育场馆举行体育活动、学校举行运动会、演出、竞选集会、盛大的节日聚会等；突发的可以是天气突变导致公众转而搭乘地铁，或城轨系统本身故障，一些平时客流很少的车站因被选作临时终点站而乘客量剧增。

不论是哪一种大客流，成功应对的关键在于两个方面：资源和预案。资源是指所需的人力、物力，而预案是指协调人力、物力的行动方案。

（1）人力。包括已经在本站的员工（甚至本站的清洁工、保安人员以及刚好在本站进行维修工作的维修部的人员，这是当大客流是突发性大客流时）、前来增援的其他员工、公安等。这就有必要对清洁工、保安人员等在他们刚入职时就做有关人潮控制工作的简单培训，即使他们是临时工。因为在紧急时，每一个人、每一双手都会起到作用。甚至可以临时要求一些乘客帮忙，如果真的有必要的话。公安警察的特殊作用在于他们的"制服"，他们可以更有效地协助维持秩序。

（2）物力。物力的范围也很广，小的包括正在运作的广播系统、导向标志，也包括临时增加的如便携式扩音器、临时导向牌等；大的包括专门调派的列车和地面巴士等，用以尽快把乘客运离车站。

（3）预案。预案列出什么时候或情况下采取什么行动。如什么时候要把车站部分入口关闭，或把闸机关闭以"限流"，什么时候在什么地方设临时排队围栏来控制"流速"、保持秩序。应对大客流的预案应明确如下两个阶段及其相应的行动：第一阶段（预警），即车站出现拥挤的兆头；第二阶段（限流），即车站出现拥挤情况时，实施限流以控制局面。

应对大客流的中心任务是尽快让乘客离开车站，包括从站台搭列车和经出入口步行离开。凡是有利于让乘客尽快离开车站的措施，都应给予考虑，甚至包括在必要时打开收费闸机免费放行。

3．站台紧急停车按钮启动

为了在发生紧急情况（如乘客从站台坠落到路轨上）时阻止列车进站或出站，通常在站台设有紧急停车按钮,且数量不止一个。虽然不少时候这些紧急按钮的启动者是调皮的小孩子或恶作剧的少年,但这毕竟比在真有紧急情况时无按钮可供操作要好些。

当发生紧急停车按钮启动时,应把它当成真的有紧急情况发生来处理。重要的步骤包括:

(1)带上无线对讲机前往受影响的站台,还需要带上专用钥匙以便对紧急按钮进行复位。在管理上,为了保险,一种有效的做法是把全部可能用到的装备(对讲机、钥匙等),事先放在一个提包或工具箱内,每次需要处理紧急情况时一起带上。

(2)在现场调查了解情况,看到底发生了什么事,为什么紧急停车按钮被启动。

(3)如果是乱操作或误操作,即并没有什么紧急情况,那么在报告给控制中心后,对紧急停车按钮进行复位。

(4)如果真的有紧急情况,那么待处理完毕后,对按钮进行复位。

4. 站台隔离门故障

站台隔离门因数量大、动作频繁,发生故障的机会较大,隔离门故障会影响到列车运行。隔离门故障种类很多,如:

(1)在站内没有列车的情况下,个别隔离门被监测到未锁好。这时让列车进站是不安全的,所以通常的系统设计是由设备自动把站台区线路的ATP速度码变为0码以阻止列车进站。

在这种情况下,如果能查出具体的故障隔离门,并确认它处于关闭状态,那么只需要对它进行隔离,列车即能进站。如果查不出到底是哪个门出现故障,那就需要使用一个位于站台端墙上的"旁路开关",把同侧的所有隔离门旁路掉,以便让列车进站。

(2)站内有列车停靠,因隔离门锁闭不到位,列车不能出发。应采取的措施和前面一种情况类似,即如果能查出到底是哪个门有问题,就把有问题的门隔离掉。如果不能查出到底是哪个门有问题,就对同侧的所有门进行旁路。

(3)由于自动控制系统发生故障,隔离门无法和车门同步自动开关,而需要站务人员利用位于站台端头的旋钮进行操作。

5. 车站紧急疏散

最典型的例子就是车站火灾,特别是地下车站或被包围在其他建筑物(如商场、住宅楼)内的车站。车站紧急疏散虽然不时常发生,但由于涉及的乘客数可能很多,后果可能很严重,所以必须给予最高的重视。具体体现是对每个站制定相应的紧急疏散预案,并保证每位站务人员,甚至在站工作的清洁工、保安员、站内商铺的工作人员,都了解预案的相应要求,都参加相应的演练。可以参阅本章第二节关于伦敦地铁王十字站火灾的案例。

二、副　业

这里只对"站间行车法"和"添乘"两项"副业"加以展开讨论。

(一)站间行车法的实施

站间行车法实质上是人工闭塞。

新建的城轨系统都具备自动闭塞功能,即列车的安全追踪运行受到列控系统的自动保护,而无须进行人工闭塞。但在自动闭塞因列控系统故障而缺失时,需要人工介入实现闭塞(见下文例1）。另外，即使列控系统正常，但如果轨道条件恶劣，即虽然信号（包括轨旁信号及车载信号）能正常显示，但因列车的制动距离加大，正常的信号无法确保安全，这时也需要人工介入实现闭塞（见下文例2）。

接下来讲人工闭塞的具体做法：① 由控制中心实施；② 由车站实施。

由于在通常情况下城轨运作的调度指挥是由控制中心执行的，所以如果可能的话，列车运行的人工闭塞也应首选由控制中心来实施。

1. 由控制中心实施

【例1】（1）在正常情况下，某地铁系统（这是一个实际的使用移动闭塞的地铁系统）的自动闭塞是按下述方式进行的：对于1号列车，联锁设备在首先确认A站上行站台屏蔽门已经锁闭，道岔P2位置正确，其他联锁条件（如站台紧急停车按钮未启动）都已满足后，向轨旁ATP报告说联锁条件都已满足。轨旁ATP进一步通过车—地通信系统检测到2号车的位置（如图4.3所示）。轨旁ATP允许1号车从A站发出，并告诉1号车前方（X）处有"禁行点"（由2号车引起）。

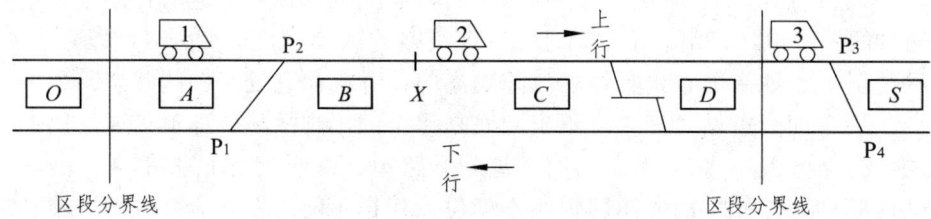

图4.3　2号车位置示意图

（2）假设负责管理A、B、C、D四站的轨旁ATP发生故障，但联锁设备以及联锁设备所管理的轨道电路仍都正常。轨旁ATP的故障将使相应区段的自动闭塞无法继续，从而需要人工闭塞。

（3）由于轨道电路及联锁设备均正常，A、B、C、D四站范围内的列车位置仍旧可以根据轨道电路的状态反映在控制中心的行调显示屏上。同时由于联锁设备仍然正常，行调可以排列所需的进路，轨旁信号仍可正常显示，只是列车收不到速度码，因负责生成速度码的轨旁ATP已发生故障。

（4）假设行调和司机的无线通信正常，那么行调可以直接向司机发调度命令，授权以RM或URM行进到B站上行站台。其中：

RM——无码限速人工驾驶模式，车载ATP把列车速度限制在一定水平（比如20 km/h）以下。

URM——无码无设备限速人工驾驶模式。这时无设备来实现速度限制，必须通过规程把车速限制在一定水平（比如20 km/h）以下。

简单地说，上面所讲的是由行调来取代轨旁ATP，以人工闭塞取代自动闭塞。

【例2】由控制中心实施人工闭塞的另一个例子如图4.4所示。

假设B到A的下行线路上的黏着条件由于某种原因而大幅度下降，虽然列控设备都正常（进路可以排列，信号可以开放，速度码也可以正常发送），但是由于制动距离加大，不能按正常的信号行车。这时可以由行调在确认A站下行站台空闲后，通过无线电对讲系统向位于B站下行站台的列车司机下达调度命令，授权以CM（有码限速人工驾驶模式）、低速行进到A站下行站台。

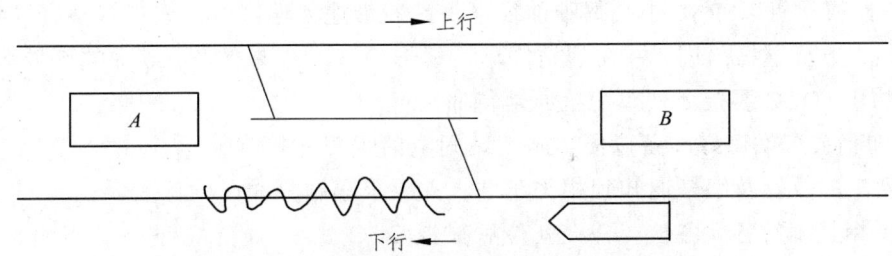

图4.4 显示黏着系数下降区段的线路示意图

2. 由车站实施

如果设备故障使得列车位置不能自动反映到控制中心，虽然行调可以通过无线电向列车司机逐个查询列车位置，但由于车多、工作量大而易发生人为错误。这时比较可取的做法是交由相关车站管理。这就是通常所说的"站间电话闭塞法"。这并不是什么新事物，而是以前"电话时代"的常规行车组织办法。现在是"电脑时代"，正常的行车闭塞方式是基于速度码的移动式自动闭塞。在这二者之间，还有基于轨道电路的"继电时代"固定式自动闭塞。

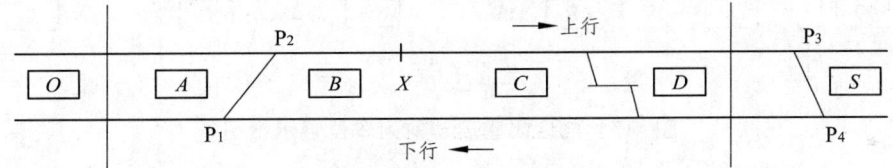

图4.5 车站实施站间行车法的线路示意图（A）

B站行车值班员在确认B站上行站台空闲后，通过站间直线电话通知A站值班员放行下一列车。当然为了安全，实际的步骤要复杂得多，见下面关于某地铁公司站间电话闭塞法的介绍。

某地铁公司的站间电话闭塞法如下。

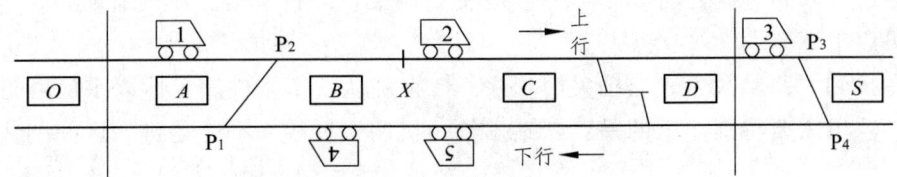

图4.6 车站实施站间行车法的线路示意图（B）

（1）准备阶段。

当列控系统发生故障（假设沿途道岔由于系统故障而按故障安全原则被锁在定位），且OCC看不到A、B、C、D区段内的列车位置时，OCC应：

① 全线扣车。

② 核查列车数目及位置。对位于故障区段内的列车，OCC要用无线对讲设备指令司机

27

保持列车原地不动并逐一报告列车编号及位置。OCC对列车编号及位置作书面记录。为防止这一过程中的人为错误造成严重后果,应安排另一个调度员对列车编号及位置进行复核。

③ 对处于站外(区间内)的列车,如果其前方站台空闲(如图4.6中的2号车),应下调度命令,授权司机以RM小心驾驶前往下一站,沿途如遇红灯,先停车报告OCC,获得OCC授权后,方可继续前进,并在到站停车后报告OCC。如果像图4.6中的5号车那样前方站台有车占用,OCC要指令列车司机原地待命。

④ 通知相关车站做好准备以便实施"站间电话闭塞"。

a. 把列车的位置及编号通知到相关车站,并要求车站复诵以确认无误;

b. 指令相关车站各就各位,并在就位后报告OCC。

⑤ 取消先前的扣车,并宣布开始执行站间电话闭塞法。

(2)实施阶段。

在相关车站均报告OCC"准备完毕"后,OCC宣布正式实施"电话闭塞"。特别是全线的所有列车司机都要清楚地知道,在经过故障区段时服从车站指挥。以上行线为例(见图4.7),"电话闭塞"启动时,1号车(人工模式)在A站,2号车(人工模式)在C站,3号车在S站(当OCC做全线扣车时,3号车会在到达S站上行站台后自动停在站台待命)。

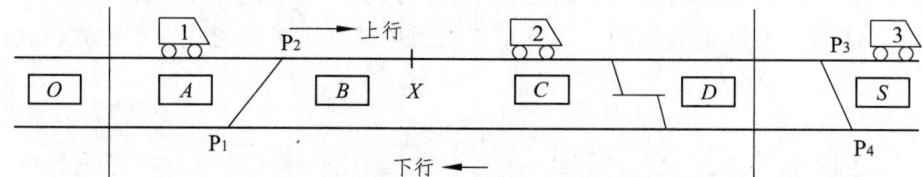

图4.7 电话闭塞启动前列车位置示意图

S站的值班员(S)在站台目送3号车离站后,用站间直线电话(电话机位于站台)通知D站位于站台的值班员(D):3号车离开S站,S站上行站台出清。

D在"电话闭塞"作业记录表上将这一信息记录下来,并标注时间,然后用站间电话通知C站位于站台的值班员(C):3号车离开S站,准许C站放行上行列车。

C在"电话闭塞"作业记录表上记录这一信息及时间点,并填"路票"交给2号车的司机,授权他进入区间。这之前2号车一直是在C站上行站台待命。在待命期间,车门是打开的,乘客可以上下车。

司机在接到"路票"后,启动关门程序。C在确认发车条件满足后以手信号指示2号车司机离站。这里需要特别注意的是:C站发给司机两个授权,一个是进入区间的凭证;另一个是离站信号。

C在2号车出发后在记录表上做相应记录,并打电话给B站的值班员,依此类推。

值得特别指出的是:图4.7中在前后两个车之间刚好有两个区间和一个站,这样的做法对应的是"三站两区间"法,即两个车涉及三个站和两个区间。如果一旦C站上行站台出清就允许B站发上行车,则被称为"两站一区间"法。显然两种做法都属于电话闭塞,但前一种更安全。

在上述的作业过程中涉及如下一些具体问题:

① 电话通信，指只允许相邻站的值班员之间进行通话，而且正常情况下是逆行车方向而通话，即 S→D，D→C，等等。

在通话时，一定要用规范用语，强调关键信息，包括：站名、车次、时间等，且受话方一定要复诵确认。为了安全和效率，另一方向的行车要另外安排值班员负责。可见这种行车作业法要求有足够的人员配备。

② 电话闭塞作业记录表。每个参与电话闭塞作业的值班员都需要有自己的记录表，主要记录内容包括：

电话记录：电话信息本身及通话的时间。

接发车记录：相关车次号、到发时间点。

当然事后要签字。

③ 路票。路票上的信息主要有：
- 编号，不应有相同编号的路票
- 日期和时间
- 发路票的依据（是根据哪一个通话记录发出路票的）
- 发路票的车站
- 发路票的人
- 发路票给哪一个车次
- 允许这个车次进入哪一区间，到哪一站
- 途中有无限速要求，如有，是多少

④ 手信号。允许出站的手信号通常是绿色的信号旗，高高举起，并做有规律的移动，以区别于其他人（如乘客）无意间举起的绿衬衫或绿头巾。

上述电话规范用语、记录表、路票、手信号由各公司自行制定。

（二）添　乘

添乘是指进入列车司机室协助司机完成列车驾驶任务。

【案例3】

站务人员添乘协助司机进行逆向行车

2006年4月29日，在英国伦敦地铁的District线，由于负责为列车排进路的自动化列控系统使用了错误的列车时刻表，使本该在High Street Kensington站3号站台或4号站台（二者均为尽头式站台）终到折返的73号列车被安排为到2号站台。司机在意识到进路排列错误后把73号列车停在进站信号机外方（即站外），并使用车载无线向控制中心报告了情况。控制中心决定让列车逆行出清岔区后重新排列进路。列车逆行作业（即逆向行驶）按规定需要由就近车站派人添乘。

一、背景情况

事发地段的线路布置如图4.8所示，图中靠近22BPoints的信号机编号为ED23，靠近157BPoints的信号机编号为ED171，这两个信号机各控制一个行车方向。

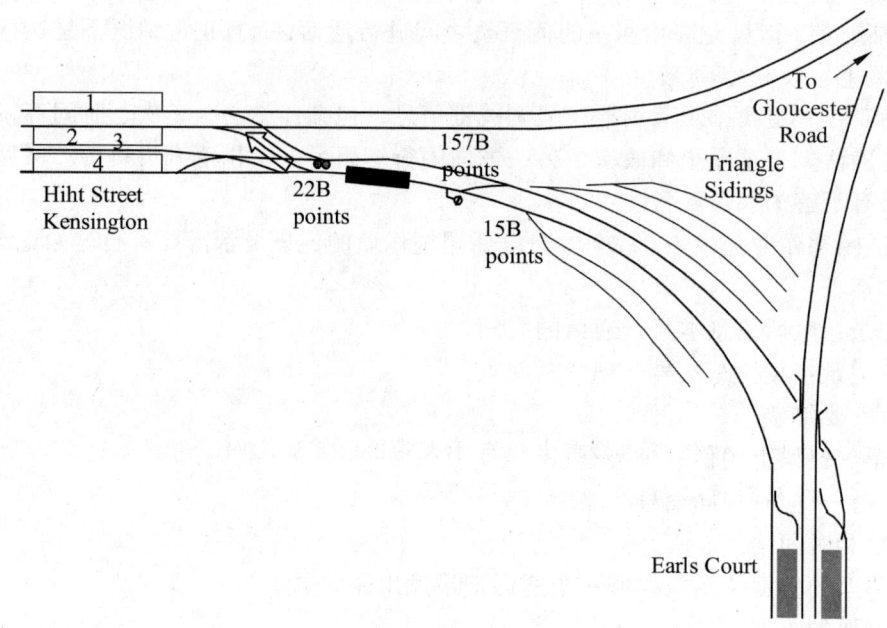

图 4.8　事发地段的线路布置图

二、事故经过

2006 年 4 月 29 日是星期六，为了配合星期六夜间的施工作业，有必要更换自动排列进路所需的"进路表"。但是由于当时的 District 线的列车运行出现紊乱，包括列车晚点、抽线（取消车次）及中途折返，控制中心的调度没有更换"进路表"，结果本该在 High Street Hensington 站 3 号站台或 4 号站台终到折返的 73 号列车被安排到 2 号站台。信号机 ED23 的相应显示如图 4.9 所示。

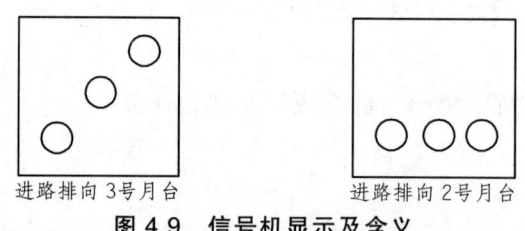

图 4.9　信号机显示及含义

在大约 23:09 列车经过 ED23 信号机时，司机意识到进路方向有误，施加常用制动，列车在离 ED23 大约 50 m 处停下，此时列车距道岔 22B 16～32 m。

司机用车载无线向控制中心报告了情况。由于当时列车无线通信设备工作不太正常，虽然行调能听到司机的报告，但司机却听不到行调的指示。

当时 204 号列车正从 Gloucester 方向开往 High Street Kensington，而且需要使用 High Street Kensington 的 2 号站台。如果将错就错，让 73 号列车继续前往 2 号站台折返，那么 204 号列车会被延误至少几分钟。这是因为 73 号车在 2 号站台折返涉及列车换向、乘客上下、进路排列等一系列作业。

鉴于此，行调决定让 73 号车逆行到 ED171 信号机，然后重新人工排列从 ED23 到 High Street Kensington 站的进路。

大约 23:10，行调尝试用无线电通知司机关于逆行的决定，但司机仍听不清楚。

大约 23:15，行调指示 High Street Kensington 站的白班督导员（相当于车站值班员）向控制中心报告 73 号列车的位置。白班督导员走到 2/3 号站台的尽头确认后，向控制中心报告说：73 号列车在岔区外。行调指示该督导员协助 73 号列车的司机逆行到 ED171 信号机后，调头面向 ED23 信号机。与此同时，73 号列车的司机联系上了值班的乘务经理（司机的直接上司），并用自己的私人移动电话和行调取得了联系。

车站督导员在接到行调关于协助 73 号列车逆行的指示后，开始有关的准备工作，包括带备站-车无线对讲器、车站无线电对讲器、手提电话、手电筒、逆向行车记录表，但他怎么也找不到这个记录表。

由于当时 High Street Kensington 站的值班站长不在，所以行调通知邻站（Earls Court 站）的值班站长前往协助。该值班站长乘出租车于大约 23:25 到达 High Street Kensington 站。此时白班督导员已经在隧道里碰到了一系列的问题：

（1）他见到 73 号列车的司机后，试图和行调联系，但发现所带的通讯设备都派不上用场：

① 站-车无线电对讲机的电池已经没电了。

② 车站对讲器只能和车站员工联系。

③ 手提电话因离基站太远而无法使用（无信号）。

（2）他知道隧道里有隧道电话，通常安装在信号机的机柱上，但当他找不到 ED23 信号机对应的电话（该电话没安在 ED23 的机柱上，而是安装在 ED23 后面的空地上），而转向 ED173 信号机时，他的手电筒电池没电了。此时只有车上的电灯提供亮光。他借着这个亮光返回列车，万幸的是他在返回列车的途中没有碰到位于走行轨旁边的供电轨，否则后果不堪设想。

这时他接到夜班督导员用车站对讲器打来的电话，说 Earls Court 站的值班站长已经到达 High Street Kensington 站，而且带着手电筒和通信设备前来接应。

值班站长到了 73 号列车同督导员及司机会合后，简单商量了一下，开始做"逆行"的准备，包括：

① 把车上两端和轨旁紧急停车装置相对应的紧急制动触发器隔离掉，以避免逆行过程中不必要的紧急制动。

② 值班站长使用他的手提电话同行调联系"逆行"的调度命令。该调度命令是：逆行至 ED171 信号机，调头待 ED23 开放后向 High Street Kensington 站行进。

当时值班站长也没有逆向行车的记录表，就随手把调度命令写在了《每周行车通告》[①]的封面上，再把它交给司机时，还口头指示司机把车开到 ED171。司机接受指示开始驾驶列车以低速开往 Earls Court 方向。司机、督导员和值班站长三人都在前端司机室，但当 73 号列车驶过 ED171 时，三人中没有一个人采取行动把车停下。要不是行调在控制中心观察到列车已越过授权运行界限，紧急切断牵引电力供应的话，73 号列车可能会继续前进，并有可能同对向的列车发生冲突。

列车停下后，行调让值班站长报告列车当前位置。值班站长让督导员下车察看列车最后通过的信号机的号码。在从司机室下车的过程中，督导员不慎跌倒在地上，膝盖受了轻伤，不过还是完成了任务。

---

① 《每周行车通告》参见第十一章第三节。

之后行调重排了进路，恢复了牵引供电，并指示 73 号列车调头开往 High Street Kensington 站 4 号站台。

三、经验教训

养兵千日，用兵一时。此案例说明相关车站人员对不常执行的任务准备不足。具体表现在：

（1）执行"逆向行车"所需的物品不到位，如找不到所需的"逆向行车记录表"；手电筒、对讲器的电池电量不足。

（2）没有带备用电池。

（3）对车站周围的设备情况不熟悉：不知道隧道电话的确切位置，不熟悉信号机的位置。

此案例还说明：

（1）协助行车确实不是车站人员经常要做的事。

（2）正是因为不常做，所以要定期演练、检查，以保证在需要时能做好。

第二节　站务管理

本节先引用两个案例，然后在这两个案例的基础上，结合本书中有的其他相关案例总结出站务管理的工作要点。第一个案例是伦敦地铁王十字车站火灾事故，这是车站自身出了事，强调"属地管理"的重要性。第二个案例是供电轨故障导致列车服务中断，属于相关车站"缺货"，进一步阐明车站的角色是"售货员"。

一、两个案例

【案例 4】

伦敦地铁王十字站火灾

1987 年 11 月 18 日晚上约 7:30，在英国伦敦地铁的王十字车站发生了一起重大的火灾事故，造成 31 人死亡（其中一人是前来灭火的消防员），多人受伤。

1. 背景情况

王十字车站是一个五线交汇的换乘站。这五条线是：① Metropolitan 都市线；② Circle 环线；③ Piccadilly 皮卡线；④ Northern 北线；⑤ Victoria 维多利亚线。后 3 条线属于一类，被统称作 tube 线。

王十字站这次出事的自动扶梯连接皮卡线站台和售票大厅，是 OTIS 的木制扶梯，于 1939 年安装。由于这些扶梯是木制的，存在火灾隐患，所以在一连串的扶梯火灾后，地铁公司于 1948 年开始为木制扶梯安装"水雾设备"。"水雾设备"是和消防水管连接的一系列喷头，沿整个扶梯，每 2 m 安装一对。

这些喷头是人工手动操作的，操纵手柄设在扶梯上端的机房内。虽然有人曾在 1948 年提出加装烟感或温感设备以使喷头的动作自动化，但由于种种原因，直到王十字站火灾事故发生时，"水雾设备"仍只能人工操作。

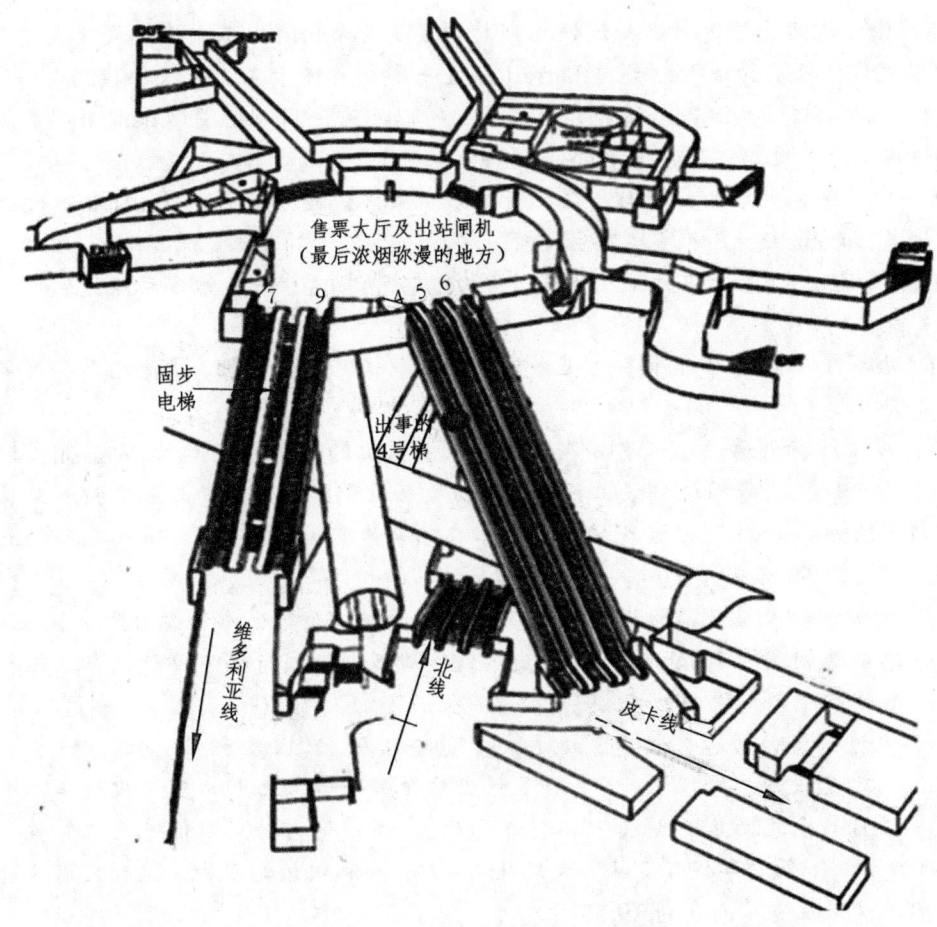

图 4.10 王十字站的结构示意图

2. 事故经过

19:29，乘客 Sqwire 发现 4 号扶梯靠近上端的台阶下有火，并报告给票务处的票务员 Newman。Newman 继而打电话给代班站长 Hayes。

19:30，另一位乘客 Karmoun 发现 4 号扶梯靠近上端 2/3 处台阶下有火后，按动位于扶梯上端的紧急按钮把扶梯停下，并向下面的乘客高喊，叫他们赶快离开扶梯。当时站务员 Brickell、交通警察 Bebbington 和 Kerbey 在位于售票大厅的临时站控室。他们注意到这一情况后马上下去查看。与此同时，Hayes 和站务员 Farrell 前去北线扶梯查看，因为稍前 Newman 在电话里说北线扶梯发现火情。

19:32，交警 Bebbington 到现场发现 4 号扶梯有烟和火，决定用无线电通知总部。但由于他的无线电在站内不受支持，必须到站外才能使用，所以他走到靠近 Euston 路的出口处通知了总部。在那里他碰到另一个交警 Dixon，并让他在出口处等候消防队的到来。之后他转身回了车站。

19:33/34，另一个乘客 Benstead 向票务员 Newman 报告火警。交警总部通过英国电讯紧急呼叫中心的 999 服务通知伦敦消防局。

19:36，伦敦消防局派出消防队，包括消防车及指挥车。

19:38，伦敦消防局值班员通知地铁总部总调度员 Tumbridge 王十字站发生火情。

19:38，代班站长 Hayes 带站务员 Farrell 经过一番查看终于在 4 号扶梯找到火情。他回到设备房拿出手提灭火器，但够不到着火的位置，所以无法使用。他没尝试使用"水雾设备"，因为当时情况紧急，他忘了"水雾设备"的存在。

19:39，位于售票大厅的交警自行决定开始疏散乘客。皮卡线行调 Hanson 通过电话通知总部总调度员 Tumbridge 王十字站发生火情。

19:40，交警 Kukielka 从临时站控室通过 999 服务请求皮卡线及维多利亚线的列车不停车通过王十字站。

19:41，站务员 Farrell 冲到维多利亚线站台并打电话给该线行调，请他指令列车不停车通过王十字车站。

19:42，皮卡线行调通过电话通知在临时站长室值班的王十字站站长 Worrell：该站发生火情。（注：由于地铁收费闸机安装工程的需要，原来位于票务大厅的站长室被临时移到都市线和环线站台的西端）。一列皮卡线的东行列车在站台停靠，乘客下车。一列北线的北上列车在站台停靠，大约 50 名乘客下车。

19:43，大批消防人员及消防设备抵达。一列皮卡线的西行列车在站台停靠，乘客下车。

19:44，总部总调度员 Tumbridge 指令皮卡线和维多利亚线行调不要让列车在王十字站停车。北线列车照常停靠直到 19:48。

19:45，火势突然加剧，整个售票大厅瞬间变成火海，浓烟滚滚。

19:46，自动化设备维修工 Dyer 在维多利亚站台挥手示意北上的 227 次列车停下。驾驶该列车的司机 Barrett 已经接到通知"不停车通过"，所以他当时正以低速人工驾驶。当他看到有人招手示意时，便把车停了下来。大约 150～200 人利用该车疏散。随后又用这种办法叫停了两列车用以疏散乘客，直到 19:55。

19:47，伦敦救护服务中心接到向王十字站派车的请求。

20:45，一列北线列车的司机没有收到"不停车通过王十字站"的指示，停靠站台，乘客下车后被站台上的警察命令重新上车。

21:05，伦敦地铁当值事故主任搭乘北线地铁车抵达王十字车站。

01:46，火势完全受到控制，搜救工作继续进行。

3. 事故调查

火灾是由乘客丢弃的仍在燃烧的火柴杆引起的。火柴杆经扶梯缝隙掉到扶梯下，点燃了经年累积的纸屑等杂物和扶梯润滑油的混合物。

之所以火势于后来（19:45）突然加剧，是由于所谓的"沟渠效应"：由于扶梯两侧的挡板形成了沟渠，加之扶梯有一定的倾斜度，所以开始时出现的小火会沿着扶梯先预热木制的台阶踏板。在预热到一定程度后，大批的经过预热的木质踏板同时起火，一发而不可收。

4. 王十字站员工在整个过程中的表现

（1）最终酿成大祸的火灾最早是由名叫 Sqwire（男士）的乘客于 19:29 报告给票员 Newman 的，这个火发生在 4 号扶梯上。

在 19:14，即本次火警被报告之前的 15 分钟，其实还发生了另一宗小火，是由名叫 Tolmie（女士）的乘客报告的。接到报告的站务员 Brickell 用一本杂志把这个小火（纸巾着了火）拍灭了（Brickell 的工作岗位在收费闸机处，职责是协助乘客进出）。如果 Brickell 按"大火、小火都要报消防局"的新规定办的话，情况就可能不一样了。

（2）乘客 Sqwire 于 19:29 向票务员 Newman 报告有火警。Newman 打电话给接班的车站值班员 Hayes，告诉他有乘客报告说地铁北线的"上行"扶梯发现火警。

Hayes 在接到电话报告后，没有报告给站长，也没有报告给分线调度员，就带着一位站务员 Farrell 前往北线的扶梯去查看。到达现场后被乘客告知烟其实来自皮卡线的扶梯。由于 Newman 报告不准确，耽误了时间。

（3）Brickell 也从另两位乘客那里得到报告说扶梯上有火。尽管他由于健康问题，被安排只做收费闸机处的工作，他还是下到 5 号电梯的底端查看。他不知道消防栓在何处，也不熟悉"水雾灭火设备"。他在 5 号电梯底端协助警察把乘客从皮卡线的扶梯引导到维多利亚线的扶梯处，由那里去售票大厅，然后出站。

（4）Newman 在收到 Sqwire 的报警后不久，又有另一乘客告诉他在 4 号梯的下面有火。他从票亭向皮卡线的扶梯望过去，"看上去那烟和先前的烟比起来并没有多大差别，并没有变得更严重。我认为并不严重，所以我就没离开票亭。" Newman 没有接受过"紧急疏散"的培训，他觉得自己的工作范围仅限于票亭。

（5）Hayes 在皮卡线扶梯的底端看到烟从 4 号梯大约一半的位置冒出来，便走进扶梯下面的设备间，并没有发现什么。他又沿 6 号梯进到上端的设备间。在这个设备间里，他与"水雾灭火设备"的控制板擦肩而过。他知道有"水雾灭火设备"这么个东西，但是他从未操作过，也没见过别人操作是什么样的，所以只是"擦肩而过"，并未去操作。他看到有烟、有火，然后出去取来便携式灭火器。但此时他已经不能靠近烟、火的源头，所以无法使用灭火器。由于没受过培训，对"水雾灭火设备"不熟悉，致使 Hayes 把该系统的用途给忘记了。

（6）Farrel 原来是和 Hayes 一起的。Farrel 也沿着 6 号梯往上去。但是在进上端的设备间时，被房门打在脸上，所以无法继续跟随 Hayes。在警察的要求下，他于 19:42 从维多利亚线的站台打电话给维多利亚线的分线调度员，让他通知司机在王十字站不要停车。

Farrel 还协助引导来自维多利亚站台的乘客通过维多利亚线的扶梯前往票务大厅，然后离开车站。技术工人 Dyer 在警察的协助下叫停了一列维多利亚线往北行驶的列车，并利用该列车疏散了大量的乘客。

（7）Hayes 是车站的值班员，但由于缺乏培训和经验，他没能主持现场的工作。他没有在接到火警报告时立即报告站长或分线调度员，也没有利用"水雾灭火设备"。这些对灭火及抢救工作造成了耽误（详情请见第 5 条）。

（8）虽然引导乘客经维多利亚线扶梯前往票务大厅实际上是送人去火海，但并不应该责怪这样做的那些人，因为在没有应急疏散预案的情况下，那些人只不过是尽其所能帮助乘客而已。另外，也不应指望他们能预见后来"火灾变得不可收"的局面。

（9）站务员 Wood 也是由于健康原因只能做"闸机"工作。当乘客告诉他闻到烟味后，他沿 5 号扶梯下去前往查看。当时乘客人多，现场混乱，他一时控制不了局面。一些乘客听了他的指引去了 MC 出口，发现该出口被上了锁，只好返回。这些乘客埋怨 Wood。但他只是尽自己所能提供帮助而已。

（10）有些员工本应在岗却不在岗，他们是站务员 Eusebe（女）、Swaby（男）、Ord（女）。

（11）Ord 作供时说，她和 Swaby 当时在员工休息室用餐，本来只有半小时的用餐时间，他们却在那里待了 1.5 小时。她做供时解释："我在当这个班时，通常会从 19:00 离岗到 20:30，虽然我知道按规定我只有半个小时的用餐时间，但这种做法很普遍……"。

（12）Eusebe 当时不在岗，是去了医院。她离岗是经过上司同意的。看过医生后，她打电话给 Hayes。Hayes 告诉她，不必回来了，可以直接回家。

（13）本应由 5 人在闸机处值班的，结果由于上述 3 个人不在岗，所以实际上只有 2 个人（Brikell、Farrell）在岗。

（14）站长 Worrell 当晚是该站的最高级别的在场员工。他的工作岗位（站长室）本应该处于车站的中央，但由于当时车站正在进行新收费系统设备的安装工程，站长室被临时改设在都市线和环线站台的最远端。Worrell 曾向负责安装工程的经理提出过不满，但没有被重视。结果他的临时站长室不仅位置偏远，而且装备简陋，通讯方面只有一条内部电话线。

（15）直到 19:42，Worrell 才得知他的车站有火警，是皮卡线的调度打电话问他知不知道王十字站有火警时他才知道。这离最初 Sqwire（乘客）向票务员 Newman 报告火警已经有 12 分钟了。

Worrell 打电话给技工 Dayer。Dayer 告诉他 Hayes 已经前往查看。Worrell 马上动身去出事的设备间，路上看到消防员和烟，他冲着人群大喊，让他们快离开。

他前往票务大厅，被浓烟逼了回来。他从另一个出口出了站到了地面。尽管他当时是在场的地铁公司的最高级别的人员，但他没有主动去见消防局的人员向他们提供建议和帮助。大约 1 个小时后，在 Nelson（地铁公司的一个较高级别经理）指示下，他才前去见消防局的人员以便回答他们有关车站布局的问题。

（16）Pilgrim 是当天晚上王十字站的接班站长。当 Worrell 于 19:42 接到皮卡线调度的电话得知火警时，Pilgrim 和 Worrell 同在临时站长室。

开始的时候，他并没有把那个火警报告当回事，后来等他到都市线的站厅看到乘客跑向站台，而且还有很浓的黑烟时，他意识到情况的严重。他下到都市线的站台，利用一列于 19:52 到站的列车疏散了大量的乘客。

（17）Pilgrim 继续留在都市线的站台直到所有乘客都被疏散，之后他把员工们集中在员工休息室。员工休息室远离站台和站厅，而站台和站厅此时已经满是浓烟。

从 Mootgate 站调来一列空车，在女警察 O'neill 的协助下，Pilgrim 把 8 名员工疏散撤离王十字站，此时是 20:05。之后 Pilgrim 继续留在站内和 Nelson（高级经理）、Grosvenor（区域经理）一起接、打电话进行协调，直到大约 1 小时候后，一起出站到地面。到地面后，他见了 Worrell 并向他报告说所有员工都已安全撤离。

（18）Hayes 是"接班的车站值班员"。当值的车站值班员是 Dhanpersaud。19:40 他在都市线的值班员办公室接到皮卡线经理（其办公室位于 Earl's Court 车站）打来的电话，说王十字站的一个设备间好像发生火警。

当时有两名站务员（分别是 White 和 Obcena）和 Dhanpersaud 在一起。Dhanpersaud 派他们二人前去查看，Obcena 返回后，Dhanpersaud 和 Obcena 一起去了 tube 线那边，打开了 Khyber Pass Bostwick 的门，使得一些人员得以从此门撤离。在票务大厅，他看到一些警察，并遇到接班的车站值班员 Hayes。他和 Hayes 一起进了设备间，并关断了所有扶梯的电源。

（19）之后 Dhanpersaud 还做了如下一些事情：

——在北线站台确保列车不停站通过。

——把北线的扶梯电源切除。

——帮消防员、警察在皮卡线扶梯的下端把消火水龙头接起来。

——与北线的区域经理一同在维多利亚线的站台把员工疏散出站。

——在其他员工都撤离后,他与 Dayer(技工)一起协助维多利亚线的列车顺利通过王十字站(注:由于设备被火灾烧坏,维多利亚线上的列车不能正常通过王十字站)。

(20)Dhanpersaud 在危险、混乱、困难面前头脑清醒。在事故过程中作了大量卓有成效的事。

(21)票亭(票房)的员工并不穿地铁制服,也属于另一个工会组织。他们认为自己是另一班人。他们基本上没有接受任何消防、车站紧急疏散方面的培训,他们认为自己的工作仅限于票房而已。

(22)事发当晚本应有 7 位票房员工的,但实际上只有 6 个在岗。这 6 个中间有 4 个在 tube 一边,2 个在都市线一边。王十字站很大,也很复杂,有两个票厅,一个在 tube 线一边,另一个票厅在都市线一边,发生大火的是 tube 线一边的票厅。

那个不在岗的员工在事发之前 3.5 h 已经离岗,他的同事知道他离岗。

(23)在岗的 6 个票务人员的情况如下:

① Anstis 是票务领班(督导员),大约在 19:15 和 19:20 之间,他离开了他的办公室(位于 Tube 一边)去位于都市线一边的站长办班室,之后他去了都市线的值班员的办公室。在那里的时候,站长 Worrell 进来说车站出了事。几分钟之后他离开值班员办公室碰到一群人又叫又喊,于是他折回都市线,协助把站内乘客疏散到都市线的车上,之后他随同其他一些员工坐车去了 Euston Square(另一个车站)。

② Newman 在收到第一个乘客关于火警的报告时,他独自一人正在 Tube 线一边的票房值班。他立即打电话给接班的值班员 Hayes,后来他又收到另一个乘客的报告说有火警,但他认为情况不严重,所以没有离开票房。之后,警察过来通知他尽快离开,他于是和同事 Hythe(另一个票务员)把钱收好带进"点钞间"。

③ Hythe 于 19:35 左右在给自动售票机补票时闻到了橡胶被烧的味道。快完成"补票"作业时,他听到有人喊"失火了,赶紧撤离"。他完成"补票"作业后,随同 Newman 一起撤出票房。

④ Frankland 于 19:43 在票务员休息室用餐时,Newman 和 Hythe 进来通知他着火了。他们三人一起撤离休息室。Newman 和 Hythe 又折回票房去取 Frankland 的大衣。休息室没有任何通信设备,要不是 Newman 和 Hythe 来通知,Frankland 完全不知车站已经发生火灾。

⑤ Mistry 和 Smith 事发当时他们两个在都市线/环线一边的票房值班。得知火警后,他们关上票房的门,去站台协助乘客疏散。

事故报告对车站人员在事故中的表现的总结评价是:

(1)车站人员在缺少装备、缺乏培训、缺乏协调的情况下,凭直觉(本能)尽力而为,算不错了。

(2)如果"水雾设备"被启动的话,有理由认为情况不会如此的糟糕。

(3)在整个过程中,地铁员工"没有放一枪",即没有用一滴水、一个灭火器去灭火。

(4)车站的疏散工作实际上是警察主持的,反映出"属地管理"的严重缺位。

【案例5】

站长的角色

2011年某月某日（星期四）傍晚，某城轨系统的一条地铁线由于负责向列车供电的第三轨的固定装置发生故障而导致第三轨向下移位，使经过的多个列车因集电靴受损而停在隧道里，亟待救援。

OCC的调度员们因忙于同时处理多个故障列车，而没能及时向某些受影响的地铁站的站长通报详情。在这种情况下，这些车站的站长该怎么办？

在事故调查听证会上，一位站长如是说：

作为一个站长，我要对本站负责。在接到OCC关于事故的手机短信后，我尝试联系OCC以便了解更多详情，特别是几时可以恢复列车服务，但每条电话线都是忙音，我就知道出了大事，并认为继续打电话给OCC不但于事无补，还可能给OCC乱上添乱，所以我决定做自己能做的。经向其他车站询问，了解到他们那里列车服务也暂停后，我立即组织我的站务人员进行乘客疏散，并关闭车站。我心里十分清楚，我的站是地下站，空间十分有限，而且当时是晚高峰，如果乘客不断地进来，有发生踩踏事故的危险，所以我当时的唯一念头是，既然没有列车服务，就应尽快关站。

这个案例说明：

1. 站长要对车站负责，要对车站内人员的安全负责。
2. 如果列车服务中断，且一时无法恢复，就应关站，就像商店断了货就应关门大吉一样。

二、站务管理的工作要点

1. 对车站内外硬件环境的全面了解和掌握

（1）有哪些设备、设施，在什么位置。

如有哪些紧急出口，有几部扶梯、电梯，消防设备的位置，站内、站外有哪些闭路电视无法监视的死角，什么状况算是"站内拥挤"而需采取措施？

（2）站外什么地方可以停放消防车、救护车、轨道交通停运时用于接驳的巴士。

（3）车站周围有哪些道岔、信号机。

（4）车站是否会由于自身位置而受水淹、雷击等自然灾害的影响。

2. 对车站运作软环境的全面了解和掌握

（1）客流的特点，包括主要客流人群的特点及时空分布。

（2）周围商场、学校等机构的位置及作息时间。

（3）周围其他公共交通的服务范围和时间。

（4）报修电话、救护车、消防局的电话号码及其反应时间。

（5）其他常用电话号码，如邻站、控制中心的电话号码。

（6）轨道交通首末班车及换乘接驳时间。

3. 车站运作程序

要建立健全各作业程序，包括正常情况下及非正常情况下的作业程序，并要确保程序的切实可行性以及相关人员（包括站务人员、驻站的其他人员以及消防等外部急救人员）对相关程序的了解与掌握。

4. 车站用品的有效管理

有哪些用品，放在何处，是否要定期更新（比如手电筒、便携式扩音器的电池）？

5. 车站工作人员的有效管理

工作能力，合理排班，包括保证有足够的人数、员工的健康（包括清洁工、保安等）。

6. 车站的进步

要考虑车站的发展，车站工作如何做得更好。

有了前五项，即有足够的胜任工作的人手、足够的用品、作业程序切实可行、对内外环境十分熟悉，就可以确保车站的运作。第六项是动态地看问题，要往前看。

◆ 思考题

（1）问：对于夜间开行的工程列车，如果工程列车没有装备车载ATP，是否需要实施"站间电话闭塞法"？

答：不需要。虽然工程列车不具有车载ATP，但由于轨旁信号设备在夜间也能正常工作，轨道电路（或计轴器等列车位置检测装置）仍能把列车位置反映给OCC，所以行调可以根据列车运行的需要排列相应的进路，并授权工程列车的司机按轨旁信号的显示行驶。这仍算是自动闭塞，就像铁路实施了多年的基于轨道电路和轨旁信号的自动闭塞一样。

（2）车站的主业是销售，重点是和乘客打交道。试讨论如何才能做好主业。

（3）车站的副业是参与行车（运输生产），技术性较强。试讨论如何才能做好副业。

（4）在实施站间电话闭塞法的过程中，位于站台的值班员会以路票形式授权司机进入区间，并通过手信号指示司机动车离站。能将路票和手信号合二为一吗？

（5）站务人员在站台发现车门或站台隔离门夹人夹物时，应立即用对讲机通知司机。若司机无任何回应（无重开车门），就按压站台紧急停车按钮并报告行车值班员，安抚乘客。这种做法哪里不对，为什么？

（6）在实施"站间行车法"时为什么应首选由控制中心（而不是车站）来指挥司机、组织行车？

（7）分析把进站开展设备维修安排在运营时段内和安排在运营结束后的利和弊。

第五章　列车乘务

如果不计完全自动化的无人驾驶城轨系统，那么50%以上的城轨交通行车事故（撞车、脱轨）或多或少地和司机有关。这并不奇怪，因为司机的"司"字意味着"负责任"，即司机对列车负责任。列车出了问题，自然牵涉司机，虽然有些事故并非司机所能避免的。

司机在城轨运营中如此的重要，就不难理解为什么"列车乘务"是本书不可或缺的一项内容。

早期的列车完全靠人工操作。在蒸汽机时代，甚至连列车的动力也要靠人工在火车头上通过烧锅炉来产生。随着技术的进步，计算机正逐步取代人，完全自动化运作的列车已经不是什么新鲜事物。本章以目前最为典型的具备 AM、CM、RM、URM[①]驾驶模式的列车为基础，分两节讲列车乘务。第一节侧重乘务运作，第二节侧重乘务管理。本章的落脚点是为运输专业的毕业生到现场从事乘务管理工作做准备。

第一节　乘务运作

本节从乘务员（即列车司机）的角度出发，讲述城轨交通系统中司机同控制中心行调、站务人员、车上乘客以及列车之间的关系，包括正常情况及非正常情况。

一、正常情况

正常情况是指列车以 AM 模式运行。在这种情况下，司机的"戏份"很少。这是因为之所以把列车设计成能以 AM 模式运行，其目的就是要减少司机的"戏份"。这一方面可以减轻司机的工作强度，更重要的是要减少因司机人为失误而造成的事故或列车延误。在常见的 AM 模式下，司机的工作主要包括监、控：

1. 监

在 AM 模式时，车载 ATO 负责驾驶，即列车速度的自动调节（包括到站的停车）、报站。在这个过程中，司机的任务是监视列车运行状况，包括通过驾驶室内各种视觉和听觉的报警及时发现不正常情况。透过车窗瞭望线路情况也很重要，虽然多数时候城轨系统有专用线路，但并非总是全封闭的，因而可能有未经许可擅自进入线路范围的情况。即便是全封闭的系统，有时轨区作业人员也可能误入行车区，或有异物侵入，参见下面的案例。

---

① AM：Automatic Mode
　CM：Coded Manual
　RM：Restricted Manual
　URM：Un-restricted Manual

【案例6】

奔驰汽车冲上地铁轨道

2003年3月3日晚上7:30左右，一位23岁的男士驾着一辆奔驰牌小汽车行驶在一条和地铁地面线几乎平行的机动车道上，为了闪躲另一辆机动车而偏离机动车道，冲过道旁的自行车道（1.5 m 宽）、绿化带（4.5 m）、排水沟（1.5 m），撞破地铁的护栏，爬上了路堤，最后停在了轨道上。道路及地铁线路的横断面如图5.1所示。

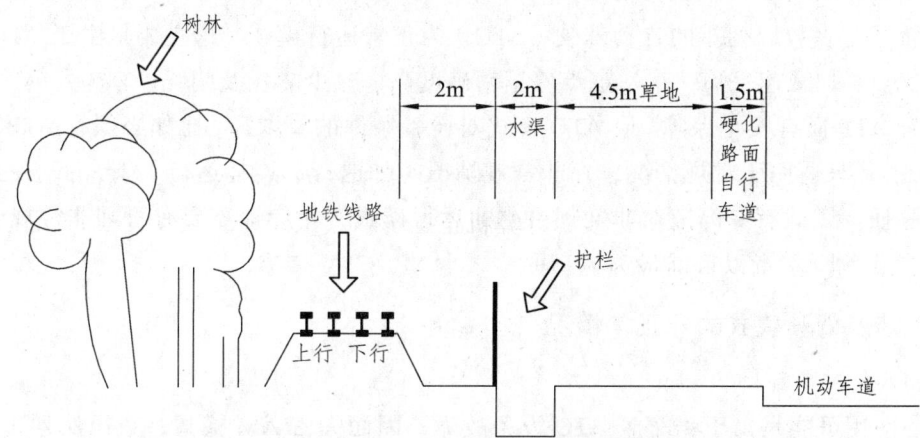

图 5.1　道路及地铁线路的横断面图

一位卡车司机看到眼前突然发生的一切，迅速冲到停在地铁轨道上的肇事汽车旁，把小车司机从小汽车中拉了出来。此时正有一列地铁车向他们开来。另有一些路人刚好也在附近，就一起赶来帮忙。但由于时间太短，来不及将汽车从轨道上移开，列车最终和小汽车相撞。由于卡车司机有向列车发出紧急停车手信号，列车司机采取了紧急制动，所以最后撞击力虽造成汽车的严重损坏，但列车没有脱轨，车上约1300名乘客安然无恙。

因为事故地点距地铁站尚远，地铁公司调派40辆巴士及约100名员工前来协助运送乘客到就近地铁站。当时天色已晚，疏散工作进展较为缓慢，约到晚上8:10全部乘客下车。工作人员在检查后，于晚上8:25确认上行线具备恢复通车条件，下行线于晚上10:11也恢复通车。

还有一个方面是监听无线通话内容，因为有时其他地方出了事，司机并没有办法直接觉察到，但控制中心会通过无线通话系统发布消息。

概括起来，"监"的内容包括三个方面：

(1) 列车及车上乘客状况。
(2) 列车进站时、停站时、离站时站台上的乘客情况。
(3) 前方线路上是否有人、异物侵入。
(4) 无线通话信息。

2. 控

在 AM 模式时，司机的控制包括：

(1) 列车到站停妥后，开车门。
(2) 停站时间结束后，关车门。

（3）按压 ATO 启动按钮，以让列车起动离站。
（4）在必要时（如发现前方线路上有障碍物），按压"紧急制动按钮"迫停列车。

在 AM 情况下，对司机最重要的要求是在起动列车前确保乘客上下完毕，车门锁闭。前面第四章发生在伦敦地铁北线 Tooting Broadway 站的意外是一个很好的案例。

二、非正常情况

对于给定的城轨系统，正常情况只有一种，而非正常情况则多种多样，包括紧急情况。新建的城轨系统多数以列车的自动驾驶（ATO）为正常运行模式。这主要是由于 ATO 具有如下突出的优点：加减速平稳，车站定点停车精确度高，减少能耗及闸瓦、车轮、钢轨的磨损，同时由于有 ATP 而有安全保障。但 ATO 模式对设备条件的要求高，比如必须有 ATP 和 ATO；而且 ATO 模式只适用于常规情况，在非常规情况（如退行、连挂运行）下，目前的 ATO 模式尚不能胜任。因此有专门应对非常规情况的运行模式，相应地需要有管理非常规运行作业的办法。

（一）涉及驾驶模式的非正常情况

1. CM

CM 的使用可能是由于：车载 ATO 设备故障，因而失去 AM 模式；或虽然列车很正常，但线路有问题，比如因雨、雪等而需要人工谨慎驾驶。美国华盛顿 1996 年 1 月 6 日发生的 T111 列车与停在终点站后的备用车相撞事故是一个很好的案例（参见第七章第一节案例 22）。

在 CM 模式下，司机需要接管在 AM 时原本由车载 ATO 负责的任务：车速的调节、报站。其他原本由司机负责的如开、关车门等，仍由司机负责。

在这种情况下，对司机的重要要求包括：

（1）以不超过反映线路条件的安全限速的速度平稳地驾驶列车，注意瞭望，必要时停车。
（2）在车站的定点准确停车，开启正确的车门（站台一侧的车门）。
（3）正确报站。
（4）在列车起动离站前，确保乘客上下完毕、车门锁闭。

2. RM

需要使用 RM 模式的原因有两大类：分别为车载设备出了问题和轨旁设备出了问题。

第一种为车载设备故障。

最典型的是车—地通信设备的故障，导致列车无法接收来自轨旁的有关速度指令的信息；另一种情况是，一列车因故障而需要连挂救援，救援车就要使用 RM。

第二种为轨旁设备故障。

这包括导致轨旁设备无法向列车发码以及轨旁设备只能向列车发零码两类故障。前一种的例子如轨旁 ATP 故障，后一种的例子如道岔失表，即道岔位置不明（不为轨旁列控系统所知）。

不论是上述的第一种还是第二种，一个共同之处是车载设备无法得到不为零的有关线路条件的速度指示。在这种情况下，就一定需要人工来瞭望，判断线路条件，弥补车载信号缺失造成的不足，或克服零速度码的限制。

在 RM 模式下，对司机的重要要求包括：

——以不超过固定的安全限速（即该安全限速和线路条件无关）的速度平稳地驾驶列车，加强瞭望，必要时停车。

——在车站的定点准确停车，开启正确的车门（站台一侧的车门）。

——正确报站及清客信息。

——在车站进行清客。因为 RM 模式的安全保障度不及 CM 和 AM，所以 RM 只应作为列车救援，包括单车救援和连挂救援，而不应用于载客服务。

RM 有两种，RMR 和 RMF，下面分别做介绍。

1）RMR（Restricted Manual Reverse）

RMR 指以 RM 进行列车退行的运作（倒车）。这是为了：

——在列车冒进停车点后，做必要的列车位置的调整。

——连挂救援时在列车连挂后"试钩"，即确保两列车连挂妥当，不至于在随后的运行过程中脱钩。

——连挂救援结束后的"解钩"。

这里所说的列车退行是指有意识的退行，并不包括由于操作不当而导致的列车在上坡过程中的倒溜。这里的退行和反向运行也不同。反向运行是指逆向行车，即以和正常车流方向相反的方向向前行驶。图 5.2 中的 a、b、c 分别表示退行、倒溜和逆行。

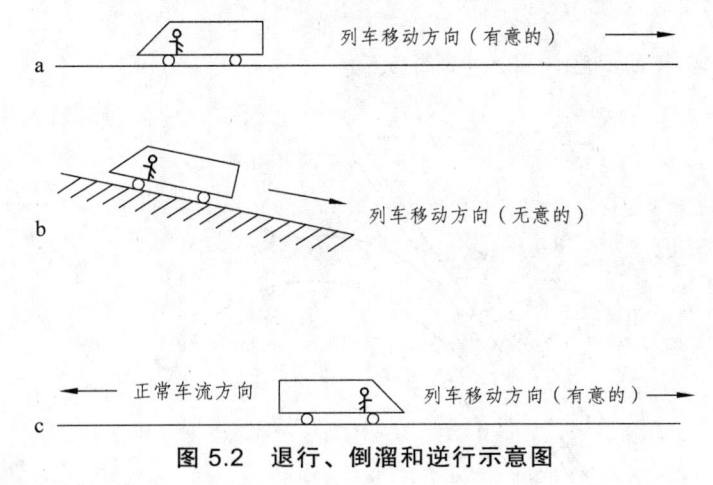

图 5.2　退行、倒溜和逆行示意图

（1）为什么需要退行（倒车）：在多数情况下，退行是因为列车越过了既定的停车点，最典型的是车站停车点。

（2）退行的危险：

① 在退行时，司机无法瞭望。

② 在退行时，由于是与正常车流方向相反，所以和后续列车之间的距离会逐步减少，有撞车的危险。见下面的案例 7a。

【案例 7a】

迪斯尼乐园独轨车相撞事故

2009 年 7 月 5 日，凌晨 2:00 左右，美国佛罗里达"迪士尼乐园"景区独轨系统的一列粉色标记的车和一列紫色标记的车相撞，造成紫色车的司机死亡及大约 2 400 万美元的财产损失（见图 5.3）。

图 5.3　撞车现场

一、背景情况

事发区段的线路布置示意如图 5.4、图 5.5。

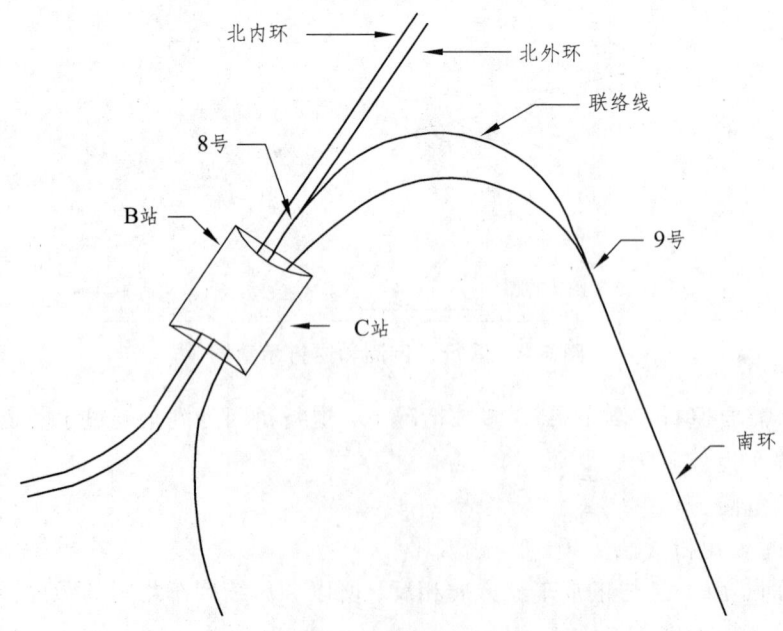

图 5.4　出事地点 C 站

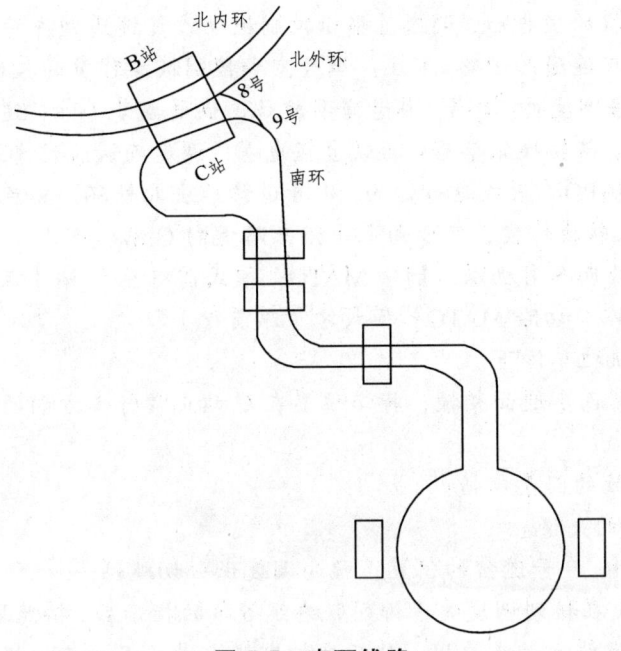

图 5.5 南环线路

北区有内外两条环线,而南区只有一条环线。北外环和南环之间的联络线两端的道岔分别为 8 号和 9 号。北环的 B 站与南环的 C 站相邻而设。车场位于北环。

线路是全高架的。列车为骑跨式,两端各有一个驾驶室,可以双向行驶。

二、事故经过

出事前,南环上有三列车,顺时针方向依次为粉色、紫色和珊瑚色。大约凌晨 1:53,调度员指示粉色车的司机越过 9 号道岔后,停车、转换方向过联络线,再经北外环线回车场。

粉色车的司机按指示过了 9 号道岔把车停下后,向调度员做了报告。此时粉色车出清了 9 号道岔,位置如下图所示。

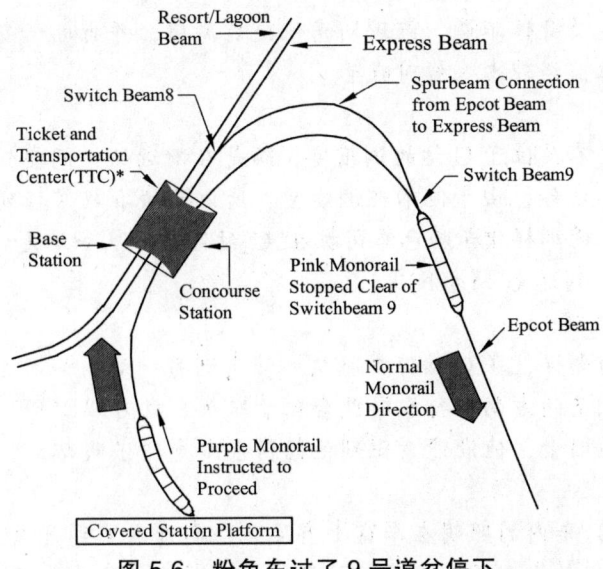

图 5.6 粉色车过了 9 号道岔停下

接到粉红色车司机的报告后，调度员指示控制板操作员排列相应的进路，即通过9号、8号道岔把南环和北外环连通的进路。（注：调度室和控制板操作员的控制室不在一处）。

1:57，操作员报告调度员"8号、9号道岔就位，供电恢复（注：道岔转换前要先把相应区域的牵引供电切除，待转换完毕后，再恢复供电）"。调度确认此信息后，联络粉色车司机，并指示他用"切除MAPO"模式退行过9、8号道岔后去北外环。粉色车司机开始退行，但由于9、8号道岔并未转换位置，所以粉色车沿来路退向C站。

1:57，调度指示紫色车司机以"切除MATO"模式前行至C站（注：当有车退行前往联络线时，后续车只能以"切除MATO"模式才可以前行）。

1:58，紫色车司机把车停下。

1:59，粉色车和紫色车迎面相撞，撞车位置在C站正常行车方向的进站端外。

三、调查结论

造成此次撞车事故的因素包括：

1. 控制板操作员的失误。

操作员没有确认8、9号道岔的位置，就向调度说一切就位。

调查表明，操作员在接到调度关于排列联络线进路的指示后，按照培训期间所学的那样，通过闭路电视确认联络线上无车占用，然后在控制板上进行了相应的操作。控制板显示屏出现了继续操作以转换道岔8和9的提示。但就在此时，操作员接到来自银色车司机关于车载设备故障的报告。他对此报告进行记录后，又接到红色车司机"进入车厂"的请求（他回复"暂且等候"）。由于他忙于处理这两件事，而没能在规定时限内对显示屏出现的"转换道岔8和9"的提示做出回应，这一提示就自动消失了，道岔也没有做任何转换。当问到"有没有通过闭路电视确认一下8和9号道岔的位置"时，他说没有，并说在接受培训时，培训师强调的是在转换道岔位置前一定要确认联络线上无车占用，并没有强调在转换操作之后确认道岔位置。

2. 调度员的失误

肇事的调度员其实是当班调度员的上司（经理）。

事发前，当班调度员身体不适，经理同意他提前离岗，并打电话安排另一调度员前来接班。在替班调度员到位前经理本人暂时代管。

经理的失误包括：

（1）他在代管时并不在位于C站的调度室，而是在附近的一间餐馆里。在调度室里有用于监视列车运行的显示设备，由于他不在调度室，所以无法准确掌握列车的运行情况。

（2）他没有按规定的那样指示粉色车司机在C站停车时从一端走到另一端。而是指示他上了北外环过了B站、到达G站才换头。

3. 粉色车司机的失误

（1）没有按规定的那样，在C站停车时从一端走到另一端，如果这样做了，他在稍后逆向（与正常行车方向相反的方向）行车时就会位于车头，就可以瞭望。

（2）由于下面诸多因素，他没能意识到他的粉色车走错了线路。

① 他不在车头。

② 当时是在夜间，车内的照明在车窗上有反光，向外看不到什么。

③ C站的布置和B站十分相似，致使粉色车进站时，他没有发现有何不妥。

（3）安全措施：

虽有危险，但有时又有必要退行，所以为了保证安全必须有相应的规定和措施。

① 对退行距离的规定：

不少城轨系统把对退行距离的规定设计在系统内。比如有的城轨车把最大退行距离设定为 15 m。即一旦退行达到 15 m，车载 ATP 就会启动紧急制动。

在设备不能对退行距离进行自动限制的情况下，运作规范中就要有相应的规定，要求司机严格遵守。配合对退行距离的规定，有必要在车站停车点前方设退行允许极限标，以便司机判断需要退行的距离是否在规定的范围内。

② 对退行速度的规定：

由于退行时不便司机瞭望，所以车速必须降低，有的城轨公司规定为 3 km/h。

③ 对退行驾驶模式的规定：

通常城轨车都具有 RMR 驾驶模式，这是专门为退行而设计的。有些城轨被设计为无人驾驶系统，可以在车站停车出现轻微越位时用 ATO 模式自动向后退行一段小的距离以便重新对位。

④ 对后车距离的规定：

这和退行允许距离有关。可以考虑取最大允许退行距离（R）的 10 倍，这是说，如果前车停站时发生越位，而后车相距 10R 以内的话，就不能允许越位的前车退行，如图 5.7 所示。

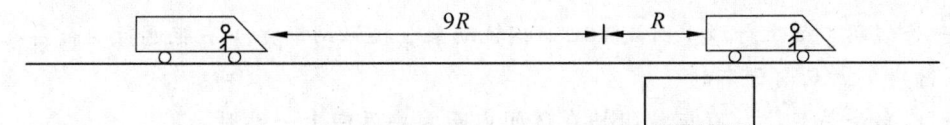

图 5.7　最大允许退行距离示意图

如果列车越过车站停车点并超出最大允许退行距离，列车就不可以退行，而只好前往下一站。但如果越行发生在终点站，也就是说没有"下一站"，该怎么处置？

在图 5.8 所示的情况下有两种选择：

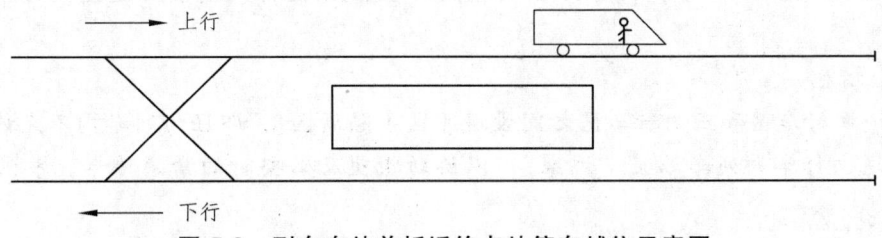

图 5.8　列车在站前折返终点站停车越位示意图

① 打破常规，强制退回车站（在车载设备对退行有距离限制的情况下，为了突破限制，需要把负责施加限制的车载 ATP 切除掉。）

② 司机从车头走到车尾，然后人工驾车回到车站。

第二种做法比较安全、稳妥，但可能需要较长的时间，特别是高峰时段车上人多拥挤时。

在图 5.9 所示的情况下也有两种选择：

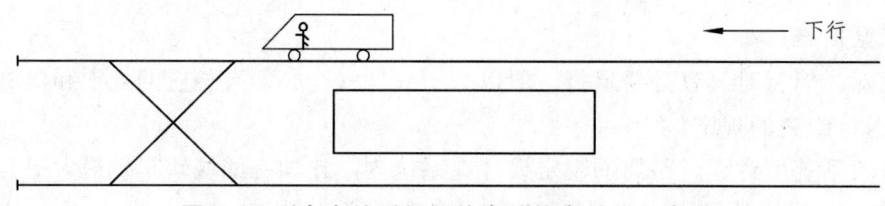

图 5.9 列车在站后折返终点站停车越位示意图

① 打破常规，强制退回车站；
② 把车驾入站后折返线，然后调头驾回车站，让乘客下车。

第二种做法比较安全、稳妥，但可能需要较长的时间，另外带乘客进折返线可能会使一些乘客感到不安。

【知识扩展】

逆向行车

在列控系统的设计上，如果同一线路上只支持一个方向的正常行车，那么按和此方向相反的方向行车被视为逆向行车。

1. 为什么要逆向行车

举如下例子：

① 一条线路（如上行线）因故（比如钢轨断裂、接触网断电）不能通行，而要在另一条线路（下行线）上双向行车时；
② 因线路条件变化，有车被阻挡在区间内而需要返回上一站时。

2. 逆向行车有何危险

很明显，逆向行车时，进行逆向行车的列车和按正常方向行车的列车之间的距离有越来越短的趋势，可能发生撞车事故。

同时，由于前面所说的设计局限，即逆向行车时不受轨旁信号的支持，逆向行驶的列车在技术上只能以 RMF 或切除车载 ATP 的模式（URM）运行，这使上述撞车的风险进一步加大。

3. 安全措施

① 在逆向行车区和正向行车区之间设缓冲区（隔离区），即任何列车均不允许进入。
② 对逆向行车的列车派员"添乘"，以协助瞭望及必要时的紧急停车，参见第四章案例 3。
③ 规定逆向行驶的列车只可以用 RMF，而不可以用切除车载 ATP 的模式（URM）运行。

对上述 2 种（退行和逆行）非正常列车运行均需在 OCC 派专人跟踪监督其运行。

【知识扩展】

倒溜

倒溜是指在上坡过程中因操作不当致使列车意外退行，见下面案例 **7b**。

【案例 7b】

华盛顿地铁车倒溜

2004年11月3日（星期三）中午 12:49，华盛顿捷运局的回库地铁车 T703（6 节编组）由于倒溜（约 2 246 英尺[①]，历时 78 s），以大约 36 英里[②]的时速与停靠在伍德里帕克站的运营车 T105（6 节编组）相撞。多亏 T105 车的司机反应及时，T105 车上的 70 多位乘客中只有一人遭受重伤。撞车事故造成两节地铁车大破，以至于无法修复。连同其他受损车辆的修理及现场的清理，合计经济损失约为 346 万美元。

图 5.10 撞车事故车辆损毁情况

一、背景情况

1. 线路

撞车事故发生在华盛顿地铁的红线上。红线全长 30.38 mile，27 个车站，其中 13 个是地下站。两端的终点站分别是晒地格鲁夫站（在城市西北）和格林蒙特站（在城市东北）。在晒地格鲁夫站站后设有停车场。列车在红线上全程运行时间约 58 min。早高峰最小行车间隔 2.5 min，非高峰最长行车间隔为 12 min。事发地段为单线隧道，最高允许时速为 59 mile。事发车站为岛式站台，长度为 600 ft。华盛顿地铁的线路设计标准为：最大上坡坡度 4%，困难地段下坡坡度最大不得超过 5%（正常运行方向）。事故发生地段的坡度为 3.72%。

2. 列车

每两节车由半永久车钩连成一个单元。每节车有两个动力转向架，牵引电压为直流 700 V。每节车不可以单独运行，必须编组成 2、4 或 6 节车的列车才可以运行。每节车每侧有三道门供乘客上下，每节车的载客能力为 175 人。车上没有事件记录仪（即黑匣子）。

---

① 1 英尺（ft）= 0.304 8 m

② 1 英里（mile）= 1 609.344 m

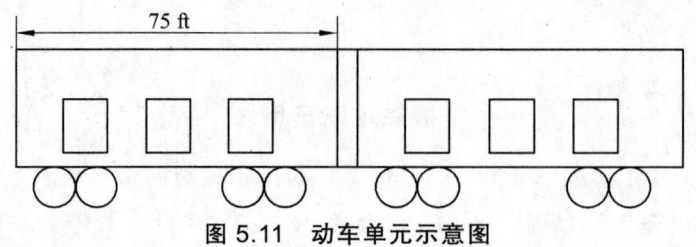

图 5.11 动车单元示意图

此次事故涉及的 T703 为 6 节编组，生产的年代为 1974~1978。T105 也为 6 节编组，生产年代为 1992 年至 1994 年。6 节编组的列车长度为 450 ft。客室座位均为横座位（以列车运行方向为参照）。

主控手柄上有"死人装置"，即如果司机放开主控手柄超过一定时限的话，该装置会自动启动列车的制动系统而把列车停下。主控手柄共有 5 个牵引位 P1~P5，5 个制动位 B1~B5 和 1 个惰行位。

列车制动包括电制动和摩擦制动，其中摩擦制动使用液压系统而不是空压系统。有下面三种方式来触发紧急制动：

（1）松开主控手柄。

（2）按下位于驾驶台上的紧急制动按钮。

（3）因任何原因而使制动控制回路断路或液压系统的压力不足。

列车除了自动驾驶模式（取名为 M1）外，还有如下人工模式：

① M2.1：即 CM，有码人工。司机在轨旁 ATP 及车载 ATP 的保护下人工驾驶。司机在控制速度时要依照 ATP 提供的速度码及 OCC 指示的速度值中的小者。

② M2.2：即 RM，无码人工。司机在车载 ATP 的保护下人工驾驶。如果列车实际时速超过 15 mile，车载 ATP 会引发紧急制动。在控制速度时，一方面时速应不超过 15 mile；另一方面如果 OCC 指示更低的速度，应按 OCC 的指示行驶。这一模式通常用于车场，如果要在正线用，必须在运行前方提供一个空闲区间。

③ M3：无 ATP 模式。司机负责驾驶，完全没有 ATP 的保护。这种模式除了要求在前方有空闲区间之外，还必须在就近车站清客。

只有在列车处于自动驾驶模式时，防溜功能才起作用，即列车自动施加制动以防止列车持续倒溜。

3. 信号及列车控制设备

色灯信号只在联锁区才有，用的是美国通用铁路信号公司的产品。电动转辙机也是这个公司生产的。线路以音频轨道电路为基础划分了闭塞分区。轨道电路用来：① 检测是否有车占用；② 向列车发送限制速度码和目标速度码（双码）。轨道电路采用无绝缘节的设计，轨道电路分界以耦合线圈来实现。

自动列车控制系统 ATC 有 ATO、ATS、ATP 三个子系统和一个计算机化的中央控制设备。各子系统分别担负特定的任务，并由位于 OCC 的中央控制设备来统筹协调。

ATO：负责司机所要做的工作，包括加速、减速、停站、车门操作。

ATS：监视列车运行状况，发指令以便保持列车运行的正常秩序，并减少列车晚点的影响。

ATP：保证列车运行的安全，包括：限定列车运行速度以实现列车的安全间隔；对某些因线路条件（如小半径曲线）需要限速的区段，实行限速。

在联锁区，只有在道岔及进路正确设定的情况下才允许列车行进，以避免冲突/敌对进路的设定/排列。

4. 轨旁的列车运行记录系统

沿线设置的感应器连到轨旁计算机。这套系统可以记录各轨道区段何时开始被占用，何时出清，列车经过时列车头尾的最大、最小平均速度，以及当时发往列车的速度码。该系统的纪录协助了对事故的调查。

二、事故经过

当时是非高峰期，下线列车（即退出载客服务的）T703 正向西上坡往晒地格鲁夫站方向空车运行，计划停放在晒地格鲁夫站站后的停车场。其前是列车 T203，其后是列车 T105。T203、T105 都是在线车（载客服务）。

图 5.12　撞车事故发生前相关列车位置示意图

列车 T703 在驶向晒地格鲁夫站的途中，虽然具有 AM 功能，但按公司规定，这个时段（非高峰期间）的所有列车都应以人工模式驾驶，以便让司机有机会练习驾驶技术。

T703 在经过伍德利帕克站（D 站）时，其司机有按规定在进站前鸣笛，并控制列车以 25 英里的时速不停车越站。下一站是克莱弗兰帕克站（E 站）。

由于 T703 不需要停站，所以不久就追上了 T203。因为有 T203 在前面，列车自动保护系统一度发出超速报警（T703 车在 T203 车后跟得太近），所以 T703 曾在区间一度停车。在 T203 车远去、超速报警解除后，T703 的司机缓解车闸，以便重新起动。因为这段路是出城方向上坡，在列车重力作用下，列车向下回溜。起初回溜速度很慢，T703 的司机只知道列车在走，而没有意识到是往下回溜。当意识到列车在下溜时，他把操纵杆推到牵引位试图阻止列车继续下溜，结果未成功。之后，T703 的司机又尝试紧急制动，但为时已晚。在下溜 2 246 ft，历时 78 s 之后，撞上了停在 D 站上行站台的 T105。

当时列车 T105 正要从伍德里帕克站出发。其司机在起身准备关车门时，发现前方线路上有列车尾灯，而且好像正在移向他所在的位置。起初他并不是十分肯定，因为移动的速度太慢了。后来当他确认是一列车在向他移过来时，他大声向第一节车内的乘客喊"快下车！快！"，他自己也慌忙下了车。多亏了他的及时发现和果断的下车决定，也多亏了当时是非高峰时段，列车上只有 70 多位乘客，所以只有大约 20 人受伤，而且多数是在下车时跌倒造成的轻伤。

三、调查结论

（1）倒溜的列车在设计上有严重不足：列车的倒溜保护功能只是为自动驾驶模式配备的，人工驾驶模式下不起作用。列车上也没有做任何标记来提示这一点，甚至捷运局本身都对此一无所知，还以为倒溜保护功能在人工驾驶模式下也有。

（2）对司机进行的培训没有讲到列车的倒溜保护功能在人工驾驶模式下不起作用这回事。

（3）司机在接受培训时没有学当人工驾驶的列车发生倒溜时该如何应对（正确的做法是：发生倒溜时，先施加常用制动。如果不奏效，就启动紧急制动）。事故司机试图用施加牵引的办法来阻止列车继续倒溜。很不幸的是，出于对牵引电机的保护，只有当列车时速低于 2 mile 时，施加牵引的做法才能奏效。

（4）事故司机当值前睡眠不足以及所驾列车属于非繁忙时段的回库空车等因素使得他驾驶时警惕性不足，碰到意外时处理不当。

2）RMF（Restricted Manual Forward）

RMF 是指"有限制的向前人工"模式。"限制"通常包括如下方面：

一方面：最高速度（比如 20 km/h），一旦列车实际速度接近 20 km/h，车载 ATP 就会触发听觉（有的城轨还兼有视觉）报警，要求司机减速。如果司机未能及时做出反应，车载 ATP 就会启动紧急制动而迫停列车。

另一方面：倒溜安全防护。当列车处于上坡道时，如果由于操作不当，列车发生了下溜，车载 ATP 会在下溜达到某个规定值（比如 2 m）时启动紧急制动。

（1）什么情况下需要使用 RMF 模式？

简单地说，当不能使用 CM 模式时，就要尝试 RMF 模式。这里之所以用"尝试"是因为 RMF 模式也未必能解决问题。

那接下来的问题是，什么情况下不能使用 CM 模式呢？

什么原因使得 CM 不可行呢？

CM 是有码人工模式，使用 CM 模式的前提条件是：有码。所以如果没有码，或只有零码，CM 就无法实施。所以可以得出结论，凡是造成速度码缺失或速度码为 0 的情况，就需要尝试 RMF 模式。

可能导致速度码指令缺失的情况包括：

① 车上负责接收速度码的设备发生故障；
② 轨旁负责发送速度码的设备发生故障；
③ 轨旁负责生成速度码的设备发生故障。

线路条件使得只能生成零码的情况包括：

进路由于条件不满足（包括道岔问题）而不能排列；

进路虽已排列，但信号灯被人为地置于红显；

站台隔离门未能锁闭；

站台紧急停车按钮启动；

前方不远处有车占用。

其中一个典型的例子是用好车去连挂故障车的情况，如图5.13所示。为了越过"禁行点"以实现与故障车的连挂，救援车必须是RMF模式。

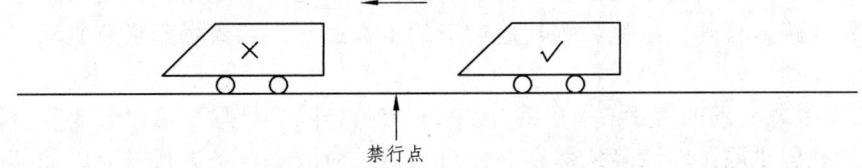

图5.13　连挂救援有关列车和禁行点相对位置示意图

（2）RMF模式有什么危险？

根本上，当列车处于RM（包括RMF及RMR）时，列车不再受轨旁ATP的指挥和限制，具体表现为如下几个方面：

① 即使前方线路条件不良（如前方有车、前方进路尚未排列等），列车仍旧能够前进，只要速度不超过限速（如20 km/h）。

② 不论列车位于何处，司机通过按压开门按钮均可以打开车门，而且可以是任何一侧的车门。在CM模式下，轨旁ATP会提供开门条件，包括：列车必须是在站内，且只可以开站台一侧的车门。

上述条件均与地理位置有关，只能由轨旁ATP来掌控。

（3）安全措施。

① 派人"添乘"协助瞭望及监督驾驶。

② 在设计上增加司机开门操作步骤，即在按压开门按钮前要操作一个专门的旋钮以选择左侧或右侧，并把开门按钮设计为两个按钮，即必须同时按下两个按钮才能开门。

③ 在运行前方保持有至少一站一区间的空闲距离。

3. URM（即车载ATP切除的情况）

这是在车载ATP故障时无法以RM运行的情况下所需要的模式，是全人工模式，连RM时车载ATP的限速防护都不具备。这种模式也就是铁路史上最原始的列车驾驶模式。

简单回顾一下，车载ATP提供的安全保护包括：

——在CM模式下，车载ATP接收轨旁ATP的指令，经处理后以最高限速值的形式显示在驾驶台上，由司机遵照执行。当司机未能控制好车速，以至于列车实际车速太接近最高限速时，车载ATP会发出听觉（有时还有视觉）报警。司机必须在规定的时间（如3 s）内做出制动操作；否则ATP会启动紧急制动，以迫停列车。

——在RMF模式下，车载ATP不受轨旁的指挥，而是把车速限制在一个固定的水平（比如20 km/h）。当列车实际的速度太接近此限速时，车载ATP会做出和CM模式下同样的报警及制动反应。

——在RMR模式下，车载ATP除了像在RMF模式下那样对车速加以限制外，还对退行距离加以限制，一旦退行达到极限值，ATP就会启动紧急制动而迫停列车。

——在CM及RMF模式下，如果列车处于上坡而发生倒溜，一旦达到极限（比如2 m），车载ATP就会启动紧急制动以迫停列车。

（1）为什么要切除车载 ATP？

当车载 ATP（硬件计算机或软件程序或二者同时）发生故障，且不可以重置（reset）时，根据故障安全的设计原则列车是不能运行的。阻止列车运行的是紧急制动的施加。为了把故障列车从运营线路上移开，以免影响其他列车的正常通行，需要缓解紧急制动。有两种方法可以缓解紧急制动：

① 把引发紧急制动的因素——车载 ATP 的故障排除。排除又可以分为真排除（即故障设备的修复）和假排除（即故障依然存在，只是通过对故障设备进行隔离以使其故障不对其他设备造成影响）。真排除需要维修人员和时间，而假排除可以由司机通过操作"车载 ATP 隔离开关"来迅速实现（这就是对车载 ATP 的切除。）

② 把紧急制动本身解除掉。这可以由司机通过操作"紧急制动隔离开关"来实现。在把紧急制动解除掉之后，列车是能够起动了，但没有制动能力的列车是无论如何也不能就这么上路的。为了能在必要时把列车停下，必须把故障车和一列好车连挂起来，依靠好车的制动力来确保安全。这是下文中要讲的"连挂救援"的一种情况。

（2）切除车载 ATP 的危险。

前面讲过，车载 ATP 是提供安全保护的，一旦把它切除掉，相应的安全防护就不复存在，因而使列车运行变得非常不安全，所以有些国家已经废除了这种驾驶模式（URM）。这种驾驶模式实际上是铁路最初的列车驾驶模式，没有任何的设备防护。

（3）安全措施。

① 因为一旦车载 ATP 被切除，列车安全的所有责任就都落在了司机身上，如果司机操作不当就可能酿成事故，所以确保司机操作不出错是一个关键。为此应派另一名员工，最好是有经验的司机"添乘"，即陪当班司机一同完成驾驶任务，相当于"保驾护航"，其主要职责是确保当班司机正确地按规定控制列车速度，加强瞭望，并在必要时代当班司机启动紧急制动。

② 另一方面，为了确保在当班司机和添乘人员均未能按规定控制好列车速度的极端情况下也不至于和前行车追尾，在控制中心层面上，要确保在切除了 ATP 的列车前至少有一站一区间的空闲线路。

③ 如果切除车载 ATP 时列车位于车站，那么要保证列车在起动前先清客；如果切除车载 ATP 时列车位于区间，那么在列车到达前方第一站后进行清客。

④ 控制中心要确保相关进路排列到位；向当班司机明确准许运行的起讫点、速度要求，并强调如遇意外司机必须立即停车并向 OCC 报告；OCC 应指派专人全程跟踪监控该列车的运行。

⑤ 只可允许一列切除 ATP 的列车在线运行。当然，同时有两列车出现 ATP 故障且要切除 ATP 的可能性是很小的。

【案例 8】

涉及 URM 模式的撞车事故

一、背景情况

某地铁线的基本线路走向如图 5.14 所示。

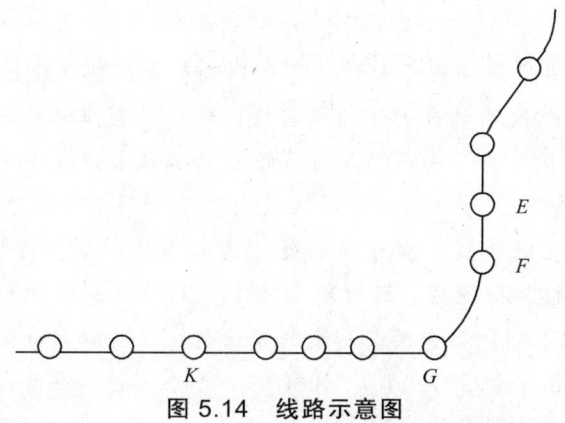

图 5.14 线路示意图

该线路在 F、G 二站之间有一个急转弯,而且是在地下隧道内。

二、主要过程

(1)当天下午承包商的工人在进行设备维修时,引起信号系统部分设备的供电中断,致使 K 站至 E 站这段信号设备停止工作,控制中心以及车站的监视屏幕"黑屏"(即无信号),行调和车站值班员均无法从屏幕上确定列车的位置。

(2)在现场(图 5.15 中的位置 A),列车 1 因为信号 X_1 显示红灯而无法正常前进。司机向 OCC 报告后原地待命。

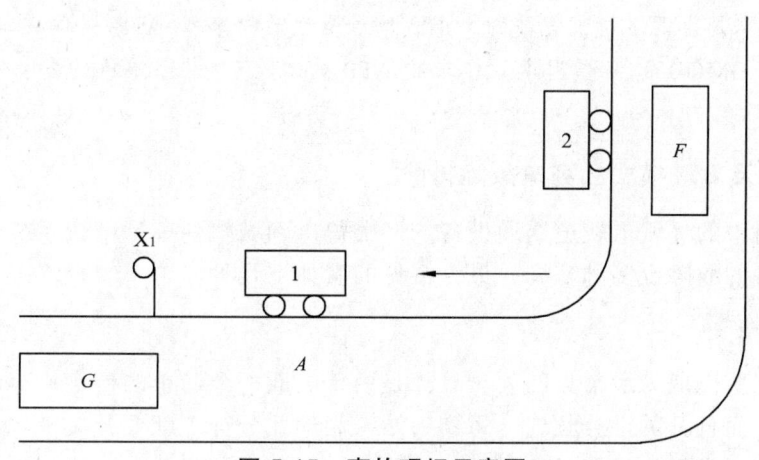

图 5.15 事故现场示意图

信号 X_1 显示红灯是因为"故障安全"原则:当信号设备失电时,信号灯显示红灯或灭灯。如果只是信号灯的控制设备失电而信号灯本身的供电仍正常,那么信号显示红灯。如果连信号灯本身的供电也中断,那么信号灯就灭灯,不做任何显示。

(3)OCC 把行车控制权下放给车站,由车站值班员利用站间闭塞法(或叫电话闭塞法)维持列车运作。

(4)2 号车的司机在 F 站值班员的授权下进入区间。此时 1 号车仍在 A 点待命。

(5)2 号车转过曲线时,司机发现前方有车,采取紧急制动,但因当时列车正以高速运行(50 km/h 以上),所以未能避免和 1 号车追尾。据车上黑匣子数据显示,相撞时的车速约为 35 km/h。

三、经验教训

（1）在运行期间，不应允许维修人员做可能影响行车设备正常工作的检修工作。

（2）OCC在下放控制权之前应确保故障区段内的所有列车都已到站（换而言之，区间不应有车），即在实行电话闭塞前，要严格执行线路出清确认程序，并把列车位置通知到车站人员，即交权要交得清清楚楚。为了确保故障区段内的所有列车都已到站，OCC可以通过无线电要求所有司机报告自己的位置。对于那些处于区间内的列车，授权以限速模式（RM）行进到下一站，并提醒司机加强瞭望，随时准备停车，到站后立即向OCC报告。

（3）不应允许列车以ATP切除模式高速载客运行，而应以RM运行。在RM模式下，列车速度无法超过一个限值（如20 km/h）。这样即便追尾，也不致造成车内人员的大量受伤，因为限值的确定已经考虑了列车的抗冲击能力。

据了解，事故所在公司的行车规程有明文规定：车载ATP切除适用于"列车发生车辆或信号故障，经司机应急处置，重启车载信号软件等措施无法恢复，仅能以切除ATP方式运行时"。显然该事故案例说明当事人并没有按规定执行，因为当时的设备故障发生在轨旁，而非在车上。另有评论说当时决定切除车载ATP（而且是不止一列车）主要是想达到较高的运行速度，因为RM的限速是20 km/h，但这样做实际上违反了"安全先于效率"的准则。"安全第一"不能只是说说而已，而要切切实实地贯彻到具体的工作中。

资料

铁路火车原本是由两名司机驾驶的。车载信号及之后的车载ATP是促成单司机驾驶（One Man Operation，OMO）的主要因素。在车载ATP被切除后，"添乘"的安排实际上只不过是又回到了从前。

（二）不涉及驾驶模式的列车故障排除

本系列教材中的《城市轨道交通设备》一书曾讲到城轨列车是城轨系统中最复杂的单体设备。车载设备的故障也多种多样，最为常见的有如下几种。

1. 车门故障

车门故障之所以成为最常见的列车故障是由于下面一个简单的事实：车门数目很大，每列车有几十个；而且开关十分频繁，每到一站（大约几分钟）就要开关一次。除此之外，还有其他车门无法正常操作的情况：

——异物阻碍，特别是滑动门使用导轨，当有异物（如小电池、小螺丝钉）卡在导轨上时，就会造成阻碍。

——外力引起的车门或导轨等的变形。变形出现后，车门无法正常开关。

对于异物阻碍的情况，通常由司机（当车门靠近司机所在的司机室时）或由站务人员（当车门不靠近司机时）将异物清除即可。

对于车门内部电气或机械故障以及受外力而变形的情况，运营人员（司机和站务人员）通常不具有现场维修的条件，解决办法是临时将车门"隔离"，即把故障车门从相应的监控电路中分离出来，在确认车门处于机械锁闭状态（即不会在运行过程中自动打开或被乘客打开）后，再在门上贴上相关的贴纸告示以提醒乘客使用其他车门。如果不能确保故障车门处于机械锁闭状态，就要马上在车站清客。如果当时列车因此种故障而被迫停在区间，就要在"隔离"后派人看护，防止故障车门在运行到下一站的途中意外打开时，乘客跌下列车。

2. 制动无法缓解

导致制动机无法正常缓解的因素可分成以下两类：

——制动系统自身出现问题，如风管漏气或主风机（主空气压缩机）故障导致风压不足。

——车上其他设备状态的变化导致紧急制动的施加。最典型的例子是车门（特别是紧急逃生门）的状态由锁闭变为不锁闭。

对于由其他设备导致的制动不能正常缓解，先要处理相关的"其他设备"，之后即可缓解制动。

对于制动系统自身的故障要视影响面的大小采取相应的措施。如果是局部故障，即只有个别转向架受影响，则做局部切除。制动缓解后，列车仍有一定制动能力，根据所剩制动能力的多少，各运营机构制定自己的章程来规定是允许继续载客运行，还是只允许空车回段修理，甚至完全不准单独运行而需要用一列好车前来进行连挂救援。

3. 牵引动力的问题

可能只是个别电机的问题，也可能整列车的牵引供电缺失（如全部的受电弓都故障）。视各城轨系统列车技术标准的具体情况，在牵引动力的丧失低于某个比例时，列车仍能单独运行（载客和空载的比例标准有不同）；而超过一定比例时，就需借助另一列好车进行连挂救援。

【知识扩展】

列车连挂

这里的列车连挂是指把一列好车和一列故障车连在一起，由好车控制两列车同步运行。这和有些城轨在客流高峰时把两列好车连在一起以提高载客能力不同，这里的连挂运行为的是对故障车进行救援。

（1）什么样的故障车需要连挂救援？

① 列车自身丧失动力。比如负责取电的受电弓（或集电靴）故障；车上电器短路而不允许取电，因为那会造成供电网的跳闸。

② 列车丧失制动力。比如列车主风管破裂，导致紧急制动施加不能正常缓解而必须隔离；前文讲到的车载ATP故障导致紧急制动不能正常缓解，而必须隔离紧急制动。

（2）进行连挂救援时可能发生什么危险？

① 在救援一列丧失制动力的故障列车时，最大的危险是在过程中救援车和故障车分离，然后故障车失控（因为无制动力）。见下文的案例9。

② 在进行"推进救援"（即救援车在故障车后面）时救援车的司机无法正常瞭望，只好靠前面故障车车头的另一司机来协助瞭望。如果二者配合不好，或发生误会，列车就有可能越过"禁行点"而发生事故。

虽然"推进救援"不像"牵引救援"那样便于瞭望，但许多时候由于如下种种原因，"推进救援"反而是首选：

a. 从故障车后方的区段调派救援车较方便快捷。一方面，当列车发生故障而停顿时，前面的车可能越走越远，而后面的车则越来越近。另一方面，为了把前面的车调回来，列车需要换向，进路需要更换。对于同一线路只支持单向行车的城轨系统而言，这意味着"逆行"，而逆行速度是受到 RM 限制的。

b. "推进救援"到达终点站的临时存车线时，刚好把故障车推进存车线。如果用"牵引救援"，就不可以使用这种存车线，如图 5.16 所示。

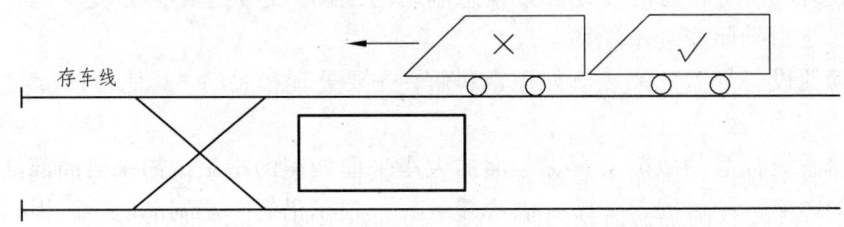

图 5.16　推进救援能够使用站后存车线示意图

（3）安全措施。

① 增派一名员工，最好是有经验的司机协助连挂，确保连挂牢靠。增派一名员工（可以是刚才所说的同一名员工）在无制动力的车上密切注视运行过程，一旦发现两车分离，迅速把隔离的制动系统复原。

② 制定易行的两车司机间的通话制度，并规定一旦救援车司机收不到前面故障车司机的指令，或虽然收到但不清晰，就按"故障安全"原则立即停车。

③ 推进救援情况下，在运行前方至少保有一站一区间的空闲区段。在拖拉救援情况下，在运行后方至少保有一站一区间的空闲区段。

④ 救援列车在前往连挂时，先在车站清客，即"不载客救援"。

⑤ 如果故障车位于车站，应先清客再连挂；如果故障车位于区间，连挂运行到前方（或后方）就近车站清客。

4. 电脑的问题

现在的城轨列车越来越多地使用电脑来进行控制，有时电脑会出现"死机"现象，即"卡壳"，此时电脑虽仍在运行，但没有任何进展。这时的处理办法是先关机再重新启动。

小结：以上叙述的列车故障并不是全部的故障情况，而只是常见的且直接影响列车运行的情况。由于城轨列车在城市环境中运行，一方面行车密度高，时间上不允许对列车进行现场（正线上）的即时修理，另一方面沿线有临时存车线供故障列车的停放，车辆段也不会太远，有些城轨公司还在沿线派驻车辆维修人员，以对某些车辆故障进行应急处理，所以司机对列车上的故障设备通常只做简单的操作：重启、隔离。重启，即对设备断电后再恢复供电。而隔离（有时也称旁路或切除）是指把故障设备从监控电路中分离出去。

因为隔离会取消对设备状态的监督，而之所以监督设备的状态是因为该状态很重要，所以司机在进行隔离操作时，一定要做到：

① 只对需要隔离的设备进行相应的操作，即要避免"拔错牙"的情况。

② 在隔离后，要按规定认真执行相应的安全操作，如在把故障车门隔离掉之后，要用手试推车门，确认不能把门打开。

5. 紧急情况

这里所说的紧急情况包括：车下（轨旁）的紧急情况和车上的紧急情况。

（1）轨旁的紧急情况。例如在发现线路上有障碍（物或人）时，司机应采取紧急制动。紧急制动是应对紧急情况的，虽然不应该在非紧急情况时使用紧急制动，因为那会给车上乘客带来不必要的危险，但也不应该在确有紧急情况发生时犹豫不决。

又如本章第一节美国华盛顿地铁列车倒溜撞车事故案例7中105号列车司机发现另一列车冲着自己的车驶来时，马上组织车上乘客下车。

当发现线路上有火情时，有以下两种情况：一种是来得及停车，应反向驶回上一站（参见本书第七章第三节纽约地铁隧道火灾事故案例）；另一种是来不及停车，只好争取冲过去。

（2）车上发生紧急情况时，如车上火灾，应争取把车开到下一站，千万不要主动把车停在区间。其他紧急情况，如车上有乘客突然身体不适、昏倒等，也应遵循同样的原则，即争取尽快到下一站。这是因为城轨站间距一般较短，列车两三分钟即可到达下一站。一旦到站，站内较大的空间和较多的资源对处理紧急情况较为有利。

【案例9】

列车因制动力缺失而下溜撞车的事故

2005年1月17日上午9:15，泰国曼谷地铁发生一起列车相撞事故，造成100多人受伤。事故主要原因是人为失误：在列车连挂救援过程中，故障车的制动系统在连挂妥当之前被过早地隔离，导致故障车从入段线溜回正线与停在车站的一载客列车相撞。事发地段的线路情况如图5.17所示。

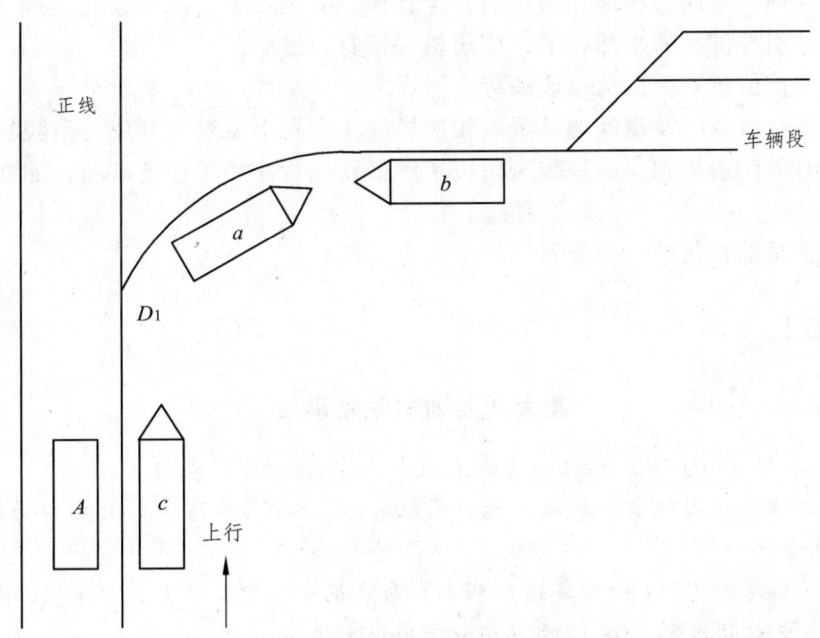

图 5.17 事发地段的线路示意图

故障车 a 在回段途中因新的故障而停车需要救援，救援车 b 从段内前来连挂。在尚未确认连挂成功的情况下，故障车司机把制动系统隔离/切除，致使a车下溜，因为回段是上坡。先前为了a车回段，道岔D1被设在开通侧向位置。在列车a驶过D1进入回段线后，道岔D1仍停在侧向位置。这样下溜的a车溜回正线与c车相撞。

第二节　乘务管理

为了做好乘务管理工作，首先要对乘务工作的特点有明确的认识。乘务工作有如下特点：
（1）直接涉及行车安全，对行车安全有直接影响，是"安全相关工种"。
小资料
"安全相关工种"的定义：从事该种工作的人，如果在工作过程中出现失误，而该失误在没被发现因而没被纠正的情况下会导致事故，那么该工种就是安全相关工种。
（2）在多数情况下，乘务员是独立工作的，即通常只有一个人在列车司机室工作。
（3）在空间上不固定，即随列车在城轨线上不停地变换位置。
（4）在时间上不固定，和别的司机轮流在不同的时段内当值。
（5）工作空间（司机室）通常比较狭小，缺乏生活设施如厕所等。
（6）随着自动化程度的提高，司机的劳动强度有所降低，但同时工作性质更加单调。

一、安　全

司机是安全相关工种，所以一切有助于促进司机安全工作的措施都是有价值的，如：
（1）通过培训、定期座谈加强司机的安全意识、安全习惯、工作技能。
（2）提倡、引导健康的生活习惯，使司机保持身心健康。
（3）合理安排值班表，避免造成疲劳。
（4）定期体检，及时发现问题并采取相应措施（参见下文澳大利亚列车脱轨事故案例）。
（5）建立有效沟通机制，确保接班司机了解最新的行车相关注意事项，如临时限速、轨区作业。
（6）酒精含量抽查，杜绝"酒驾"。

【案例10】

澳大利亚列车脱轨事故

2003年1月31日07:14，澳大利亚新南威尔士Waterfall以南约2 km处，一列4节编组的市郊列车在曲线区段因超速而脱轨，造成司机和车上47名乘客中的6名当场死亡。
（一）背景情况
出事列车是编号为C311的市郊通勤列车，由悉尼市的中心站开往Port Kembla站。图定时间为06:24由中心站出发，08:17到达Port Kembla站。
列车没有ATP保护，但设有两个"死人装置"，一个在主控手柄上由司机用手操作，另一个设在驾驶台下方的地板上，由司机用脚操作，如图5.18所示。

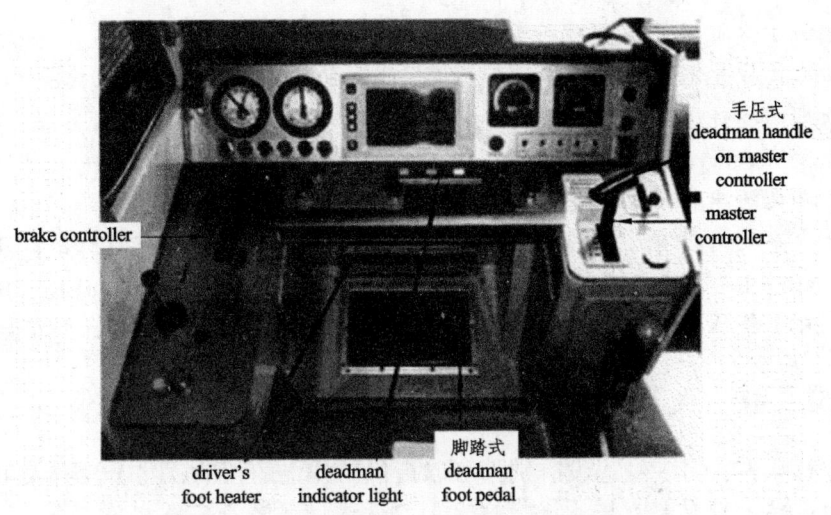

图 5.18 "死人装置"在操纵台的位置示意图

车上虽然装有数据记录仪，但尚未开通使用。地面信号系统对线路占用的记录可用于事故分析。

列车牵引动力来自上部接触网。

出事地点距悉尼约 40.7 km，是一处半径为 239 m、限速 60 km/h 的弯道，如图 5.19 所示。进入此弯道之前是一段 700 m 长的直线轨道，限速 75 km/h。

图 5.19 事发地弯道区段

列车有两名乘务人员：司机在车头负责驾驶，车长在车尾跟车，在必要时提供协助。

司机时年 53 岁，于 1965 年开始在铁路工作，1976 年成为货物列车司机，1987 年成为客车司机。

（二）事故调查

调查报告指出，该次列车脱轨事故的直接原因是超速；分析计算结果表明，出事列车当时的实际速度在 114 km/h 和 120 km/h 之间，远远超过线路限速值 60 km/h。

导致列车超速脱轨的原因有：

（1）司机由于心脏病突发而对列车失去必要的控制。
（2）司机死亡后身体恰好压在"死人装置"上，使两个"死人装置"保持正常工作状态，因而没有按预期的那样引发紧急制动。
（3）列车没有 ATP 超速防护装置。
（4）位于车尾的车长未及时觉察并使用紧急制动迫停列车。

调查揭示出事故司机有严重的高血压和心脏病：1994 年开始患有高血压，1999 年 7 月高压曾达到 8.6 mmol/L（健康上限为 5.5 mmol/L），2002 年 3 月为 6.76 mmol/L，2002 年 9 月为 7.9 mmol/L。2001 年体检时测得的体重为 116 kg，BMI（Body Mass Index）指数为 34.3。

二、独立工作

独立工作意味着：（1）身边没有别人可以提供工作上的帮助；（2）没有人可以交流，所以可能会孤独；（3）没有人监督。

因此就要求：（1）司机的独立工作能力强；（2）尽量创造机会使司机在执勤过程中或执勤前后和同事进行有价值的交流；（3）在没有监督的情况下，自律就显得十分重要。不能自律的例子有：

① 为了使自己更自由，使用橡皮筋和/或其他物品把"死人装置"固定在"按压"位置，以求即便司机离开驾驶位，也不至于导致紧急停车，如图 5.20 所示。

图 5.20　使用手信号旗杆固定脚踏式"死人装置"

② 值勤时看报纸、同亲戚朋友讲电话（参见第十二章第一节案例 51）。

加强自律性是根本，而加强监督的做法有：
（1）在司机室安装录像设备，记录值勤过程。
（2）随机登乘司机室，实时检查。

在向司机提供有效帮助方面，可以在控制中心安排一位有经验的司机，在需要时向现场的司机提供指导。如 2004 年 11 月 3 日在华盛顿发生的列车倒溜撞车事故，肇事列车 T703 倒溜长达 73 s，最后和停靠在站台的另一列车相撞。T703 的司机试图用牵引的办法来阻止列车倒溜,这是错误的。如果有人能在这 73 s 内给 T703 的司机一个简单的提示：施加制动,就可以避免撞车。

又如 2004 年 2 月 7 日在某地铁发生的严重服务中断,如果有人及时指点,其实只需要几分钟就可以恢复正常运营。详情见下面的案例材料。

【案例 11】

列车故障排解不及时

2004 年 2 月 7 日,某地铁线上行方向因牵引供电跳闸而导致一列车的牵引控制单元自动隔离。在不知情的情况下,司机反复尝试对列车进行牵引,均不成功。之后的连挂救援也因车钩出现问题未能奏效,致使列车服务一度中断超过半小时。

（一）背景情况

这是一条使用上部接触网进行牵引供电的 6 节编组列车的地下城轨线。列车正常运行模式为 AM,降级（后备）驾驶模式有 CM 和 RM。事发线路及路段的纵断面示意图分别如图 5.21 和图 5.22 所示。

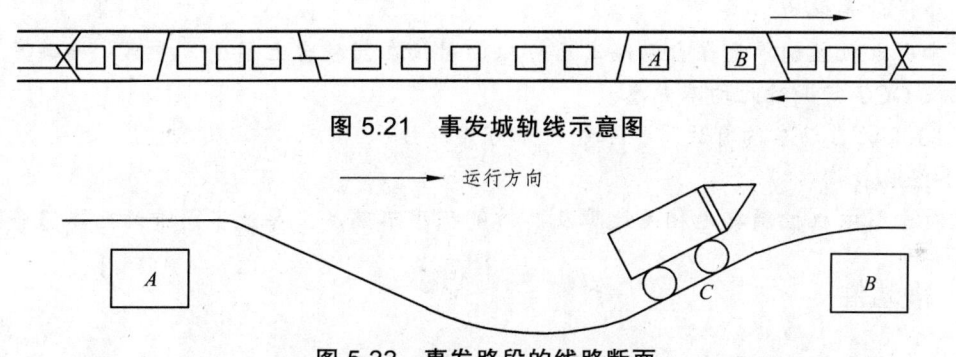

图 5.21 事发城轨线示意图

图 5.22 事发路段的线路断面

（二）事件经过

10:43,列车 T307 由 A 站出发,前往 B 站。

10:44,AB 两站之间的接触网跳闸,并在 5 s 后自动合闸。

10:45,正在以 AM 模式运行的列车 T307 因断电而开始惰行。

10:47,T307 在离 B 站尾端墙大约 50 m 的 C 点停下。

10:48,T307 的司机用无线对讲机向 OCC 报告。OCC 指令司机把驾驶模式切换成 CM 后人工驾驶进 B 站。

10:49,司机以 CM 模式尝试起动列车。但刚一缓解制动,列车就开始下溜,因为此时列车处在上坡。在司机回过神来之前,列车自动施加了紧急制动。（注：列车配有防倒溜功能。不管是何种驾驶模式,只要列车发生倒溜,一旦倒溜达到 2 m,列车会自动启动紧急制动。）

10:50,司机向 OCC 报告列车发生的倒溜及自动的紧急制动,并补充说当试图牵引时,列车并没有牵引力,所以没有向前走。

10:51,OCC 指令司机再试一次。

10:52,同样的倒溜再次发生,这次是司机主动施加制动把车停下。

10:53，OCC指令司机待命。

10:55，OCC决定用连挂救援。

11:57，跟在T307后面的列车（T308）在A站清客。

11:58，T308以CM模式从A站出发前往救援。

11:13，T308和T307连挂。为了确认连挂可靠（即不至于在接下来的运行中自动脱钩），需要"试拉"，即在T308选RMR（退行模式）后启动T308。结果试拉不成功，即T308和T307脱钩。

11:14，再次连挂、试拉，又再次失败。

11:15，在三次连挂试拉失败后，OCC决定调派车辆维修人员上车（T307），同时决定用小交路维持其他地段的列车服务。

11:17，车辆维修人员上车（T307）。经检查，发现T307上的牵引电机控制单元因牵引供电的突然缺失而自动隔离。

11:20，车辆维修人员对牵引电机控制单元进行"重启"，列车T307恢复正常。

（三）调查结果

（1）接触网跳闸是由高速断路器内的一个电子元件性能不稳定造成的，随后的自动恢复供电是符合设计要求的。

（2）牵引电机控制单元在自动隔离后可以由司机在驾驶台上通过"重启"而恢复，但当时的司机及OCC行调对此均不熟悉。

（3）T308的自动车钩有故障，不能保证可靠连挂。

（四）经验教训

司机对牵引电机控制单元相关故障及其排解程序不熟悉，导致了严重的列车服务中断。

三、移动性

司机在当班期间不停地在城轨线上随着列车变换位置，会带来三个问题：

（1）心理上的不稳定感。和车站工作人员及OCC调度员相比，司机的工作较为"奔波"。因此很有必要把供司机报到、工间休息的设施建设好，增加"归属感"。

（2）和同事及上司见面的机会较少，往往是"擦肩而过"，因而不利于达到深入的相互了解。

（3）移动性还容易造成疲劳。列车运行产生的颠簸、噪音，时而地下、时而地上光线的变化等都会使情况恶化。

四、时间上的不规律性

人是自然界的造化，起居饮食等都有自己的规律，但铁路的运作要照顾到多种乘客、多方面的需要，这就使得司机的工作时间不能完全符合自然的规律。虽然车站工作人员及OCC调度也碰到类似的问题，但由于司机的工作直接和列车"挂钩"且基本上只和列车"挂钩"，所以列车开行数量的变化对司机工作时间的影响更大。司机受到列车的牵制，在时间上要"随着列车时刻表走"。

为了照顾到司机之间的公平性，每个司机都要有一定数量的早班、中班和晚班，而不能总是早班，或总是中班、晚班。

司机的排班是一大挑战，既要满足列车运作的需要，还要照顾到司机的利益。在这方面，一些专业顾问公司开发出相应的计算机软件来提高排班的工作效率和质量。

五、工作环境

司机室空间狭小，是为了使车上的载客空间最大化，但代价是对司机的心理可能造成的压抑。可以考虑的改善措施有：通过使用合适的色彩和图案，使司机室的"印象空间"或"感觉空间"扩大。

六、工作单调

自动化除了能降低司机的工作强度外，更重要的是减少人为失误，继而减少由人为失误导致的意外，但是自动化也使得司机"无所事事"。目前比较常见的城轨系统只需要司机负责开关车门。可以考虑的改善措施有：在某些时段、某些地段让司机进行人工驾驶。这一方面能使司机动起来，另一方面也有利于司机对驾驶技术的保持。

◆ 思考题

（1）乘务管理的重中之重是防止司机闯红灯，其次是站台发车前确保车门没有夹人，请在本书中找出相关案例并讨论。

（2）做一个好司机不容易。试举例讨论好司机在下述方面应具备的素质：
① 对线路、信号、车辆、供电等技术知识的掌握。
② 对相关规程的了解。
③ 语言沟通及表达能力。
④ 身体素质。
⑤ 心理素质。
⑥ 生活习惯。

（3）当车上发生火灾时，为什么应争取把车开到下一站，千万不要主动把车停在区间？其他紧急情况（如车上有乘客突然身体不适，昏倒等）呢？

第六章　运营调度

城轨列车的行车指挥与控制由早期类似传统铁路的以车站为主到目前的以控制中心为主的转变是基于下面两个事实：

第一是必要性。

城轨系统的运作涉及多方面的因素、多个工种。在空间上跨度很大，动则几十公里，甚至几百公里（城轨网络），具有很强的联动性。在时间上，城轨的行车频率普遍很高。高节奏的运作也需要强有力的协调。集中控制是实现有效协调的最好办法。

第二是可能性。

在驿站、狼烟烽火年代，由于通信手段的局限，"将在外，君令有所不受"，只好以现场就地控制为主。而如今，先进的通信（包括设备之间、人员之间及设备和人员之间的通信）技术已经将空间距离大大缩小，控制中心和现场虽远在天边，却又近在眼前。控制中心作为城轨运作的大脑，在分布于车站及城轨沿线的神经系统（通信网络）的配合下，可以对城轨运作的各个方面（列车运行、电力供应等）进行一体化的监控。

本章第一节"行车调度"侧重于 OCC 对一般情况下列车运行的控制。由于在处理重大意外时需要 OCC 的整体投入，所以有关重大意外的讨论放在第二节。越来越多城市的城轨正在形成网络，本章第三节线网 OCC 就是针对这一趋势而安排的。

第一节　行车调度

行车调度有主、副两个"战场"，即正线和车辆段，而每个战场又有正常及降级（非正常）两种情况，所以本节按图 6.1 所示的结构展开：

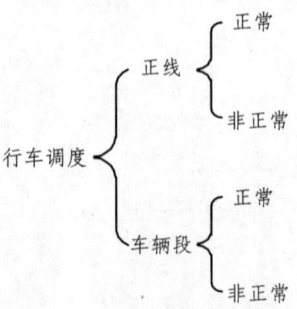

图 6.1　行车调度结构图

一、正线正常情况下的行车调度

由于城轨系统的行车频率很高（在高峰时段可达 30 列/单方向·小时），而且列车的种类单一，运行规律性强，所以新建的城轨系统都具有自动行车调度的功能，即计算机依照人工事先编制好的程序（即列车时刻表）为列车排列进路，为列车提供在站停留时间、区间运行时间等指导信息。负责这一工作的计算机通常被称作 ATS（Automatic Train Supervision），其主要功能是自动地按图（运行图）行车。有些 ATS 兼有对偏离运行图的列车（特别是晚点列车）进行时间调整的能力，但通常这种调整能力都十分有限，只能对付轻微的晚点。

在 ATS 自动管理列车运行时，控制中心行调的任务是：

（1）密切监视运行状态，在需要时进行人工介入，具体情况在下面的"非正常"部分讨论。

（2）对所有不在运行图中的列车运行进行人工管理。ATS 只能管理图定列车的计划运行，非图定的列车（如调试列车、驾驶培训用车等）的运行要由行调人工管理。在做人工管理时具体要做的主要是进路的排列、停站时分及区间运行时分的控制。

二、正线非正常情况下的行车调度

非正常情况多种多样，但有一点是共同的，即需要行调的人工介入。行调在进行非正常情况下的行车调度时所使用的手段包括：

——在车站扣车。

——令列车在到达预定终点站前半途折返（中途折返）。

——把故障列车暂时"藏"在沿线的配线。

——开行小交路。

上述手段会在下面讨论具体非正常情况下的行车调度时结合起来介绍。

非正常情况多数时候是设备发生了故障，一些时候是乘客启动的紧急装置影响了行车，也有因工作人员误操作而影响行车的。下面就牵引供电故障、列车故障、线路故障和信号设备故障等情况分别举例讨论。

1. 牵引供电的故障

城轨列车的运行离不开电力，牵引供电的故障会直接影响列车的运作。

对于一个具体的列车而言，如果牵引供电中断时列车处于离站加速状态，那么它会因丧失牵引供电而开始惰行（既不牵引，也不制动）。如果牵引供电中断时列车处于惰行或制动状态，那么它会继续照常运行。由于列控设备仍会正常工作，所以不会发生撞车或脱轨等行车事故。

牵引供电中断的影响有两个方面的因素需要考虑：空间和时间，即是大面积的供电中断还是局部的中断，是短暂的还是长时间的。

大面积的中断比较少有。这种中断应和主变电站有关，而通常主变电站在设计上有冗余，即能力有富裕，在一个主变电站停机的情况下，另一个完全能够维持城轨的列车运行。如果真的发生主变电站全部故障，那么就必须尽快把乘客从城轨系统疏散，并对外宣布停运，因为这种情况下供电不会很快恢复。

局部的中断如果是因供电系统内部元件、设备发生故障所致，通常也会持续较久，因为需要先诊断故障，之后加以修复，这些都需要时间。在这种情况下，供电恢复正常前，有两件事要做：

① 在未受电力中断影响的区段保持一定水平的列车服务，即小交路运作。

② 对被困在失电区段的列车要组织乘客下车，并在必要时安排靠电池或内燃机运行的机车前往现场把失电的列车拖出失电区，以免其妨碍抢修工作的开展。

小交路运作通常需要较少的列车。那些多余的列车可以收回车场或临时存车线，或干脆原地不动，留在停运的车站站台轨道上，特别是当由于人手不足或其他原因而不方便把它们收去车场或临时存车线时。

局部的中断如果是由外部因素所致，比如车上电气设备短路引起跳闸，那么只要能把肇事的列车查出来，加以隔离（即收回受电弓或集电靴），就可以恢复供电。如果只有个别受电弓或集电靴有问题，那么故障列车仍有可能靠剩下的好受电弓或集电靴自行驶离现场。否则就要安排连挂救援把故障列车拖离现场。

如果外部因素最终导致供电设备的故障，那么就属于之前所讲"供电系统内部元件、设备故障"一类。

【案例 12】

OCS（上部接触网）垮网及之后的行车组织

2006 年 7 月 24 日，某地铁线路发生 OCS 垮网事故，造成部分区段的列车服务中断，所幸在整个事故过程中没有人员伤亡。

一、背景情况

这是一条全地下的地铁线路。牵引供电制式为上部接触网，1 500 V 直流电。每列车由 6 节编组而成，有两副受电弓。列车在正常情况下以 AM 模式运行，司机在车头司机室监督列车运行情况，并负责列车从车站出发前的关门操作。正常情况下左侧行车，虽然所有线路均有双向行车能力。

事故发生区段的线路布置如图 6.2 所示。其中 A 站是该地铁线的一个终点站，经 B、C、D 等站到达另一端的终点站（Z 站）。车辆段靠近 T 站。

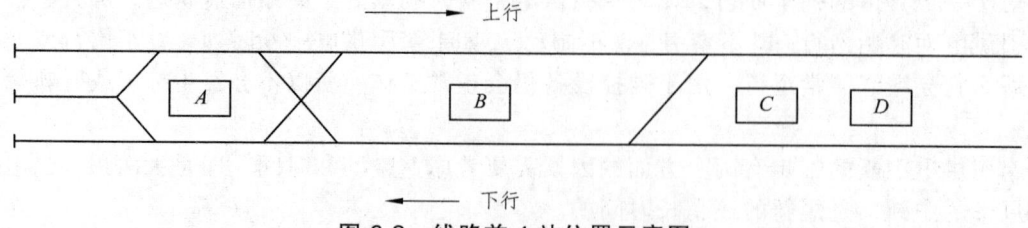

图 6.2　线路首 4 站位置示意图

牵引供电分段以车站为界，即一个电分段的长度是从一个站到下一站。相邻电分段在车站重叠以保证受电弓在电分段之间的顺利过渡，如图 6.3 所示，其中每一条水平直线代表一个电分段。

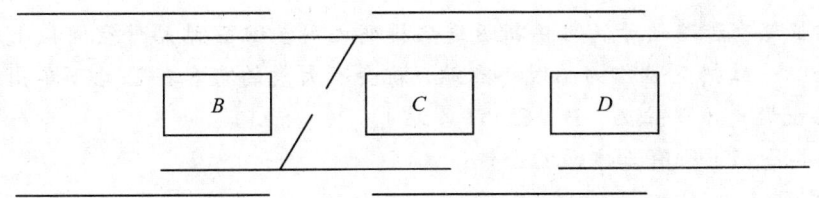

图 6.3　B、C、D 三站之间电分段示意图

二、事故经过

1. 设备故障

大约中午 12:51，位于 C 站附近的渡线上方的 OCS 由于绝缘子断裂而垮网，接触网的一端下垂在下行正线轨道的上方。

当时一列载客列车 T117 刚刚离开 C 站下行站台。司机发现异常情况后，利用驾驶台上的紧急停车按钮迫停列车。但由于惯性以及渡线与 C 站之间较短的距离，列车 T117 在停车前撞到了下垂的触网。受电弓和触网的缠绕导致 T117 的两副受电弓均受损脱落，脱落前还拉断了下行正线上方的触线。

2. 第一反应

OCC 在接获 T117 司机的报告后，马上全线扣车，并向有关人员宣布进入"紧急状态"。"有关人员"包括：

（1）内部的：所有正线列车司机、所有站务人员、各维修部门的值班员、各主要领导（包括负责对新闻媒体发布消息的领导）。

（2）外部的：消防人员（协助对 T117 上的乘客进行疏散）、医护急救部门（准备对有需要的乘客进行救护）、地面公交（向受影响的乘客提供接驳服务）。

3. 乘客救援

由于列车 T117 上的乘客并没有即时的危险（虽然牵引供电中断，车上空调设备停止运作，但车载电池仍保持一小时内车上一定程度的照明及通风），所以 OCC 决定等消防人员到场后（按协议，消防人员会在 10 min 内到达事故最近的车站），才开始疏散 T117 上的乘客。

4. 设备抢修

调工程机车（内燃机车）前来把 T117（在乘客疏散后）推去 A 站后方的存车线。

调接触网抢修队检查 B、C 两站之间的触网（包括上下行正线及渡线）情况。

5. 行车组织

全线扣车指令发出后，那些在站上下乘客的列车保持车门打开，那些运行中的列车（除了断电区内的列车）会继续前行到前方站，停车后开门，等候"取消扣车"命令。

由于 B、C 站之间上行触网的情况有待检查，OCC 先启动 F 站到 Z 站之间的小交路。

选择 F 站作为小交路的一端，基于如下多方面的考虑：

（1）为了触网检修人员的安全，需要把 C、D 两站之间下行正线的电分段断电，作为一个缓冲区间，防止由于列车受电弓造成两相邻电分段之间的"桥接"，所以 C 站不能作为小交路的终点站。

（2）虽然 D 站有牵引供电的供应，但 D 站范围内没有进路信号。列车到达 D 站下行站台换向后，没有反方向的信号机可供设置往 Z 站方向的进路，即 D 站无法做到有信号防护的折返。所以 D 站也不宜作为小交路的终点站。

（3）E 站虽然有进路信号，可供折返进路排列之用，但 E 站站外空间狭小，不能容纳较多的接驳巴士。一旦把 E 站作为临时终点站，就会有大量的乘客在 E 站下车出站，而这些乘客需靠接驳巴士送走（前往 A、B、C、D 各站）。

（4）F 站具备以下所有三方面的条件：

① 有牵引供电。

② 有进路信号。

③ 站外有足够的巴士停放场地。

并且 F 站刚好有渡线可供列车站前折返。

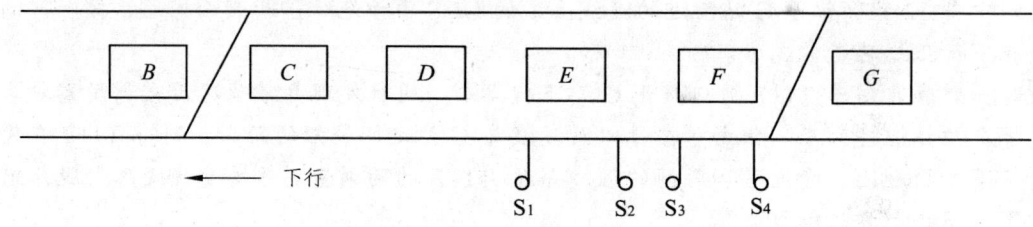

S_1 和 S_3 是下行方向的进路信号

S_2 和 S_4 是上行方向的进路信号

图 6.4　有关的进路信号位置示意图

6. 恢复运行

大约 5 个小时后，OCC 接到接触网部门的确认：垮掉的 C 站渡线上方的接触网已被临时拆除；两站之间的上行正线的接触网情况允许行车。于是 OCC 利用上行正线启动 A 至 F 的单线双向运行，同时继续地面巴士接驳服务。

经过紧张的抢修，C 至 B 下行正线的接触网也得以在第二天凌晨修复并试车成功。于是全线于第二天早晨恢复正常运作。

2. 列车的故障

【案例 13】

中途折返

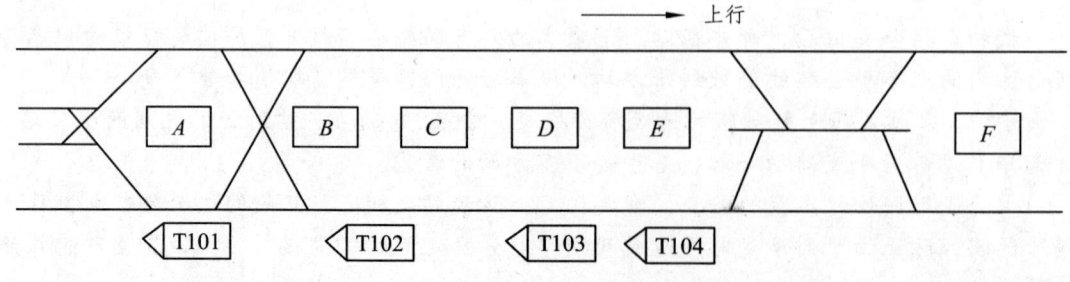

图 6.5　有关列车相对位置示意图

这个案例用以说明行车调度手段中的"中途折返"。

2011 年 7 月 30 日 08:44，下行方向 T103 列车发生故障。司机向控制中心报告：列车失去 AM、CM 模式，只剩下 RM 模式。

OCC 指示 T103 司机在 D 站下行站台就地清客，空车驶往 A 站（A 站是该线的一个终点站，另一个终点站是 Z 站）站后存车线。就地清客是出于如下两方面的考虑：

（1）如果不清客，即意味着让 T103 仍继续载客运行，那么它在接下来的 C、B、A 站需要停车让车上乘客下车。但由于列车在 RM 模式下司机开车门时不会引起站台隔离门的同步自动开启（注：在 RM 模式下，站台隔离门不会随车门的开关而同步开关），而需要车站人员在站台人工操作站台隔离门，这样整个过程所需的时间会加长。

（2）在 RM 模式下，只要列车处于停车状态，司机就可以开启任何一侧的列车门。比如列车到达 A 站的上行站台后，如果司机习惯性地按压右侧开门按钮，列车会把非站台一侧的车门打开，可能发生乘客坠轨意外。

驶往 A 站的决定是基于如下考虑：虽然可以让 T104 在就地清客后调头经 E、F 之间的配线折返去上行线，并把其后的 T105 等车暂时扣住不动，以便 T103 清客调头后驶往 E、F 之间的存车线，但这样做费时较长，因为除了 RM 本身最高速度很低（20 km/h）外，还涉及反向进路的设置。

因为 RM 速度低，T103 之后的列车受到"压制"也跑不起来，所以 OCC 决定让 T104 后面的车每隔一列（即 T105、T107、T109 等）在到达 F 站下行站台乘客上下车后，过 E、F 之间的配线去 E 站上行站台折返直至 T103 进入 A 站，不再对后续车有压制。这种情况对 T105、T107、T109 来说就是"中途折返"。

3. 线路的故障

线路的故障按是否允许列车通行可以分为两类：严重的故障，列车完全不可以通行；较不严重的故障，列车可以低速通行。

严重的故障有如下一些例子：道岔尖轨断掉；低洼地段发生严重水淹；列车脱轨造成轨道严重受损。在这种情况下，故障区段行车中断，其他区段组织小交路行车或利用尚存的那一条线路组织单线双向往返运行。

比较不严重的故障有如下一些例子：轨道电路协助检测到钢轨断裂，在用夹板、夹具固定后，允许列车低速通过；钢轨表面湿滑，需要列车减速运行。

线路故障的严重程度是否允许列车通行，以及在允许列车通过时是否需要限速，限速水平等需要负责线路的专业人员给出建议，然后运营人员加以实施。但不幸的是，负责线路的专业人员有时也可能犯错，如下面的案例。

【案例 14】

护轨缺失导致列车脱轨

1998 年 5 月 4 日下午 3:23，美国 MBTA（麻省海湾交通局 Massachusetts Bay Transportation Authority）一列 4 节编组的列车在蓝线上的 Government Center 站和 Bowdoin 站之间的一段 500 ft 半径的曲线上脱轨。列车脱轨后继续前行约 40 ft，撞到了隧道的墙壁上。安装在墙壁上的轨旁电话受撞后起火，司机和车上 10 名乘客中的 3 名在事故中受了轻伤。

事故发生后，司机在另一名地铁员工的协助下，指导乘客下车，通过隧道走回 Bowdoin

站。消防人员及时赶到将电话机引发的火扑灭。但火警造成的烟使司机和部分乘客感到不适并送医院治疗，当天都康复出院。

调查发现，在5月3日夜间，工务维修部门按照线路维修计划，对事发地段的线路进行了换轨维修作业。除了更换了走行轨外，还更换了道砟、枕木、道钉等。旧的护轨被拆掉了，但由于时间限制没能把新的护轨装好。护轨位于曲线地段内轨的内侧，其作用是阻止车轮在过弯道时因离心力而过分地挤压曲线外轨，以防止列车脱轨。由于没能把护轨装到位，工务部门的作业责任人在线路旁安装了黄色闪灯，以表明限速10 mile/h。但为该责任人事先所不知的是，即便在正常情况下，该区段就因有小半径曲线而需限速10 mile/h。所以"护轨没安装到位"这一情况事实上并没有在黄色闪灯所表示的限速上反映出来。事故调查也确认了当时列车是按限速10 mile/h运行的。

4. 轨旁信号设备的故障

（1）如果轨旁信号设备故障导致列车收不到速度码或只能收到0速度码，但联锁设备正常，即进路可以排列，信号可以开放，那么列车可以以RM或URM模式按信号显示行驶。

（2）如果联锁设备出故障，因进路无法排列，不但速度码为0，而且信号也不能开放，这时虽也可用RM或URM运行，但要按行调或车站行车值班员（口头的或书面的）命令行驶。

【案例15】

道岔故障

某地铁线路的一端终点站线路布置如图6.6所示。正常情况下，列车到A站下行站台后换向经渡线直接折返去上行线。

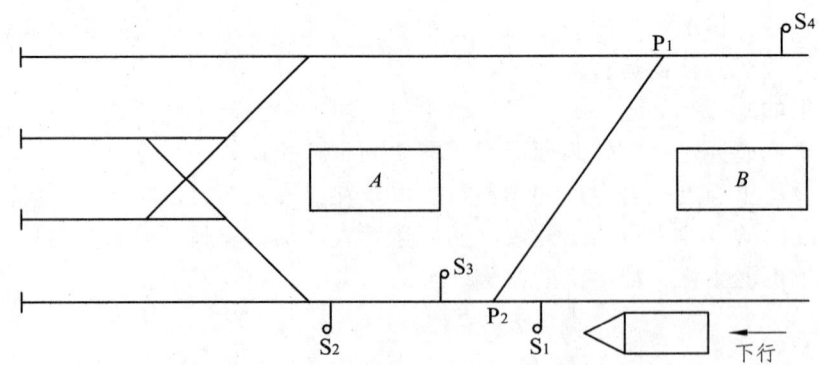

图6.6 终点站线路布置及道岔位置示意图

2010年7月2日，道岔P1发生故障，位置不明，导致进路JL12不能排列（这是侧面防护的要求。在这个例子中，侧面防护意味着为了排进路JL12，必须保证道岔P1的位置能确保没有列车可以从B站上行站台开往道岔P2）。OCC行调指示司机以RM"冲红灯"进A站下行站台，同时指示A站行车值班员下轨道对道岔P1进行手操。手操道岔后发现道岔在定位时可被系统检测到，但反位时不可以。于是OCC指示A站行车值班员将P1用钩锁器锁在定位，然后用站后折返线对列车进行折返作业。

三、车辆段正常情况下的行车调度

（1）车辆段（有时也称车场）内的行车同正线上的行车有许多不一样的地方，包括：

① 不涉及乘客，即段内的行车是"内部"的作业。因而在行车调度时所要考虑的因素就比正线少了一项，而且是非常重要的一项。因为它决定了二者之间有本质上的不同，即"内""外"之别。没有了乘客的介入，段内的行车在时间和空间上的灵活性就变大了。

② 和正线的线路相比，段内的线路数目多、长度短。因为长度短，所以不需要高速；因为数目多，所以灵活性高，即可能有多种途径到达同样的目的地。

③ 列车运行的时、空规律性不像正线上的行车那样强。虽然和正线行车相关的部分（即出车和收车）受正线运行图的要求/影响而呈现出一定的规律性，但这也仅限于某些时段（出车和收车期间）及某些地段（出入段线及直接相关的一些段内线路）。其他时段和地段的行车主要是为了车辆维修、调试（包括动态试车）或培训、施工（工程列车、调机）而进行的调车作业。

（2）基于上述情况，一般在设计上段内行车的自动化程度不高，主要表现在两个方面：

① 列车的驾驶模式。通常在段内，地面信号（列控）设备相对简化，不具有发速度码的功能，所以列车需以 RM 模式按轨旁信号显示行驶。当然也有一些城轨车辆段具有和正线一样的列控设备支持 AM 驾驶模式。

② 进路的排列。因为段内行车时、空规律性不强，在设计上不会像正线那样由计算机根据事先编排好的列车运行图自动排列进路。车辆段内的进路都是根据调车需要由人工临时排列。当然每天的调车作业可以、也应该有一定的计划性。

注：段内的行车可以归为调车作业是因为在根本上，不管是和正线有关的出车、收车，还是与正线无关的为车辆维修、调试或培训、施工等而进行的列车、车辆的调动都具有每次运行的行程较短的特点，这正是"调车"作业的根本特点。当然调车作业的控制可以由车场控制中心（有时也称为"塔楼"或者"信号楼"）的调度直接负责，也可以由现场的"调车员"来负责。到底是由这二者中的谁来负责取决于安全和效率两个方面。

（3）车辆段的行车工作主要有以下两部分：

① 为配合正线行车而进行的出车和收车。

这项工作是以正线列车运行图为依据，按时把列车发出去（到正线）或（从正线）收回来。这项工作很重要，因为它会影响到正线的列车服务。为了保证这项工作的正常顺利进行，一定要确保出入段线及与之相连的存车线畅通无阻。为此，段内其他性质的调车作业应尽量避免使用上述线路，否则可能会造成对正线行车的影响，比如在调车时列车发生故障导致出车或收车径路阻塞。

这项工作还同车辆维修部门向运营部门提交的列车运用计划有关联。如车辆部门在向运营部门交车时，通常会标明哪些车需要在什么时候回库接受定期检修。换言之即列车的运用和检修二者之间有个计划协调的问题，这也会影响出车和收车的顺序，即哪个车先发或先收。

② 其他调车作业。

城轨的调车作业集中在车辆段内。本书把在正线折返站的列车调头转线归为折返作业，而不归为调车作业。

城轨的调车作业中大多数不涉及列车的编解。那些需要对列车进行编解的作业有两种：

a. 工程车的分解和组合。这种作业会发生在：

料场附近。施工材料装卸后可能需要列车/车辆的分解或组合。

施工工地。新材料的卸车及旧材料的装车之后，可能进行列车的分解或组合。施工作业本身也可能涉及列车的解体。

工程车检修库内。

b. 客车的分解和组合。这通常只发生在大修库内，除非在正线运营过程中因客流多少而灵活调整列车编组（这种做法并不普遍，因为不大容易组织）或遇到列车故障需连挂救援时。

上述涉及列车解编的调车作业由现场的调车员负责。车辆段控制中心调度的介入只限于帮助排列必要的进路或单操个别道岔。也有由现场调车员负责排列进路或单操道岔的，视设备情况及规程而定。这样的调车员通常不是运营部门的人员，而是相应工程部门的人员，因为这种作业和相应的工程（现场施工、列车维修等）直接相关。大多数的调车作业是对整列车的调动。

提出调车作业申请的可能是下述人员：

车辆维修主管。这主要是在各车库（检修库、存车库）之间，或车库与试车线之间的调动，或试车线上的试车。

培训协调员。比如在车场内的驾驶培训、连挂救援训练、列车脱轨后的复轨演练等。

施工列车司机。整列车在施工点和料场之间的运行。

在车辆段上述两部分行车工作中，第一部分（出车和收车）比第二部分更重要；但二者都涉及调度与现场人员（特别是司机）之间的大量的对话、沟通。因此，为了段内行车工作的安全、顺利进行，一定要建立有效的无线通信规范，并严格贯彻执行。对于出车和收车，车辆段行调和正线行调之间的密切沟通与协调十分重要。

四、车辆段非正常情况下的行车调度

如果像多数的车辆段那样地面（轨旁）列控设备不具有发速度码的功能，即不支持列车的 AM、CM 模式，那么比较常见的"车辆段非正常行车情况"是在段内道岔发生故障，相关进路不能排列，对应的信号不能开放。因为车辆段内线路多，道岔数量也相应地多，所以道岔故障的几率也相应增加。

当有道岔故障时，视情况分别对待，如图 6.7 所示。

当进路信号不能正常开放时，为了行车的安全，应停止其他调车作业，换言之，在这种情况下，每次同时只能有一个调车作业，以免发生列车之间的冲突。

以上是个别道岔发生故障的情况。如果车辆段联锁设备发生故障，那么会使所有相关的道岔不能遥控。一般出车、收车径路涉及多副道岔，为了保证及时地出车、收车，特别是出车，需要同时派多名扳道员去轨旁对道岔进行手操。有的城轨在车辆段内使用"可挤道岔"，以大幅度地减少联锁设备故障情况下所需扳道员的数量及扳道所需的时间。详情可以参见本系列教材中的《城市轨道交通设备》一书的相关内容。

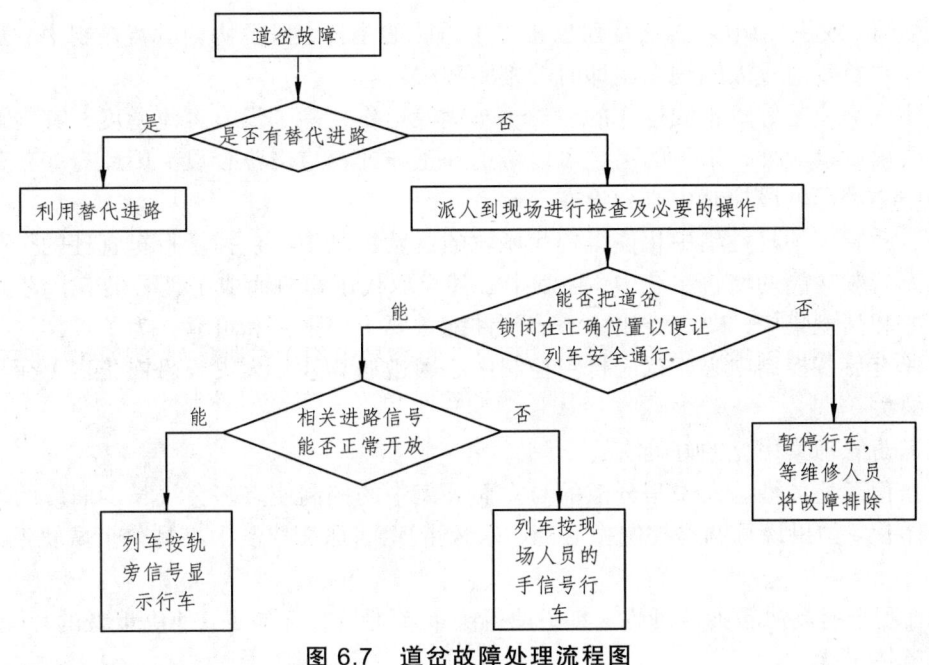

图 6.7 道岔故障处理流程图

第二节 OCC 管理

运营控制中心要控制的东西到底是什么？最核心的是车流和客流，而目标是达到二者之间的匹配。相关联的还有另外两个流：电流和信息流。

为此在控制中心通常设置的调度员（或称控制员）岗位有：

（1）行车调度：控制列车的运行，主要是通过列控系统。

（2）司机调度：调配司机，并对值乘的司机做必要的实时指导。

（3）客流调度：密切监视各站（特别是大站、换乘站）、全线甚至全路网的客流动态。一方面及时提醒其他调度员、相关车站人员，另一方面通过有关媒体向乘客甚至公众发布消息，以帮助他们做出最佳出行安排。

（4）电力调度：电力供应是城轨运作的基本条件之一，而且电力系统非常复杂、专业性很强，所以需要专人负责。

（5）维修调度：除了电力供应，城轨运作还需很多其他物质条件，包括轨道、信号（列控）系统等。维修调度负责对这些系统的状态进行监视并对抢修工作进行协调。

（6）信息调度：运营控制中心也是信息中心。在正常情况下，各方面的信息分别由各相关调度负责，需要集中管理的公共信息较少。但在发生意外时会产生大量的额外信息管理工作，包括内外两个方面，例子有：

通知外部单位（如消防、医护等）有重大意外发生以及具体的地点、时间、规模等。

通知公司内部领导。

事件发展过程中的动态跟进、记录。

（7）总调（或主任调度）：这个角色相当于乐队的指挥，监督协调运营控制中心各方面的调度工作，并负责对重大问题做出即时的判断和决定。

上述调度岗位是针对正线运作的。对于车辆段运作，除了没有客流调度，其他调度中除行车调度要单独设置外，余下的岗位可以考虑和正线的相应岗位合设。因此有些新建城轨把正线控制中心和车辆段控制中心合设在一起。

城轨运营管理的日益集中化使得现代城轨的运营控制中心包揽了行车管理的全部工作。在具有无人驾驶功能的城轨系统中，控制中心甚至取代了司机而成了"不在车上的司机"。这种大包大揽和高度集中，要求控制中心的硬件配备要十分强大和可靠。为了可靠，有些城轨系统甚至建有后备控制中心，以应付主控制中心因遭遇意外（火灾或恐怖袭击）而导致的控制中心的缺失。

城轨运营管理集中化的好处有：

（1）强化了整体性。集中是分散的对立面，集中的控制使点多、线长、面广的城轨运作更加地一体化。如果说总调是控制中心的"乐队指挥"，那么控制中心是整个城轨系统的"乐队指挥"。

（2）有利于提高决策的合理性。集中使得决策者更具有全局观，使决策者的片面性降低，从而实现整体最优。

（3）加快了决策的速度。因为主要决策者集中在控制中心，享有共同的信息，更容易相互沟通，因而也就更容易达成一致的意见。这对于高节奏、大运量的城轨运作而言非常重要。

事物都有两面性，集中化也是如此。在具有诸多好处的同时，也有非常值得重视的不足，其中最大的有：

（1）决策者远离现场，对现场情况的了解是间接的，受到设备及基层现场人员的影响和限制。为了提高决策者对现场情况了解的准确性，一方面要求有足够可靠的监视设备，另一方面要求现场人员及时准确地判断和报告。

（2）决策者远离现场对现场的感受是局限的，比如现场的温度、噪音、光线等。通常控制中心都有隔音设备、空调环境、适度的光照，而现场的情况可能大不相同。因而在决策时可能会由于"不能体察民情"而使决策发生偏差。

（3）身在控制中心这样一个权力机构，不知不觉地会形成居高临下的感觉和习惯，再加上运作的高节奏带来的时间压力和对全局情况比较掌握的优越感，使得调度人员有"独裁专断"的倾向，具体体现在对现场人员常常以命令的形式沟通，不利于发挥现场人员的主观能动性；事无巨细，现场人员一律向OCC请示汇报，会降低工作效率。

充分认识上述的长处与不足，是为了能扬长避短，使控制中心在城轨运营管理中发挥应有的作用。具体值得开展的工作包括：

（1）定期组织调度人员到现场做实地考察，了解现场的设备、设施情况及现场人员实际工作情况，特别是充分了解各方面的局限性。一线人员，包括站务人员、司机等也需要到OCC了解那里的工作环境情况。

（2）定期组织调度人员与现场人员的座谈交流增进了解。在城轨运作过程中很普遍的现象是：调度人员和现场人员之间是"只闻其声，不见其人"，有必要创造使他们能面对面，特别是在非工作环境轻松互动的机会。

下面的一些案例能帮助更进一步地体会上述原则。

【案例 16】

OCC 处理紧急情况的案例

2010 年 8 月 13 日（星期五）早上约 7 点，英国伦敦地铁北线上一列工程车失控，沿着坡道向南（伦敦市区方向）下溜长达 16 min，6.9 km，经过 7 个站。虽然在多方的努力下没有和载客列车相撞，但当时的情况还是十分严峻的。

一、背景情况

事故发生在图 6.8 所示的伦敦地铁北线 Highgate 站和 Warren Street 站之间的线路上，该段线路的坡度情况如图 6.9 所示。

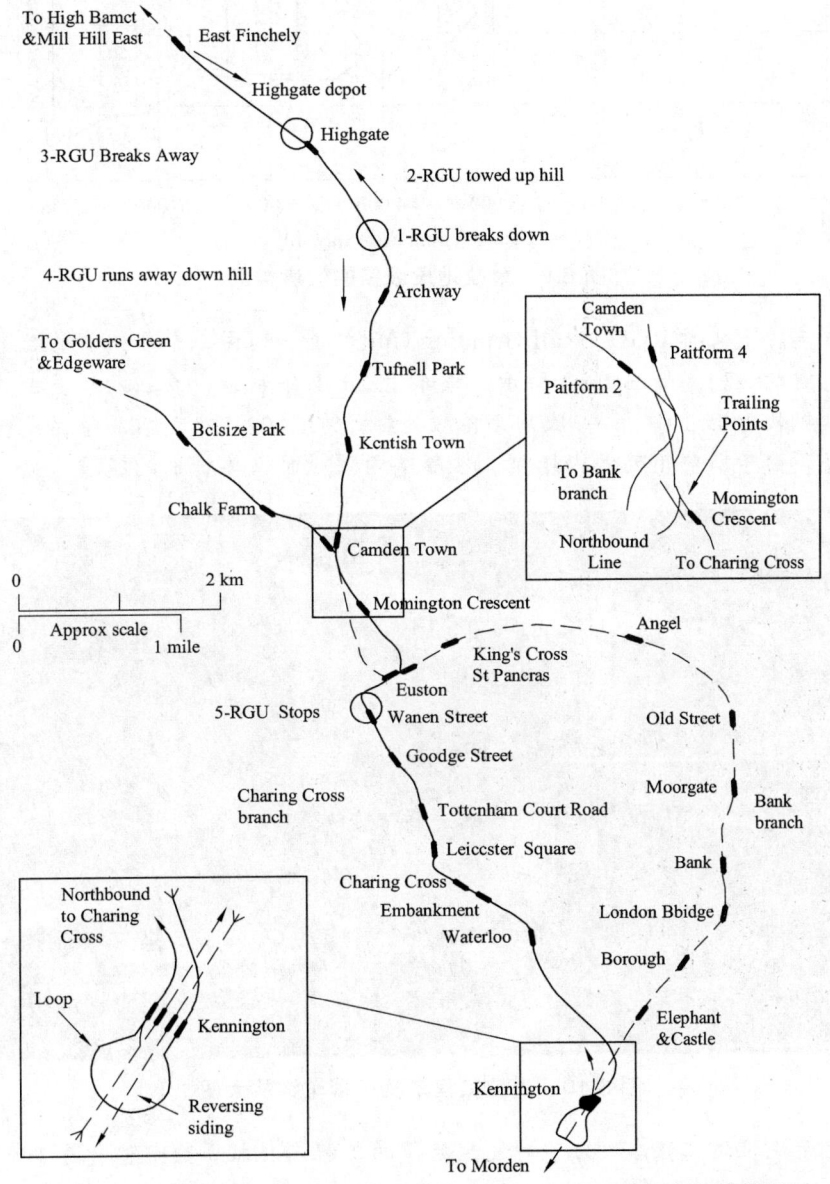

图 6.8　伦敦地铁北线 Highgate 站和 Warren Street 站之间的线路

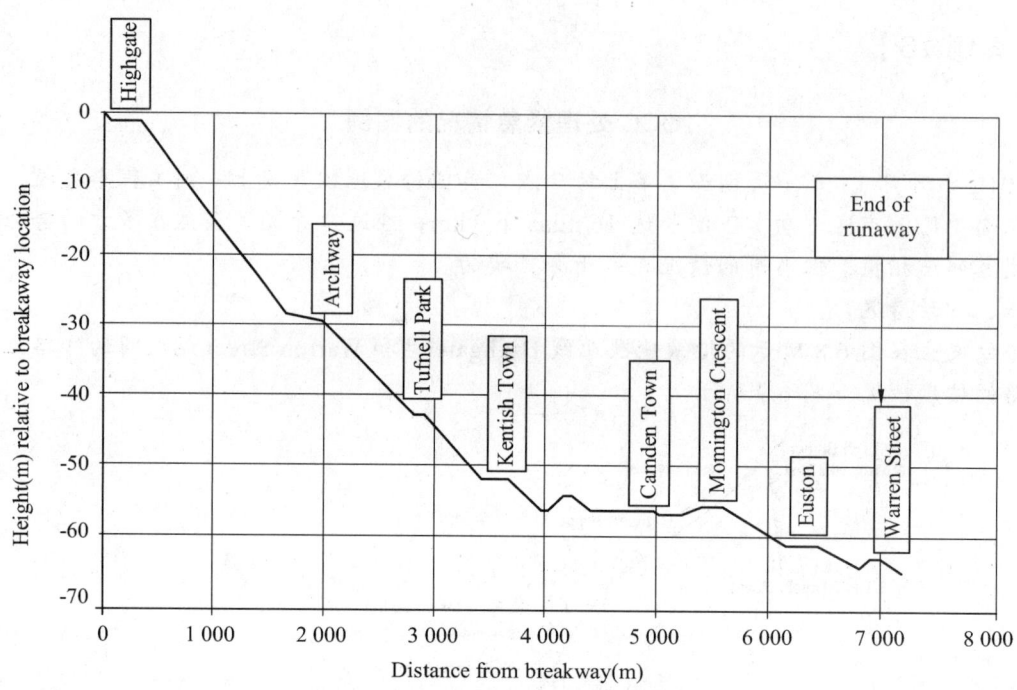

图 6.9 事故地段线路的坡度情况

失控工程车（下文称 RGU：Rail Grinding Unit）是一列由三个车组成的自带内燃动力的钢轨打磨车，重约 37 t，如图 6.10 所示。该车于 2001 年制造，曾在欧洲多个铁路及有轨电车系统执行过钢轨打磨任务。第一次用于伦敦地铁是在 2002 年，之后的每年都回到伦敦地铁进行钢轨打磨。由于所使用的是内燃机，在隧道内作业时需要特别的隧道通风。

图 6.10 失控工程车及一端车钩放大图

失控前用于拖拉该工程车（为了对发生故障的工程车施救）的空客车是 1995 年投运的 6 节编组的电客车，如图 6.11 所示。

图 6.11 连挂救援所用的空客车

二、事件经过

2010年8月12日夜至13日凌晨，该钢轨打磨车在按计划完成了在Highgate站和Archway站之间下行（南向）线上的钢轨打磨任务后，准备启程回车辆段时发生故障而无法起动。此时工程车位于Archway站以北约500 m处。RGU的机组人员认为现场抢修无法在05:30头班客车之前完成，于是向OCC求援。OCC派一列空客车从East Finchley站前来救援。救援计划是用空客车把RGU拉回East Finchley站，然后进Highgate车辆段。

救援车于05:44到达故障的RGU所在地。在救援车司机和RGU的机组人员用应急车钩把二车连挂在一起后，RGU的机组人员把RGU的制动系统置于缓解位，意味着RGU不再具有制动能力。在OCC授权救援司机把车开往East Finchley站后，连挂在一起的两列车于06:34起动沿下行（南向）线按上行方向开往East Finchley站。

当二车于06:42行驶至Highgate站以北约140 m（此时二车已经行驶约1.5 km，速度约17 km/h，上坡）时，救援车突然施加紧急制动，而导致救援车减速。紧急制动的施加是由于救援车实际速度17 km/h超过了当时的列车限速：16 km/h。

16 km/h的列车限速源自当时列车的驾驶模式（RM）。而之所以选用了RM是因为在与RGU通过应急车钩连挂后，救援车出现漏气现象。为了防止漏气，当时的救援车司机采取了一些措施，而这些措施使得列车必须以RM模式驾驶。

紧急制动导致的救援列车的突然减速使得尾随的RGU把位于救援车和RGU之间的应急车钩挤断了。

应急车钩被挤断后不久，处于坡道上的RGU开始向城区方向（南向）下溜。RGU的机组人员很清楚地知道无法把RGU停下来，于是在RGU下溜经过Highgate站时（当时车速约为18 km/h）从RGU跳到站台上。

OCC于06:43接获报告（通过无线电对讲机）说RGU失控下溜。此时在下行线Archway站和Kennington站之间共有8列客车。它们的大体位置如下：

T107停在Archway站。

在 Charing Cross 支线上有两列：一列靠近 Warren Street 站，另一列靠近 Embankment 站。T102 在 Camden Town 站，正要进入 Charing Cross 支线。

另有四列在 Bank 支线上，分别靠近 Euston、Old Street、Bank 和 Borough 站。

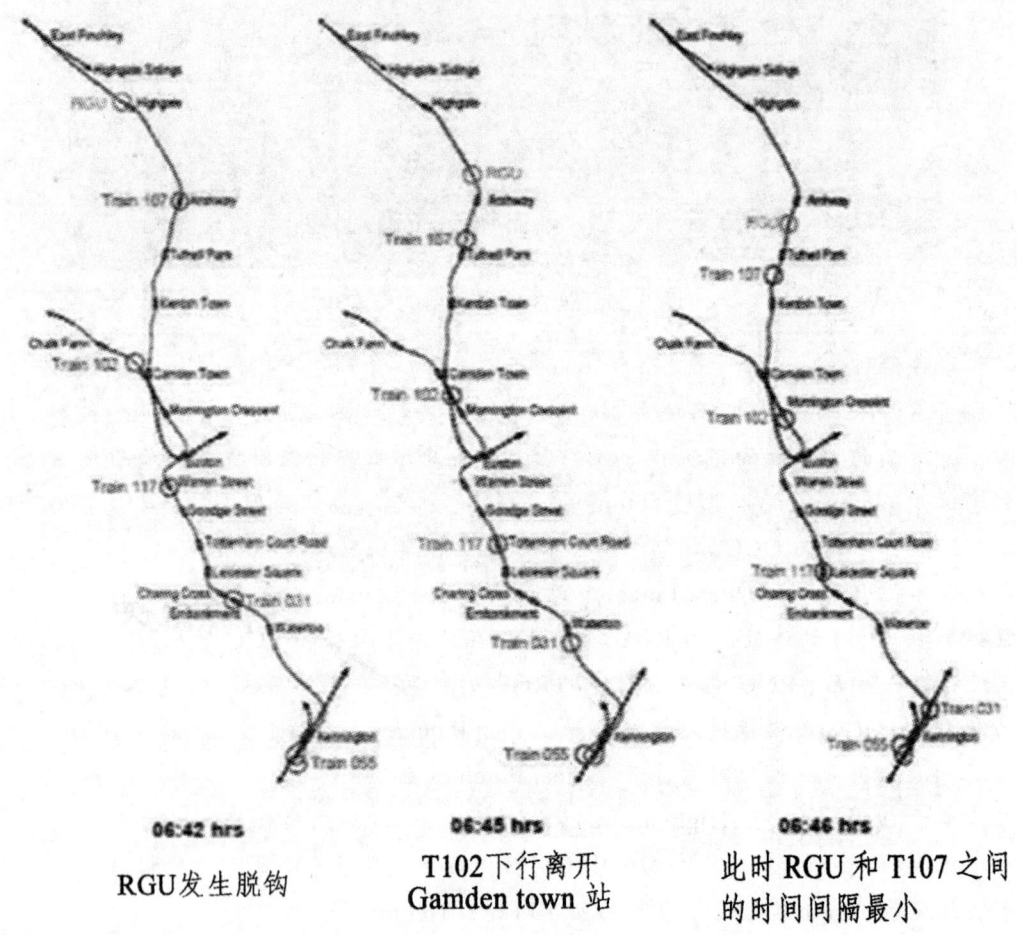

图 6.12　失控列车在不同阶段的位置（A）

OCC 立刻通知 T107 的司机有紧急情况，并指示他马上起动离站。

OCC 的调度员们紧急分析形势以确定对策。他们不知道 RGU 会溜多远，但他们认为把 RGU 引去 Charing Cross 支线最有可能避免与客车相撞，而且沿途会有两处可以尝试利用顺向道岔来迫使 RGU 脱轨。此外，还有一点比较肯定，即可在 Kennington 站利用站后折返线及其车挡来把 RGU 停下来。

T102 于 06:45 离开 Camden Town 车站。OCC 于 06:46 开始不让更多的车进入 Charing Cross 支线，并指示 T107 的司机以最大允许速度行驶且不停车通过沿途各站。

在下溜的过程中，RGU 不断加速。当 T107 接近 Kentish Town 站时，RGU 达到最高速

56 km/h。而此时在时间上，它和前行的 T107 只差 46 s。

在过了 Kentish Town 站之后，RGU 速度有所下降，T107 也减速，因为前面过了 Camden Town 站之后有限速区段。在 T107 于 06:49 出清限速区段时，RGU 和 T107 之间的距离达到最小：约 650 m。

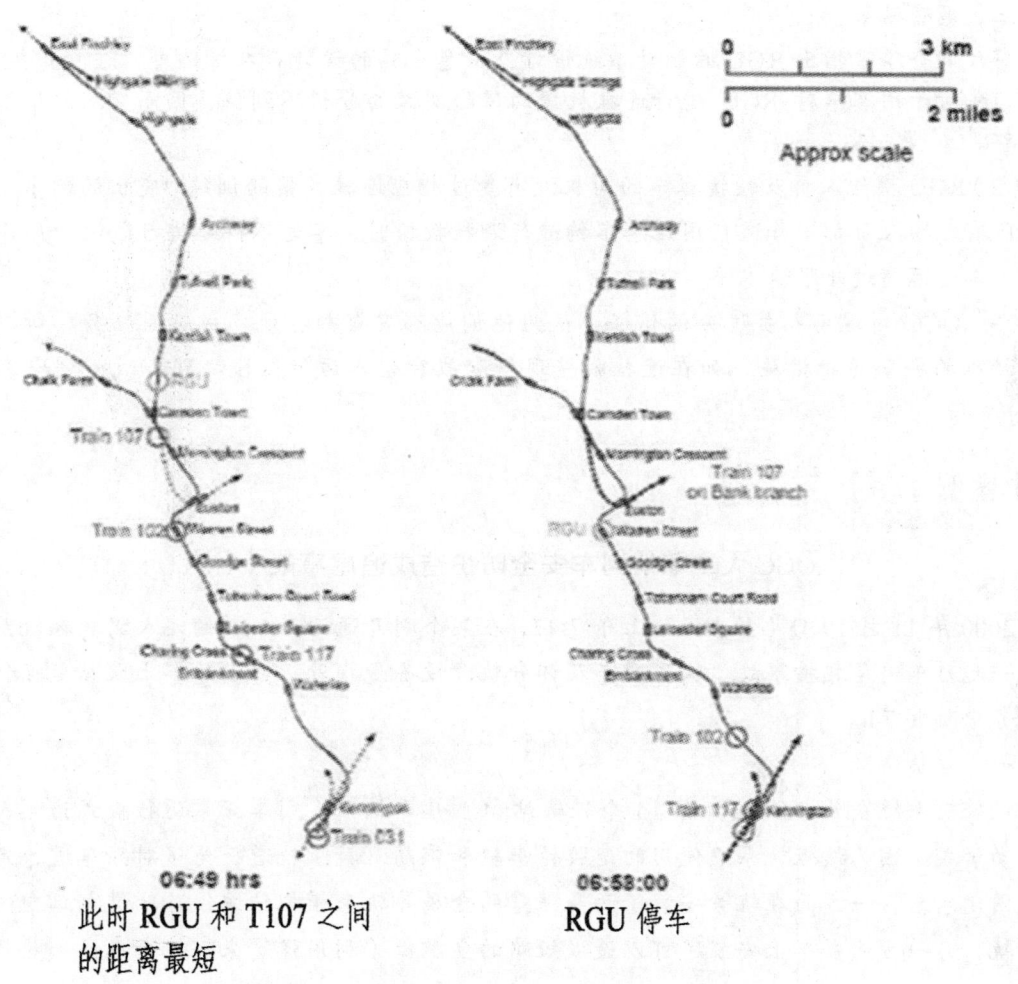

图 6.13　失控列车在不同阶段的位置（B）

OCC 利用位于该限速区段的道岔把原来开往 Charing Cross 支线的 T107 引向 Bank 支线。之后列控系统自动重设道岔位置把 RGU 引向 Charing Cross 支线。在这个过程中，T107 和 RGU 之间有 60 s 的时间间隔，但真正可用于道岔转换的时间只有 45 s，因为列控系统在设计上为了保证安全，在 T107 出清道岔 15 s 之后才允许道岔进行转换。

RGU 进入 Charing Cross 支线时，前面最靠近的列车是 T102，大约相距 2.4 km。由于 RGU 下溜速度低于客车速度，而且 OCC 已经指示所有下行列车（包括 T102）的司机跳停（即不停车通过车站），所以 RGU 和 T102 的距离逐渐加大。

在驶过 Camden Town 时 RGU 的速度为大约 19 km/h，之后其速度一直没有增加。

OCC 虽然尝试用位于 Morning Crescent 站附近的道岔把 RGU 弄脱轨，但当 RGU 经过该道岔时，并未脱轨。道岔被挤坏。

06:58，RGU 下溜至 Warren Street 站，回溜一段距离后，最终停在该站以北约 60 m 处（以其下行方向车头为参照点）。

三、调查结果

事故调查除了指出 RGU 的制动系统设计及应急车钩的设计存在缺陷外，还指出：

（1）对于用客车对 RGU 进行连挂救援的风险所做的分析不到位，因而相应的规程文件不完整。

（2）RGU 机组人员及救援客车的司机没有受过相应连挂救援的训练。突出的例子之一是当时所有现场人员都不知道在用应急车钩进行连挂救援时，车速不得超过 5 km/h，所以实际使用的车速远超过此限速水平。

（3）OCC 对现场人员过分的信任，认为他们能够安全顺利地完成救援任务，所以没有采取特别的安全防护措施，如在连挂救援现场和载客列车运行区段之间停放一列空客车作为屏障。

【案例 17a】

OCC 人工取消列车安全防护造成追尾事故（1）

2000 年 11 月 19 日（星期天）上午 7:47，在某个刚开通运营一年的无人驾驶轻轨系统发生了一起列车追尾相撞事故。除了列车及部分轨旁设备受损外，有 5 位车上乘客受轻伤，列车服务中断近 7 h。

一、背景情况

该轻轨系统全长 7.8 km，有 13 个轻轨站和 1 座车辆段。列车正常运行模式为无人驾驶的自动模式。因为该轻轨系统使用的是胶轮车辆和钢筋混凝土轨道，为了对列车进行定位以实现固定闭塞，一方面在轨旁安装了两条裸露的金属导轨来模拟传统铁路轨道电路中的两条走行轨，另一方面在车上安装了可以造成短路的金属棒（利用弹簧来保持金属棒和导轨之间的接触压力），通过短路器对轨道电路的短路来表示列车对相应轨道区段的占用。为了确保在因短路不良而造成"列车的消失（列车未被轨道电路检测到）"的情况下仍能对涉及的列车进行保护，在轨旁 ATP 系统中设了一个重要功能模块：列车追踪器。

列车追踪器利用软件规则根据列车对线路的占用次序来监视列车的运行。如果出现不正常的占用次序，列车追踪器会采取措施锁闭相应区间，即 ATP 系统将封闭有问题的轨道区段，以阻止任何以自动驾驶模式运行的车辆进入这个区间（也可称作特别保护区）。列车追踪器在锁闭区间的同时也将向控制中心发出报警。控制中心行调在确认报警属于误报警（即相应区段并不是真的有车占用）的情况下，可以通过控制中心工作站取消该保护区（或称作人工重新开放区间）。

事故所在区段线路图如图 6.14 所示。

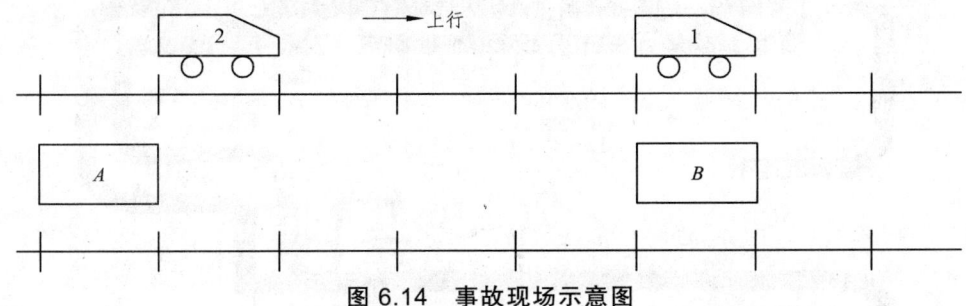

图 6.14 事故现场示意图

二、事故过程

07:45，控制中心收到故障报警：1 号车在 B 站上行站台发生"检测丢失"，即轨道电路未能检测到它的存在。列控系统自动生成一个特别保护区以对 1 号车施加特别保护，防止续行的 2 号车跟进。

07:46，行调人工把特别保护消除。

07:47，2 号车到 B 站与 1 号车相撞。

三、事故调查

调查报告指出：事故纯粹是由于行调未按规定程序对系统提供的故障报警进行认真的调查确认，轻易地人工取消系统基于"故障—安全"原则生成的特别列车保护区。

调查报告称，在上述事故发生之前，曾发生过一些轨道电路的故障，并导致类似的报警及保护区，但都不是真的有车。这些过往的经验可能对行调产生了"狼来了"的心理作用，所以当真的有车时，行调未进行程序规定的检查就习惯性地将保护区取消。

本书作者则认为，系统在设计上"允许行调人工取消系统生成的列车保护"本身就是一种不安全的做法。

【案例 17b】

OCC 人工取消列车安全防护造成追尾事故（2）

2010 年 7 月 20 日下午 5:39，在美国佛罗里达迈阿密发生了一起两列轻轨车相撞的事故。事故造成 16 人受轻伤以及大约 40 万美元的经济损失。

一、背景情况

迈阿密轻轨的线路布置情况如下面示意图所示。

在轨道中央纵向设置有牵引供电轨、信号轨和导向轨。

牵引供电用的是 300 V 直流。信号轨分段形成可以用于检测列车位置的轨道电路，同时还负责向列车发送控制指令。

轻轨车单节编组，使用橡胶轮胎，全自动无人驾驶，长宽高分别为 39 尺 8 寸，112 寸和 133 寸。车辆自重 32 000 磅，最大载客能力为 95 人，车辆与线路之间的关系如下面示意图所示。

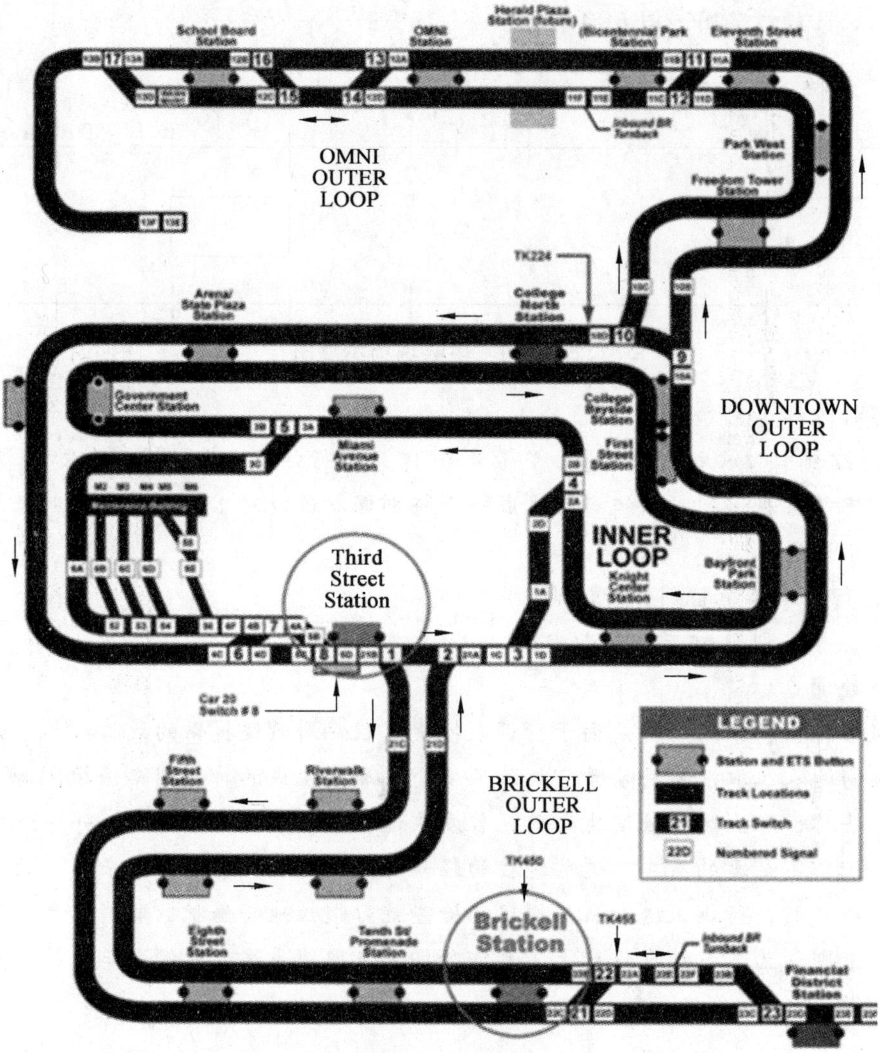

图 6.15 轻轨系统线路示意

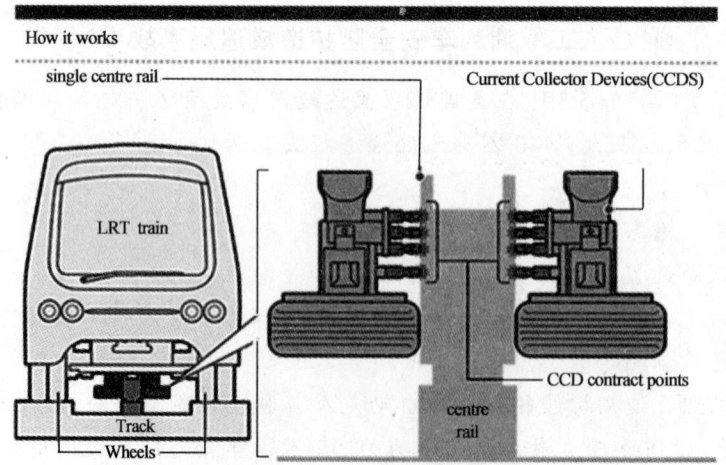

图 6.16 导向轮的正常位置

整个车队共有29列车,在最高峰时有21列车上线运行,2列作为备用车,余下的6列车在维修。

列车在正线上的运作由控制中心（OCC）遥控。在控制中心有三位控制员：列调、电调和通信调度员。列调的工作强度由于有ATC系统的协助而较轻。ATC会通过轨道电路向列车发速度指令而保持列车之间的安全间距。

二、事故经过

大约下午4:43,ATC系统检测到轨道电路TK224处于"无车但不空闲"状态。当时列车M35刚经过该轨道电路,ATC系统就把TK224的不空闲状态和M35联系在一起。ATC系统并没有阻止M35继续前行（从Downtown Outer Loop开往Brickell Outer LOOP）。

大约4:50,OCC派一位维修人员前往TK224查看。经过检查和修理,TK224恢复正常,并显示空闲状态。为了保证安全,ATC系统自动执行了一个称为"全面关闭"的安全程序,把发码计算机关机。这是因为在ATC系统里没有和M35相对应的"轨道电路占用"信息,也就是说M35不见了。发码计算机关机后,相关区域内的列车因收不到速度指令而不能继续运行。

大约5:00,ATC系统收到一个显示M35"车门没有正常关闭"的报警信息。OCC派一个列车抢修技术员前去查看。该技术员在Brickell站上了M35列车。

大约5:15,OCC对发码计算机做了重启。公司对重启发码计算机的步骤有如下规定：

（1）查出是哪个列车引起ATC系统把发码计算机关闭的,并查出它的位置。

（2）数清发码计算机关机所影响到的所有列车并和有关书面记录相对照。如果发现有缺少列车的情况,就必须派人去现场查看或通过设在站台的闭路电视查看。

（3）只有当所有列车的位置都明确了,才向系统输入"重启"命令,并在设备控制面板上操作一个重启按钮。

大约5:17,上了M35车的列车抢修技术员向OCC报告说M35上还有一个故障报警信息显示"轮胎没气了"。列车抢修技术员在车上通过相关操作把"轮胎没气"报警信号清除后,就按OCC的安排把M35开去车厂检修。

大约5:23,列车抢修技术员以人工模式把M35从Brickell站开到车厂。到了车厂经检查才发觉M35的一个导向轮不见了,连接车体和导向轮的轴还在车底架上。之后对线路进行的检查还发现,自TK224经过Brickell站,再到车厂,一路上的信号轨均遭受不同程度的损害,显然是由那根轴造成的。

从下图可以看到导向轮和它的轴。

图6.17　导向轮和它的轴

大约 5:32，ATC 系统突然检测不到 M32，并再次自动把发码计算机关机。M32 突然在 ATC 系统内消失是因为它是紧跟在 M35 后面的列车。M35 导向轮轴损坏了信号轨，使得 ATC 检测不到 M32 的存在（M32 实际上停在 Brickell 站的进站端）。

发码计算机被关机后不久（3 秒钟之后，即 5:32:03），在车厂附近的 8 号道岔附近又出现一个"无车但不空闲"的轨道电路。ATC 把这一报警归咎于 M20（M20 正在出厂，作为 M35 的替换车）OCC 认为这次的"无车但不空闲"故障报警是由于 M20 越过了 8 号道岔。更严重的是 OCC 误认为第二次发码计算机的自动关机是由 M20 引起的。OCC 基于这一认识，派维修人员去查看。

大约 5:33，OCC 再次对发码计算机进行重启，但是同样的，他们没有全面认真执行公司的相关规定。

大约 5:34，系统故障报警传到 OCC，包括轨道电路"无车但不空闲"等。这其实是因为 M32 未被 ATC 检测到。但 OCC 调度的注意力都在 8 号道岔和 M20 那边。随着发码计算机的重启，部分列车运行得以恢复。跟在 M32 后面的 M38 就是其中之一。M38 以常速行驶。撞到了在 Brickell 站外停车的 M32。撞击造成车钩损坏，但车体安好。参看图 6.18。

图 6.18　相撞的两列车

三、调查结论

调查报告指出，这次事故的发生有如下多方面的原因：

（1）导向轮的轴圈材质有瑕疵，且维修不到位，使得导向轮与轴分离。

（2）对导向轮的日检不认真。事故当日的下午，M35 接受过日检，包括对导向轮的检查，但没有发现问题。

（3）OCC 调度没有严格按规章行事，跳过了重启所需三个步骤中的第一和第二步。

这个案例与发生在其前（10 年之隔，2000 年 11 月 19 日）的事故（参见本书案例 17a）至少有 3 个相同点：

（1）两个系统的供应商（制造商）都是庞巴迪（Bombardier）。

（2）两次事故都是撞车。

（3）撞车原因都是 OCC 的调度在恢复列车运行前，没有按规定先清查和确认所有列车的号码及位置。

【案例 18】

OCC 行调在轨区作业防护方面的失误

2007年1月9日下午约1:38，一列 MBTA（麻省海湾交通局 Massachusetts Bay Transportation Authority）的编号为 T322 的客车在靠近 Woburn 的地面线路上，以大约 44 mile/h 的速度与一辆工务维修车相撞，把工务维修车撞出 210 ft 的距离，致使两位工务维修人员死亡，另外两位工务维修人员重伤。客车 T322 没有脱轨，车上有 10 名乘客因紧急刹车及 T322 和工务维修车之间的冲撞而受轻伤，在现场接受简单护理后均无大碍。事故造成的财产损失约 56 万美元。

一、背景情况

事发地段的线路如图 6.19 所示。该线路上的列车在正常情况下是人工驾驶，按轨旁信号控制速度，而轨旁信号受轨道电路控制。列车运行指挥由控制中心负责。对于轨区作业，公司对作业组及控制中心的职责有如下的规定：

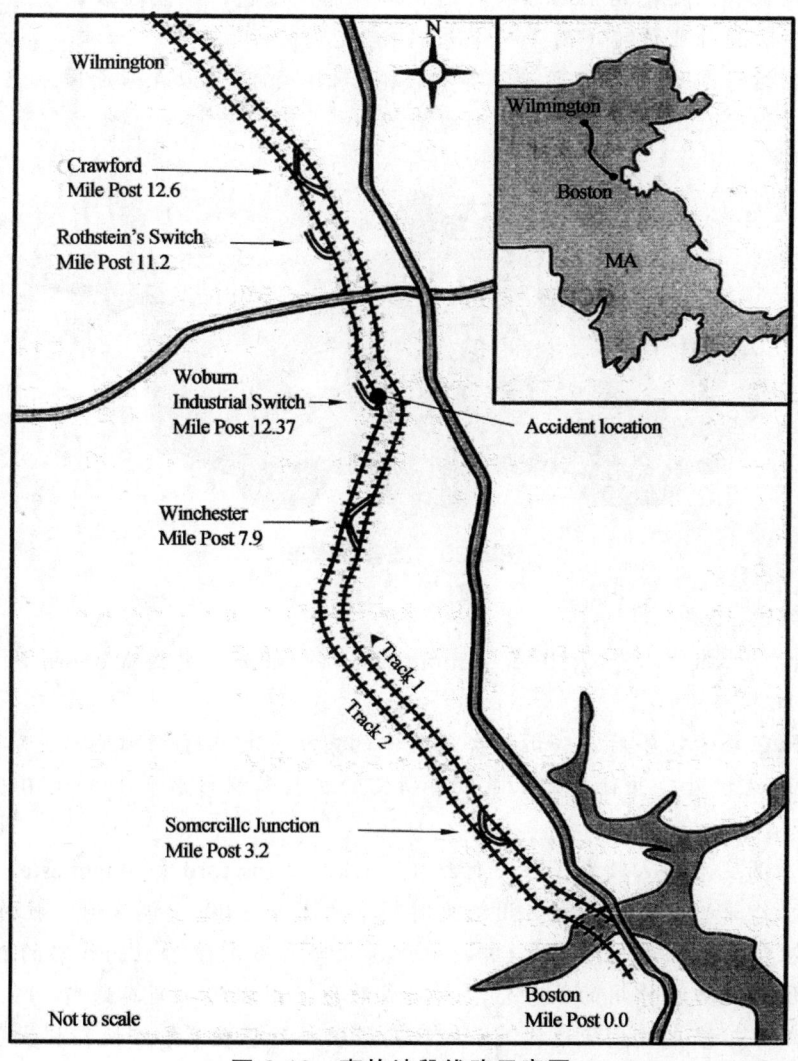

图 6.19　事故地段线路示意图

（1）轨区作业组：
① 轨区作业组领队从控制中心调度那里得到进入轨区的许可（即请点）。
② 在作业区段的两端放置：
a. 短路器，将轨道电路置于"占用状态"（这将会把相关的轨旁信号机置于"红"显）。
b. 信号旗，以警示该区段有轨区作业。
③ 然后才允许有关作业工器具、材料、人员进入轨区，开展作业。
（2）控制中心：
① 在接到作业组领队的申请后，控制中心调度在电脑管理系统中通过输入作业组领队的姓名、施工机具的编码、作业许可的号码或作业组的代码来对此次轨区作业建立一个记录。
② 在电脑显示屏上，将作业相对应的轨道区段的颜色改换为紫色，表示该区段已被调度"封锁"，并被"占用"。"占用"可能是被列车占用，或被作业组占用。（其他颜色的含义为：白——区段空闲。绿——区段空闲，且已由调度安排好接车进路。红色——区段占用，可能是被列车占用，或被作业组使用短路器将轨道电路短路。蓝色——区段被调度"封锁"。）调度向轨区作业组领队发作业许可（附带一个号码 M302）。

被撞的工务维修车如图 6.20 所示，备有胶轮和钢轮，既可以在地面道路上行驶，也可以在铁道上行驶，但往往不能对轨道电路形成短路。

图 6.20 工务维修车

二、事故经过

事发当日，作业组于上午 7:30 在 Wilmington 接受任务：更换 Woburn 附近（里程标为 10.37）的一些枕木。

作业组领队在接受任务后，告诉工务维修车的司机先把车子经由地面道路开到里程标为 11.2 的 Rothstein 道岔处，并让其他队员带备所需的工具和材料后于上午 9:30 在 Rothstein 道岔处集合。

上午 9:45，调度向领队颁发了在下行线（Track2）Crawford 和 Winchester 区间（下文简记为 CW 区间）作业的许可。区间占用结束时间定为下午 3:00。（调度通过把许可号码 M302 输入电脑对这次轨区作业进行了登记，并把电脑屏上与作业区段对应的线路的颜色变成紫色。相应地，对此区段起防护作用的轨旁信号也变成红色，用以阻止列车通行。）

作业组把工务维修车放到轨道上后，领队安排了一位瞭望员，以便在邻线（上行 Track1）有车接近时，向作业组发出警告。

与此同时，一个巡道员向领队请求允许他的简易巡道车从 CW 区间通过。按公司的规程，在调度向轨区作业组领队下发作业许可后，相应区段由作业组领队"控制"，他有权同意或不同意其他人员进入或通过他的作业区段。在得到他的许可后，那位巡道员于中午时分作业组午饭时段内通过了 CW 区段，并于 12:46 到达 Winchester。

之后，该巡道员向 OCC 调度申请进入下一区段：从 Winchester 到 Somerville（下文简记为 WS 区段）。

调度在对 WS 区段进行"封锁"之后授权巡道员进入 WS 区段。

巡道员到达 Somerville 后，向调度报告他已巡道完毕并收工下线。1:25，调度正式地确认了巡道员的报告。大约 5 min 后，即 1:30，调度解除了对 CW 区段的封锁，而 WS 区段仍保持"封锁"状态。

1:32，调度开放位于 Crawford 的轨旁信号，允许南向的下行列车进入 CW 区间。

1:37，下行 T322 列车进入 CW 区间。

车载记录仪的记录显示，列车在以 62 mile/h 的速度行驶时，司机启动紧急制动迫使列车减速到 44 mile/h，然后发生了撞车事故。出事地点的接近区段有一个弯道，妨碍了司机的瞭望。

作业组的地面瞭望员在发觉有车接近后，向其他作业人员鸣笛并大声高喊。工务维修车的司机在司机室内听到后，马上鸣响工务车的喇叭。当他从后视镜中看到有车接近时跳车逃生，并在该过程中受了重伤。两名在工务车前方轨道上的作业人员当场丧生。

1:39，T332 的司机用无线电向调度报告撞车事故。OCC 内的录音设备记录了当时调度员在接获报告后说她开放了错误区段。

三、调查结果

事故调查表明，此次撞车事故有两方面的直接原因：

（1）OCC 调度在管理轨区作业过程中，错误地解除了对作业区段的"封锁"。

（2）作业组未按规定采取现场防护措施，即用短路器把轨道电路短路。

事故调查还揭示出，作业组不对作业区用短路器进行防护的做法很普遍，而 OCC 调度的错误很可能使他在收到巡道员的完工报告时把使用工务车对枕木进行更换的作业组给忘记了。

第三节 线网 OCC

在多条城轨线路形成网络的情况下，有必要设立线网 OCC（Network OCC，简记为 NOCC），以便站在网络的高度统一协调各城轨线的运作。

NOCC 的角色定位是：

（1）正常情况下的监视。监视的对象是各线的车流和客流，看二者是否匹配。

（2）非正常情况下的协调。作为城轨交通网络，某一点的不正常可能会影响整条线路甚至整个面（即网），正所谓"牵一发而动全身"。NOCC 的任务就是站在网络全局的高度尽快对某一点的局部问题快速做出正确的反应，具体表现在形成对车流、客流的调整意见，并指示相关各线的分线 OCC 迅速实施。

【案例 19】

利用联络线维持交路运作

2011 年 12 月,某城轨地铁南北线因第三轨故障而导致其上行线的运营中断。NOCC 指示分线 OCC 利用南北线和东西线间的联络线形成环行交路维持服务,如图 6.21 所示。

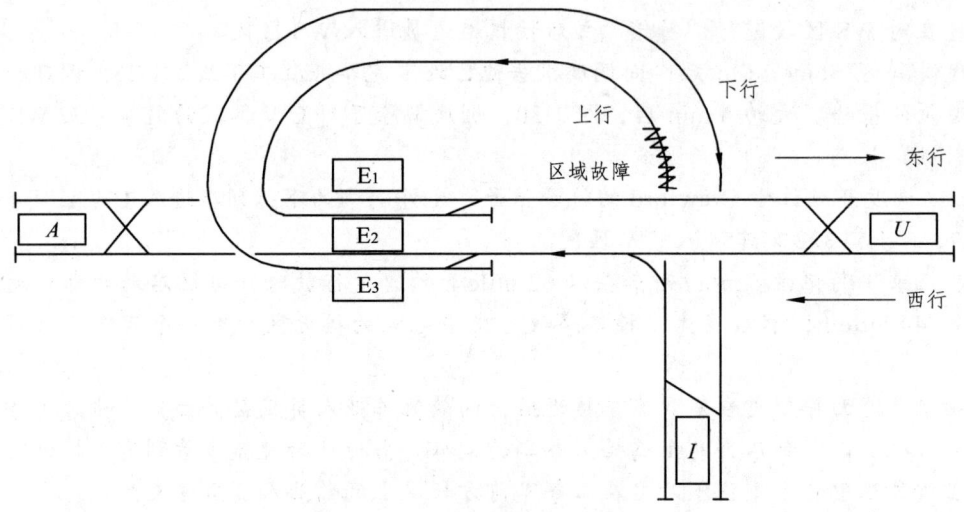

图 6.21 某地铁路网示意图

【案例 20】

局部列车服务中断的信息未在全网及时发布

2009 年 12 月,某城轨的地铁一号线下行方向发生撞车事故,导致其中间区段运营中断,两端实行小交路。由于缺乏有力的协调,其他线路的车站有些在 PIS(乘客信息显示系统)上显示了有关区段运营中断的信息,但也有不少车站未更新 PIS 上的信息显示,仍旧指示前往一号线的乘客到××站换乘。

◆ 思考题

(1) 为什么通常严格控制其他人员进入 OCC?
(2) 简要分析线网 OCC 和分线 OCC 之间权限的界定。
(3) 为什么说行调是"安全相关"工种?
(4) 如果列车在到站停车时发生越位(超出停车标),是让列车前往下一站还是让列车退回来重新对位?
(5) 大铁路有很多调车作业是因为其有货运业务,而城轨没有货运,那么城轨的调车作业有多少呢?
(6) 为什么说城轨网络和大铁网络是"貌合神离"?
答:城轨网络和大铁网络看上去都是轨道网络,但在行车组织上有着本质的不同:大铁是按网运行的，全路一盘棋，一列车几乎可以去到网络上的任何一个角落。而城轨则是按线运行的，各线通常有自己的运行图，其列车也通常只在本线运行，跨线运行的情况即便有，也属于少数。这不仅是因为各线之间的联络线不普遍，而且很多时候，各线之间在牵引供电制式或列车控制制式方面存在差别，不相互兼容。

大铁成网靠的是线路，而城轨成网靠的是客流。城轨有"换乘站"，而大铁没有。大铁有的是编组站、区段站、中间站（按技术作业划分）；客运站、货运站、客货运站（按业务性质划分）；特等站、一等站、二等站、三等站、四等站、五等站（按等级划分）。大铁为什么没有"换乘站"？因为在大铁，换乘不是取决于车站的位置或设计，而是取决于列车运行的安排。

第三篇

运营管理

> 这一篇是面向城轨运营公司管理层的，按三大目标和三大要素进行展开。
>
> 运营管理的三大目标是安全、服务和效益。之所以这样说是因为它们三者是城轨运营的三条生命线：没有安全，或因乘客服务不到位而门可罗雀，或因效益不好而难以为继都会导致城轨公司关门大吉。
>
> 为了实现上述三大目标，需要下面三个基本要素的有力支持：运营人员、运营设备/设施以及把这二者有机结合起来的行动计划和方式。这是因为，运营"实质上是这三个基本要素的有机结合，即
>
> 运营＝人＋行动计划和方式＋设备
>
> 本篇的前三章分别和上述三大目标对应，第四章和"人"相对应，而第五章和第六章与三大要素中的"行动计划和方式"相对应。"设备"要素在本系列教材的上一本书《城市轨道交通设备》中已经交代过。

第七章　运营安全管理

猎人的传说：从前有一个猎人，为了躲避战乱他带着妻子和两个孩子进了深山。大山里面没有刀光剑影，但也并不是十分安全。除了大型的猛兽如虎、熊以外，还有狼群。另外一些动物虽体型不大，但危害却不小，如毒蛇和毒蜘蛛。在这样的环境下怎么生存？为了能解决安全问题，猎人做了三件事：逐一列出可能的危险，如列出种种可能会造成伤害的动物；采取防范措施，如教育家人，高度戒备，设立防护围栏，并在可能的情况下主动出击，把它们消灭掉；最后定下应急预案，即万一防线被突破，如被蛇咬伤应如何施救，并备好相应的急救药物。

后来发生的事证明，他是一个合格的猎人：不仅把自己的家人安顿好了，还帮助其他陆续逃进山里来的乡亲安顿了下来。

实际上，安全管理的关键就是要回答下面三个基本问题：

（1）什么地方会出事？——隐患分析

（2）怎么做才能避免那些地方出事？——防患于未然

（3）万一最终还是出事了，该怎么办？——有备无患

本章就围绕以上三个方面抓住一个"患"字。另外，鉴于轨区作业相关事故因通常不涉及乘客而往往被忽视，为如实反映其重要性，特设一节专门论述，并另设一节论述与轨区作业后线路出清直接相关的轧道车作业。

第一节　隐患分析

最大的危险是不知道危险在哪里。

"隐患"中"隐"字有两层意思，第一是隐蔽，即不是很明显，所以要花些功夫才能查出来；第二是指尚未发作，尚未造成不良影响，所以还有机会采取行动以"防患于未然"。只有对"隐患"分析透了，才能做到有的放矢。下文对隐患的分析按两种划分来展开：内与外，主动与被动。

内与外是把隐患分为内忧和外患；主动与被动是把隐患分成：活动的，主动的（Active）——对应导火索；不活动的，被动的（Inactive，Passive，Latent）——对应于不足、漏洞。

一、内　忧

内忧是指运营系统内部的隐患，包括如下方面：

（1）设备：设备/系统硬件、系统软件。

（2）人：人的生理、人的心理。
（3）规程：城轨系统运作的规则和程序。
（4）文化：城轨公司的企业文化。

1. 与设备相关的安全隐患案例

关于设备硬件方面可能出现的问题，在本系列教材的《城市轨道交通设备》中已有体现。这里举三个例子来说明软件可能出现的问题。

【案例 21】

信号系统软件问题导致列车开错了方向

2011 年 7 月 28 日晚上 7:06，某城轨线路的一列地铁车在"分岔站"出站时去错了方向——本应开往 A 方向的，却错误地开往了 B 方向。线路示意如图 7.1 所示。

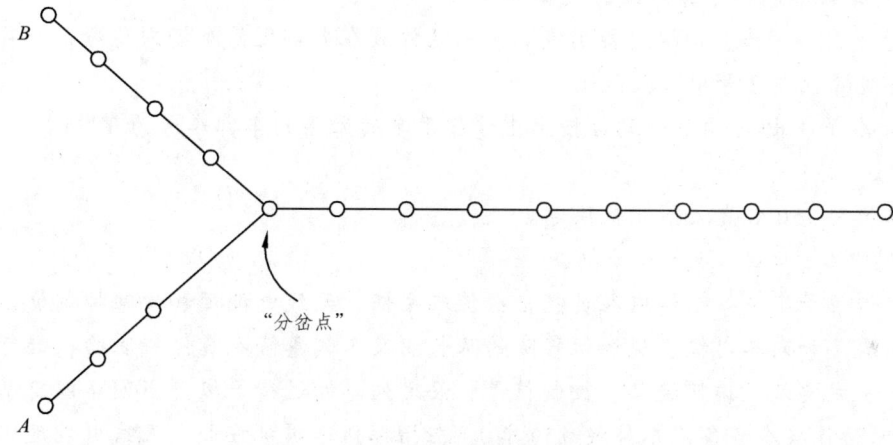

图 7.1　线路示意图

调查结果显示，这次"列车弄错方向"事件是因为在该线路正在实施的 CBTC 信号升级调试过程中发生信息阻塞，致使该列车重复使用了前一列车（开往 B 方向）的进路信号。本次事件中只有一列车去错了方向，并未造成任何人员伤亡。

【案例 22】

华盛顿都市捷运局地铁列车相撞事故

1996 年 1 月 6 日晚上 11:40，华盛顿大都市区捷运局的一列地铁列车（T111）越过终点站停车位与站后出入段线上的一列备用空客车相撞，T111 的司机当场死亡。撞车事故原因之一是列控系统速度缺省值为高速而不是低速。

一、背景情况

1. 线路

该捷运系统有多条运营线路，用不同颜色来命名区分。出事的线路是红线。该线路建于 20 世纪 70 年代，呈"U"字形，两头在郊区，U 字的底部经过市中心。该线长 30.38 mile，

27个车站（包括两端的终点站）。事故发生在位于西北部的终点站（下文以A表示）的站后。红线上多数的车站（包括A站）是地面站。正常情况下，列车在红线上全程运行时间大约是58 min。A站和B站的距离是2.68 mile。相关部分的线路如图7.2所示。

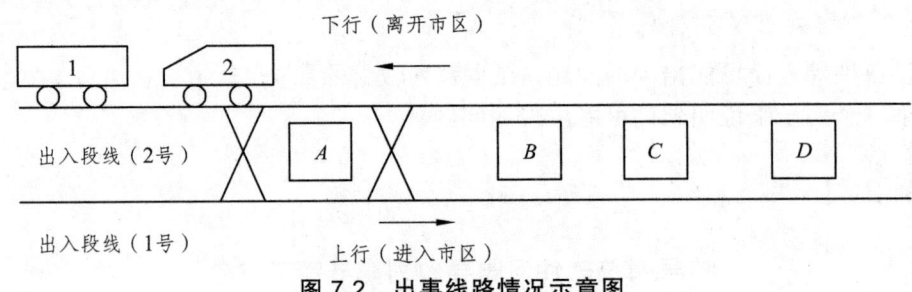

图7.2 出事线路情况示意图

说明：
① A站是该线的一个终点站，远离市区。
② 1号车是备用车。按规定备用空客车应该停放在车辆段停车场内待命，但为了出车方便，经常违规停放在2号出入段线上。
③ 2号车是冲出A站下行站台撞上1号备用车的肇事列车，车号为T111。

2. 供电

该线路使用750 V直流第三轨供电。

3. 控制中心

控制中心位于市中心。值班人员包括：值班主任、无线电调度和按钮控制员。无线电调度的职责主要是和列车司机、现场维修队的队长以及车辆急修人员保持联络，进行协调。按钮控制员职责主要是：排列进路、控制信号、设定列车的运行等级（当列车以自动模式运行时），必要时协调换车（备用车替换故障车）。在指挥列车司机方面，无线电调度比按钮控制员有更大的责任和权限。

4. 列车驾驶模式

模式1（M1）：自动模式。列车的加减速都由ATC控制，列车司机的职责是监视列车的运行情况。

模式2（M2）：有超速保护的人工模式。列车的加减速都由司机控制，ATP提供超速保护。模式2又细分成M2.1（CM）和M2.2（RM）。

模式3（M3）：全人工模式。没有超速保护。

5. 列车区间运行等级

按最高时速及加速度，在系统设计上把列车的运行等级（ATS功能）分为8级：

1级：最高时速79 mile（但是因为最大ATP时速是75 mile，列车实际上达不到79 mile的时速），常用加速度。

2级：最高时速64 mile，常用加速度。

3级：最高时速59 mile，常用加速度。

4级：最高时速49 mile，常用加速度。

5 至 8 级：最高时速分别和 1 至 4 级相同，加速度为常用加速度的一半。

6. 列车到站定点停车

为了在自动模式下实现在车站的定点停车，在列车进站方向的轨道上布设了四个应答器，距离车站中心线由远而近分别为 2 700、1 200、484、160 ft。列车底部装有接收天线，以接收来自应答器的信号。

列车在车站停站时，列控系统轨旁设备会通过轨道电路向列车发送开门指令。停站时间到，开门指令停止发送，改发下一区段的运行等级指令。运行等级指令的缺省值为 1 级，也就是在列车因故没能收到运行等级指令时，列车按 1 级运行。

7. 列车驾驶台速度指示器

速度表是数字式的，有三个读数，从左至右依次为：

① 是最大安全允许速度，也就是 ATP 速度。

② 是为了满足运行时间要求而需要的目标速度，也就是 ATS 速度。

③ 是列车的实际速度。

二、事件经过

1996 年 1 月 6 日（星期六）上午 6:40，气象局发布了大雪警报，预计当天晚上会下大雪，而且将持续到星期天整个白天，预计积雪会超过 12 英寸[①]。

鉴于天气情况，捷运局启动了大雪应急预案，包括派人从下午 5:00 开始在应急指挥中心值班和晚上 7:00 召开相关经理人员及督导员参加的"大雪紧急会议"，对预案中的各项工作进行部署。

应急指挥中心位于捷运局总部大楼内地铁运营控制中心的楼上。

夜班调度人员在晚上 10:00 前陆续到位时，已经开始下雪（华盛顿机场于晚 9:10 报告开始下雪），地铁系统的运作正常。所有列车都以自动模式（模式 1）运行。而全线所有站的运行等级都设在 3 级。

1995 年 11 月 17 日，控制中心主任曾向调度发布书面指令：除非是在紧急情况下，调度不得授权列车司机使用手动模式驾驶列车。在天气等因素影响到列车运行时，应该通过调节列车运行等级来应对。这一指令的背景是，当局怀疑频繁发生的轮对打滑导致车轮踏面擦伤事件和人工驾驶有关。

在晚上 10:00 过后，调度开始接到现场司机的报告，说由于下雪路滑，列车在进站时有越位的现象。

由于担心列车运行的安全，调度员向控制中心主任请示改用手动驾驶模式，但控制中心主任没有同意。

晚上 10:18:07，在地铁红线上运行的列车 T110（紧随其后的就是事故列车 T111）的司机通过无线电报告控制中心说，由于路滑，他的车在进 C 站时超过站台一节车的长度。调度员指示那个司机继续以自动模式运行，并把 C 站下行站台的运行等级从 3 级改为 8 级，也就是最低等级。

---

① 1英寸（in）= 0.025 4 m

列车 T111 的司机于 10:27:35 通过无线电报告控制中心说，由于路滑，他的车在进 C 站时，4 节车全部超出站台。（记录显示，T111 在 C 站之前的停站作业中，没有任何停站不准的问题。记录还显示，T111 离开 D 站时的运行等级是 3。）调度的指示是：跳停 C 站，直接去 B 站停车。

于是列车 T111 就继续以自动模式前进，运行等级是经过 C 站时新获得的 8 级。

10:31:55，列车 T111 的司机报告说他的车在 B 站停车时一节车超出站台。调度员授权他只开第 2、3、4 节车的侧门供乘客上下。

如果列车 T111 没有在 B 站越过标准停车点，那么按事先的设定（当时 B 站下行站台运行等级为 3 级），在乘客上下完毕之后离站时会正常地收到 3 级运行等级指令，并以此运行等级开往 A 站。

如果列车 T111 在 B 站越过标准点停车后没有进行开关门作业的话，它也可以获得相应的运行等级 3 级，就像在 C 站获得 8 级指令那样。但是，它在 B 站下行站台进行了开关门作业，所以未能获得 3 级指令，结果按缺省值 1 级运行。

10:35:30，列车 T111 离开 B 站不久，司机报告控制中心说他发现列车速度表上显示的速度是①：75 和②：75，即最大允许速度为 75 mile/h（120 km/h），目标速度也是 75 mile/h。

虽然在接下来的大约三分钟时间里，司机和控制中心都一直关注着 T111 的速度，但双方对当时情况的严重性都认识不足。

10:40:15，A 站的督导员报告控制中心说列车 T111 冲过车站撞上了站外的备用车。

系统记录显示，列车越过 A 站下行站台北端时的速度大约是 35 mile/h（56 km/h）。

三、事故调查

事故调查报告指出导致此次撞车事故的主要因素是：

（1）列控系统在设计上有严重缺陷：运行等级的缺省值被定为最高速度等级而不是最低速度等级。

（2）捷运局管理层在没有充分理解自动列控系统的设计特点和性能局限情况下，认为自动驾驶模式在任何条件下都是安全的。

（3）捷运局管理层错误地决定使用属于"非安全相关"功能的 ATS 子系统来执行"安全相关"的功能。

（4）捷运局管理层不准控制中心调度授权司机进行手动驾驶。

（5）有关备用车停放的规章没有贯彻执行，捷运局管理层没能有效地监管。

【案例 23】

地铁列车相撞事故

2009 年 12 月 22 日，某城轨的地铁一号线发生两列地铁车侧撞事故。虽然两列车局部受损（见图 7.3），服务中断 4 个多小时，但事故中并没有人员丧生。

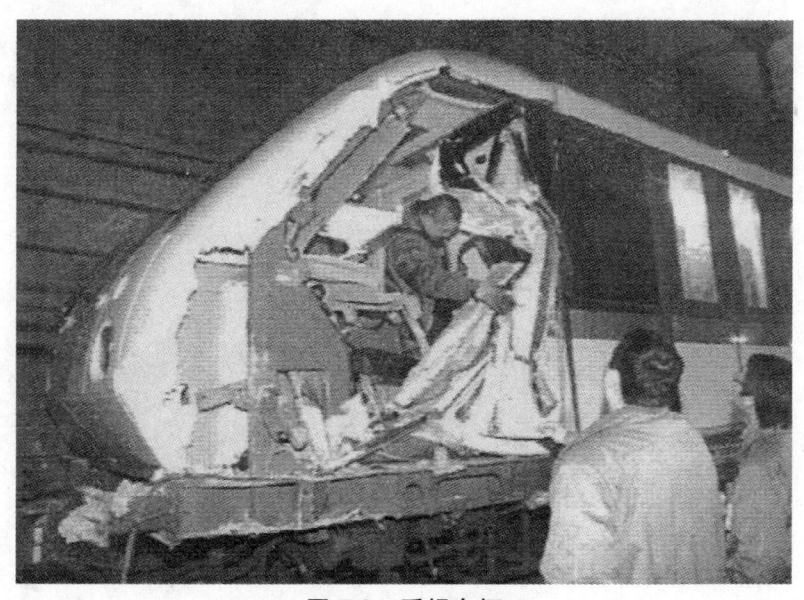

图 7.3 受损车辆

一、背景情况

该地铁线呈南北走向，共有 28 个车站。事故相关站点及线路布置如图 7.4 所示。牵引供电为上部触网式直流 1 500 V。列车为 8 节编组，正常运行模式为"司机监督下的 ATO 自动驾驶"。

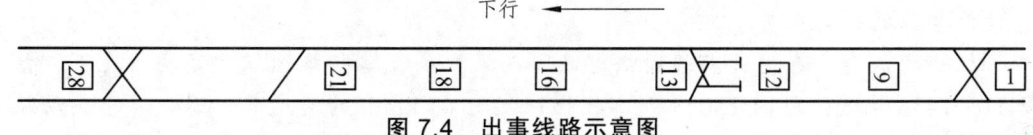

图 7.4 出事线路示意图

二、事故经过

22 日早上 5:50，16 号站与 18 号站之间的牵引供电突然发生跳闸故障，造成该区段列车停驶。地铁运营管理部门立即派出抢修队伍到现场排故并启动地面公交配套预案，调动 80 辆公交车到该区段对乘客进行短驳。为维持非故障区段的列车服务，地铁方面在该线故障区段的两头开行小交路：1 号站至 13 号站一个小交路；21 号站至 28 号站为另一个小交路。

7:06，跳闸故障基本排除，运营逐步恢复。

在实行小交路运行的过程中，北部小交路下行方向的列车在到达 13 号站清客后，需经位于 12 号站和 13 号站之间的折返线转至 13 号站上行站台，载客后，北上继续上行方向的行程。

6:54，由 13 号站下行站台出站开往折返线的 117 号空车被下行从 12 号站开往 13 号站的载客列车 150 号从侧面撞在"后腰"，如图 7.5 所示。

150 号车头部车厢轻微脱轨。撞车事故发生后，一号线北部的小交路调整为：1 号站到 9 号站。南部的小交路保持不变。

10:11，117 号列车经现场抢修驶离现场。

11:00 左右，在公安人员的协助下，150 号列车清客完毕，开始实施起复。

11:48，150 号列车完成救援，一号线全线运营逐步恢复正常。

图 7.5　两车侧撞示意图

三、事故调查

事故发生后，主管城轨交通的政府有关部门成立了调查组，并邀请车辆、运营、信号方面的专家组成了专家组。专家组调阅了列车事故记录、信号系统记录、视频监控图像等资料，并于当日运营结束后组织了事故现场动车复测和验证，还约谈了地铁运营单位、信号设备供应商、设计单位的相关人员。

专家组一致认为，在运营部门因供电故障而采取小交路行车组织方案的情况下，信号系统在 N11—1438 轨道区段向 150 号列车错误地发送 65 km/h 的速度码，造成停车制动距离加大，是事故发生的直接原因。

专家认为，当时 150 列车本应收到 20 km/h 的速度码，收到的却是 65 km/h 的速度码。在以 60.5 km/h 的速度驶向 13 号站时，司机发现前方信号灯为红色，立即采取紧急制动。之后不久，系统本身也发出制动命令。但当时制动距离不足（根据测算，列车以 60.5 km/h 的速度停车所需的制动距离为 127 m 左右，而当时两车实际距离为 118 m 左右），150 列车最终以 16.5 km/h 的速度与 117 号列车发生侧撞，造成 150 号列车车头受损，第 1 节车的第 2 个转向架轮对脱轨。

四、经验教训

1. 列控系统的设计及验证

在新建城轨系统投入客运服务之前，确实需要对所有的行车方案，包括小交路行车进行实际验证，以确保发码正确。

2. 时间因素（设备老化）

调查表明 22 日 5:50 的供电跳闸事故是由于隧道顶部的碳纤维建筑材料老化脱落，碰到上部接触网引起短路而造成的。"时间能改变一切"，确实如此。

3. 部分乘客拒绝下车，延误了 150 号列车的清客、起复和救援

撞车事故发生于 6:54。117 号列车是 10:11 驶离现场的。直到 11:00 左右，在公安人员的

协助下，150号列车才完成清客，是因为部分乘客不肯下车，执意要"讨个说法"。

少数人的不合作，导致成千上万乘客的出行因救援受到延误而继续受阻，这从反面表明了对乘客进行有效管理的重要性。

4. 信息告知不足、不及时

撞车事故发生、地铁局部停运后，仍有大量旅客因不知情而继续前往停运的车站，造成相关车站的拥挤情况加剧。其中典型的例子包括：

（1）地铁13号站附近的火车站在事故发生后，仍继续其正常广播："请前往××火车站（另一火车站，作者注）的乘客在出站后搭乘地铁一号线"。

（2）和一号线有换乘衔接的其他城轨线路没有全面地及时提醒乘客。

（3）没有公共媒体提醒前往城轨的乘客"一号线局部停运"。

多个案例（包括2007年8月8日美国纽约地铁的淹水事故、2011年12月新加坡城轨服务的两次大中断）都一再证明，及时发布消息（对系统内部乘客和外部公众）比技术抢修更为重要。

5. 运营部门对故障修复时间的判断有误

事故造成的停运时间将近5 h，远出乎运营部门的预料。运营部门在解释"信息告知不足也不及时"的原因时指出，由于撞车事故发生在隧道里，现场情况不易探明，而在事故列车上只有一名司机，要做很多的工作，这种情况对年轻的司机而言确实是个大挑战。

2006年7月7日发生在伦敦地铁的连环爆炸袭击事件的经验也表明，事故之初很难判定事故的性质及影响范围，但在确认撞车、脱轨或断网（接触网）事故后，应做最坏的打算：服务中断将超过半天。

6. 应急预案不应急

事故发生后，虽然启动了应急预案，但效果非常不理想。其他城轨事故也反映出类似问题。原因有多个方面，包括：

（1）预案本身不完整，预计不足，可操作性不强。比如增援的地面公交车到达相关城轨站却因场地不足而不能顺利载客。

（2）"临危受命"的救援公交车司机不熟悉线路，结果迷失了方向，延误了到城轨站的时间，或把乘客带到了错误的地方。

究其原因是应急演练缺失，预案只停留在纸面上，所以无从知道不足之处。

7. 公交接驳只是"杯水车薪"

事故当日，在既有公交线路的基础上又调动了105辆公交接驳车，但效果不理想。"人满为患"十分普遍，如图7.6所示，不少乘客等车超过半小时。这并不难理解：一列8节编组的地铁车在早高峰期间至少搭载2 000人，公交车按每车100人计算，需要20辆车才能接运一列地铁车的乘客。地铁的大运载能力正是修建地铁解决城市交通的主要因素之一。所以单靠公交接驳是不够的，有必要发动更广泛的社会力量。

图 7.6　接驳车及拥挤的人群

2008年中国南方雪灾的时候，贵州曾在民间发起过一场"绿丝带"行动：凡是愿意免费让人搭乘顺风车的车主，都可以领取一条"绿丝带"系在车上，表明"如果需要帮助，可上车搭一程"。在城轨服务中断时这样做至少可以尽快把聚集在城轨车站不辨东南西北、一时不知所措的乘客疏散到其他公交/城轨站点去。

事实上，城轨交通是城市整体交通系统的一部分。牵一发而动全身，特别是作为城市公交网络大动脉的城轨线，一旦服务中断，会波及其他交通方式，也需要其他交通方式的积极反应，而不只是地面公交车。

关于规程可能出现的问题，在本书第十二章"运营规程管理"中有讲，这里对此不再累述，而着重讲人和文化两个问题。

2. 和人相关的安全隐患案例

【案例24】

人的视力对安全的影响

1996年2月9日，大约早上8:40，在美国新泽西（New Jersey）的Secaucus附近一列由新泽西捷运局（New Jersey Transit，NJT）管理的东行通勤客车T1254和另一列也是由NJT管理的西行通勤客车T1107相撞。两列车的司机和T1254上的一名乘客死亡，另有18人受重伤，148人受轻伤。当时两列车上共有约400名乘客和6名乘务人员（每列车有3名乘务人员：司机、车长、副车长）。

一、背景情况

1. 线路

图7.7中从车站W到终点站HO的线路位于新泽西州境内，而车站S及其以北线路位于纽约州境内，干线及郊区线均为双线线路。在Secaucus处交汇的线路放大示意如图7.8所示。

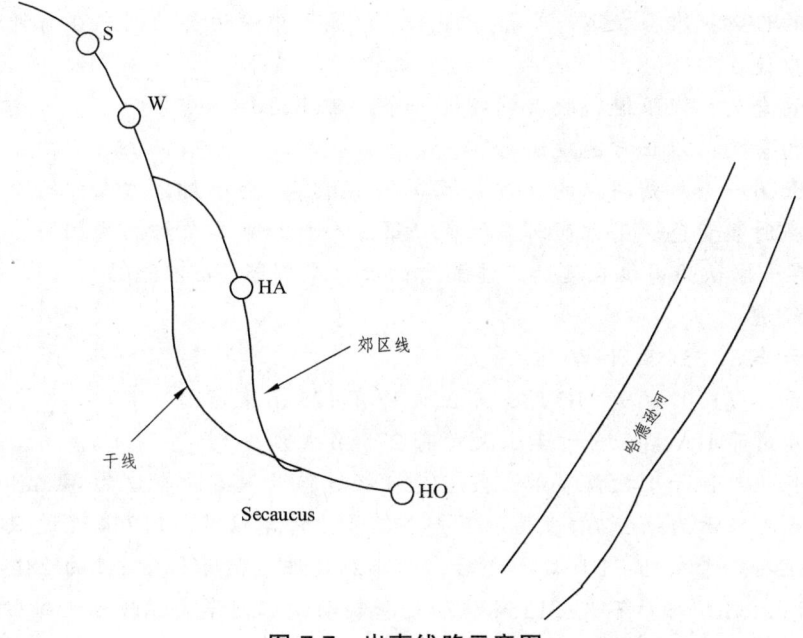

图 7.7 出事线路示意图

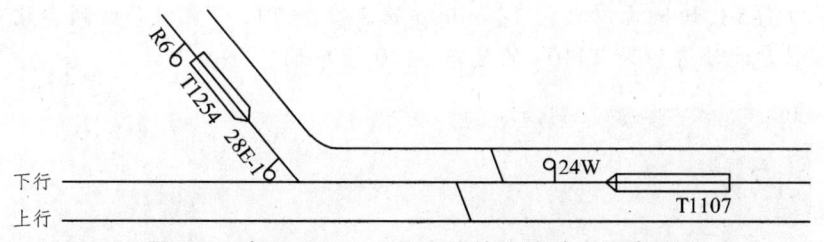

图 7.8 在 Secaucus 处交汇的线路放大示意图

2. 信号

三显示色灯信号机的显示及相应的意义如图 7.9 所示。

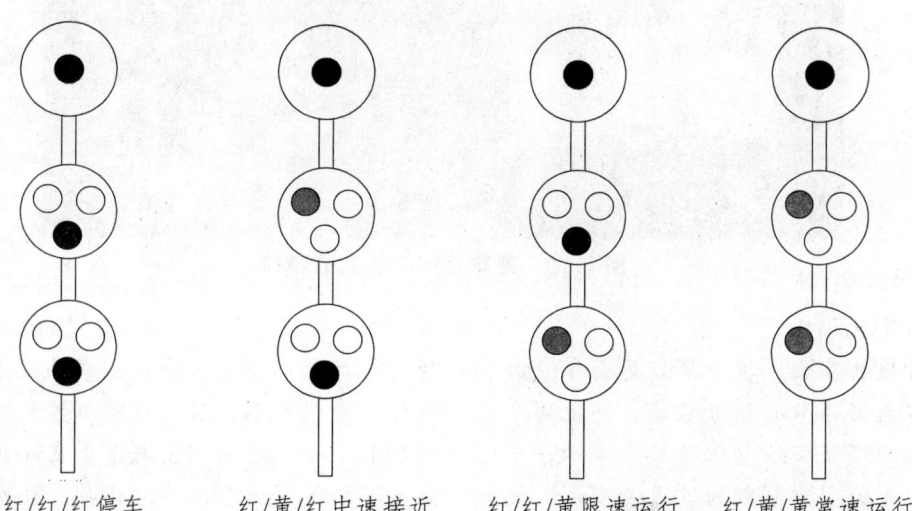

红/红/红停车　　红/黄/红中速接近　　红/红/黄限速运行　　红/黄/黄常速运行

图 7.9 三显示色灯信号机的显示及相应的意义

中速接近的含义：准备在下一个信号停车。以高于中速运行的列车在看到此信号时，必须把车速降至中速。

限速运行的含义：以限速行驶直到经过一个"常速运行"信号。

常速运行的含义：以正常速度运行。

信号机上面第一个灯是固定的红灯。第二个灯上有三盏小灯，右上方的没安灯泡，即常灭，而左上方亮时显黄色、下方亮时显红色。第三个灯和第二个灯结构相同。

另外，业界专家认为司机在远处只能靠灯的颜色来判断，而不能够靠点灯的位置来判断。

二、事故经过

8:03 东行列车 T1254 离开 W 站。

8:31 西行列车 T1107 离开 HO 站，车上大约有 125 名乘客。

8:33 T1254 离开 HA 站，当时车上大约有 275 名乘客。

事件记录仪（黑匣子）数据显示，当 T1254 经过信号 R-6 时车速为 34 mile/h，处于惰行状态，此时 R-6 的显示为红/黄/红，表示下一个信号为停车信号。T1254 经过 R-6 后继续放慢速度直到距 28E-1 信号机约 71 ft 处。之后，列车加速冲过显示红/红/红的 28E-1 信号。此时列车速度约 20 mile/h，之后不久 T1254 施加紧急制动，但列车由于惯性继续驶向下行正线。

西行列车 T1107 此时以大约 53 mile/h 的速度沿下行正线往西行驶。大约在 8:40，T1254 在冲过 28E-1 约 165 ft 的地方以大约 18 mile/h 的速度和 T1107 相撞。两列车均有脱轨，如图 7.10 所示，其中靠近读者的是 T1107 的尾车 5120 号车厢。

图 7.10 列车相撞脱轨后的场景

三、事故调查

调查报告指出，撞车事故是由 T1254 列车的司机冲红灯 28E-1 所致。事件记录仪数据表明他正确判断了 R-6 信号显示，并把列车置于惰行。而利用运行阻力让列车惰行自动减速是列车司机的惯常做法。但在接近显示停车信号的 28E-1 时，他不但没减速，反而加速，说明他把 28E-1 的显示判断为"更为有利"的信号显示。之所以出现这样的误判，报告指出，不是由于信号机或外界因素（如阳光等），而是由于司机有视力问题，理由如下：

1987年该司机在体检时由于尿检中有糖而被取消司机资格（而且资料表明在事故发生前的19年里，他一直有轻微的糖尿病）。在被取消司机资格后，他看医生并服药以控制病情，并在两周后再度取尿样化验，达标后司机资格得以恢复。

另外，该司机的个人病历资料显示，他的视力在事故发生前的一年内急剧恶化，虽然动了几次激光眼科手术，但病情一直在发展。最后一次视力测试结果为左眼为20/400（矫正后）右眼为20/30至20/70（矫正后）。由于右眼出现视网膜增生，曾在1996年1月（事故发生两周前）做过治疗。

在颜色识别能力方面，该列车司机自1985年起每年都做视力测试。

在1985到1993年间，他能正确识别全部15个图片。

在1994年，他错判了15个图片中的2个。

在1995年，他错判了15个图片中的6个，被诊断为轻度的色盲。在1995年他的左眼的视力也有一些下降。这些都说明他的视力及颜色识别能力在不断地下降。

新建的城轨线基本上都配有ATP设备，列车通常以ATO模式自动运行。但当因设备故障或其他原因（比如车辆段内没有轨旁ATP）而需要用RM模式驾驶时，列车的运行安全就靠司机的正确瞭望和判断了。

【案例25】

法国里昂车站列车相撞事故

1988年6月27日，傍晚约7:10，一列进站的通勤列车和一列在站台准备发车的通勤列车正面相撞，造成56人死亡，另外50多人受伤，是法国首都巴黎历史上最严重的铁路事故。事故直接原因是进站列车失去控制。

一、背景情况

巴黎不仅是法国的政治、文化、经济中心，还是法国铁路网的中心。里昂车站是服务法国南部和东部的巴黎火车站，是法国最繁忙的火车站之一，每天有超过300趟列车进出。车站的线路布局示意如图7.11所示。

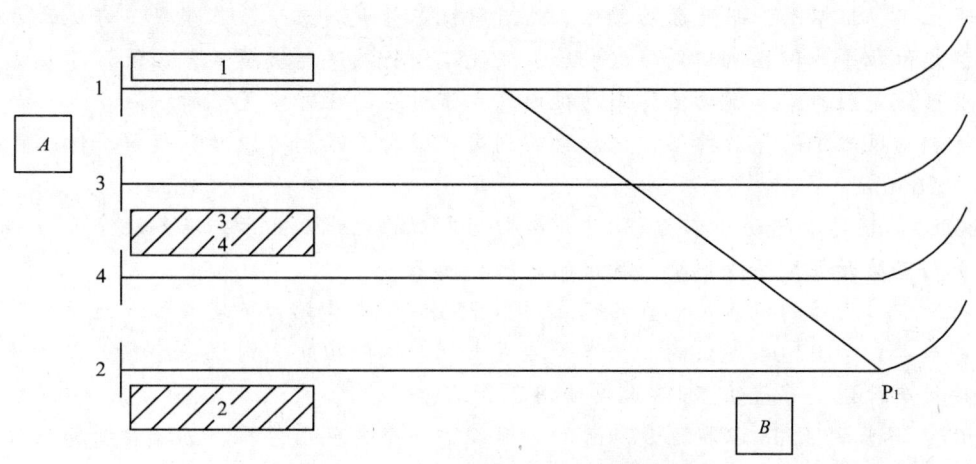

图7.11 里昂车站线路布局示意图

A—控制中心；B—信号控制室；P_1—1号道岔

通勤列车有两位乘务人员负责：司机和车长。司机负责列车驾驶，而车长负责车上的服务如票务及乘客服务。失控列车 T538 的司机丹尼尔苏蓝 42 岁，从 15 岁起就开始在法国国营铁路公司工作。车长尚波维也是从学校一毕业就进了法国国营铁路公司。列车有两套制动系统，一套使用压缩空气，是主要制动系统。压缩空气由位于列车头部的车厢下面的空压机产生，并通过贯穿整个列车的风管供应给其他车厢。在第一节车厢和第二节车厢之间，有一个风阀。正常情况下，这个风阀处于"开"的状态，以便空压机向后面的车厢送风。通过手柄可以将其关闭。一旦关闭，后面的车厢就得不到压缩空气的供应，相应车厢的空气制动机就会施加制动。

另一套是电制动，作为辅助制动系统，其主要目的是在列车高速运行需要减速时通过减少空气制动的应用而减少车闸、轮子的磨损。上述两套制动系统的操作控制器都位于司机驾驶台上。

客车车厢内设有紧急停车拉手，供乘客在紧急情况下使用。拉动拉手会造成紧急刹车。为了再次起动列车，必须使用位于车厢外部的另一个拉手（位于车厢连接处）对紧急停车拉手进行复位。

失控列车是从米兰开往巴黎的 T538 通勤列车。全程 48 km 路程，约需 50 min 运行时间，沿途经过韦尔代迈松、迈松艾福等车站。当时新施行的夏季时刻表规定 T538 不再停靠韦尔代迈松站。

二、事故经过

傍晚 06:36，当 T538 经过韦尔代迈松站（离巴黎约 8 km）时，第二节车厢的一个年轻女乘客突然起身拉动了车厢内的紧急停车拉手，列车施加紧急制动而停车，女乘客打开车门下了车。司机苏蓝通过司机室的报警显示灯知道列车迫停是有人拉动了紧急停车拉手。为了再度起动列车，正常的程序是由司机或者车长前往相关车厢查看情况，确认安全后，在车厢连接处使用复位拉手把被拉动的紧急停车拉手复位。这个过程通常只需要几分钟的时间。虽然如此，司机苏蓝还是用无线电对讲机向控制中心做了报告。

06:40，T538 上的一些乘客因为担心会由于晚点而误事，选择了下车改乘其他交通工具，余下乘客决定听其自然。果然，复位工作进行得不顺利。先是车长尚波维尝试复位，由于复位拉手卡位了，拉不动，而没成功复位。然后司机苏蓝也赶来了，苏蓝费了好大的力气，终于拉动了复位拉手。但在他回到司机室后，发现车闸仍然不能缓解。凭经验，苏蓝认为车闸不能缓解可能是因为紧急制动使得制动机内聚积了过多的压缩空气。所以他在车长尚波维的配合下把制动风缸中的气放掉了。之后再回到司机室时，车闸可以顺利缓解。但此时列车已经晚点了 26 min。

07:02，苏蓝再次起动列车 T538，并按控制中心的无线电指示，准备跳停下一站（迈松艾福站）而直接开往里昂以把刚才耽误的时间赶回来。

让控制中心头痛的不只是苏蓝的晚点列车 T538，在 2 号站台待发的另一列通勤列车也出了状况：本来该于 07:04 发出的，但车长迟迟未到而不能出发。司机安德烈东吉只好耐心地等待。按行车计划，苏蓝的 T538 也要使用 2 号站台到达。

07:07，苏蓝的 T538 以超过 95 km 的时速经过一个黄色信号机。苏蓝看到黄色信号知道要减速了，因为接下来是去里昂车站的一个长大下坡道。当苏蓝施加制动时，他惊愕地发现车速一点都没减，此时他意识到他的制动失灵了。

07:30，苏蓝用无线电向控制中心报警："快停掉一切，我的刹车失灵了！"他还按动了无线电紧急报警按钮，这使得控制中心及车站附近所有列车驾驶室的高频报警器鸣叫起来。收到这个报警信号后，在车站进站端信号楼上的信号员马上按规程启动了"全面关闭"程序，其他的司机也纷纷把自己的列车停下来。

发现制动器（刹车）失灵后，苏蓝离开司机室，在车长的协助下把车上的乘客集中到车尾，以准备接下来不可避免的撞击。

东吉的车长到了，但东吉发现发车信号已经变红。他不知道为什么会变红，而且由于高频报警器在鸣叫，他不能够用列车无线电联络控制中心以询问到底出了什么事。

07:08，T538进入下坡道，列车开始加速。

07:08:30，信号员看到一列车呼啸而过，并径直冲向2号站台等候发出的东吉的车。信号员马上用广播系统警告车上的人赶快下车。东吉听到广播后，用车载广播向车上的乘客呼叫："快下车，快下车"。乘客纷纷起身冲向车门。

07:08:45，东吉看到一列车直冲而来。他没有下车，而是不停地重复他的警告："快下车，快下车"。

07:08:46，T538与东吉的列车相撞。

三、事故调查

这次撞车事故的发生涉及一连串的错误。

（1）在对紧急停车拉手进行复位的过程中，为了能用上力，苏蓝的一只手无意中抓住了风阀手柄，并把它扳到了"关闭"位。这使得位于列车第一节车上的风压机无法向其他车厢供风（风=压缩空气），进而导致其他车厢的车闸不能正常缓解。

（2）在遇到制动系统不正常的情况时，按规定应请求派工程师前来查看解决，但为了尽快上路，避免更多的延误，苏蓝决定自己解决问题。他以为车闸不能正常缓解是由于常见的所谓"气闭"现象——当有紧急制动时，时常会在制动机内聚积过多的压缩空气，而妨碍车闸的缓解。基于这种认识，他采取了"放气"做法，把制动风缸中的气放掉了。这样一来车闸就等于被切除了，不再起作用。他回到车上看到风压表读数正常，其实是一个假象。因为一、二节车之间的风阀被关闭，此时的风压表只显示第一节车的风压。

（3）车上有辅助制动系统（电制动系统）。在空气制动失灵的情况下，仍可以借助电制动让列车减速。但苏蓝由于平时不曾使用这个系统，加之一紧张，完全忘记了这个系统的存在。

（4）在发生列车失控时，按规定应查明失控列车的位置，并将它引入一个空闲的线路。在撞车前1 min 30 s，控制中心及信号楼听到由无线电传来的紧急呼叫，但苏蓝由于紧张而没有按规定说明自己的身份、车号及位置，以至于控制中心和信号楼的值班人员不知道究竟是哪列车失控了。当时按计划共有4列车将要进站。

（5）按系统的设计，如果T538将要进入的车站线路已经有车占用的话，系统会自动转换道岔，把接车进路排向空闲线路。失控的T538虽然仍会撞上线路终端的车挡，但车上的乘客应无大碍。但当时信号员按规定，（在收到紧急警报时）启动了"全面关闭"程序。这把控制区内的所有信号机都置于红色显示，也把系统的运作模式从"自动"转为"人工"。所以道岔P1（如图中所示）未改换开通方向。结果允许T538冲向停在2道的东吉的列车，以致发生惨祸。

四、经验教训

（1）小事情（如案例中的乘客拉动紧急停车拉手）如果处理不当，可能酿成大祸。

（2）准时的重要性。虽然不是每次迟到都会导致人命的丧失，但在这个案例中如果被撞列车的车长不迟到的话，就不会发生此次撞车事故。

（3）并不是只有新员工会犯错，干了20多年的老员工同样会犯错，而且包括严重的错误，因而定期的"再培训"十分重要。

（4）不能单靠经验来做判断，而要认真地了解系统的特点。因为经验通常和事发当时的时间、天气等特殊条件相关，当条件改变时，所谓的"经验"未必适用。

（5）正确通信的重要性。要在平时养成遵守通信规定的习惯，以便在紧急情况下，不至于因紧张而使通话"走样"。

（6）人的缺陷。在碰到紧急情况时，人的反应很可能和平常不一样。

（7）在安全和时间二者之间，要真的以安全为上，不要为了赶点而违规。

（8）信号员启动"全面关闭"程序虽然是按规定行事，但不幸的是此规定有严重的后果：把系统运作模式从"自动"转成"人工"，使得系统本身的安全功能不能发挥作用。

【案例26】

回场列车带客入场

在列车结束服务回车场（也有的称作车辆段）之前，有必要清客，即让所有的乘客都先下车，然后才让列车回车场。清客由司机或车站员工负责执行。确认车上不再有乘客后，负责清客的员工向控制中心报告，然后，控制中心安排回场进路。这一程序在正常情况下，算不上复杂，但在不怎么正常的情况下，可能会出事。

一、背景情况

图7.12中A是终点站，正线和车场之间有两条出入场线。正线和车场及出入场线的信号系统都支持双向行车。列车在正常情况下是无人驾驶的，虽然会有乘务员在车内值勤。乘务员的主要任务是服务乘客，比如帮助有需要的乘客安排座位，回答乘客的询问；另外还维持车内的乘车环境，比如说发现不清洁的地方，通过无线对讲报告控制中心，由控制中心通知下一站安排清洁工上车打扫。在列车回场前的清客也由这位乘务员负责。在必要时他还能人工驾驶列车及进行一些简单列车故障的排解。

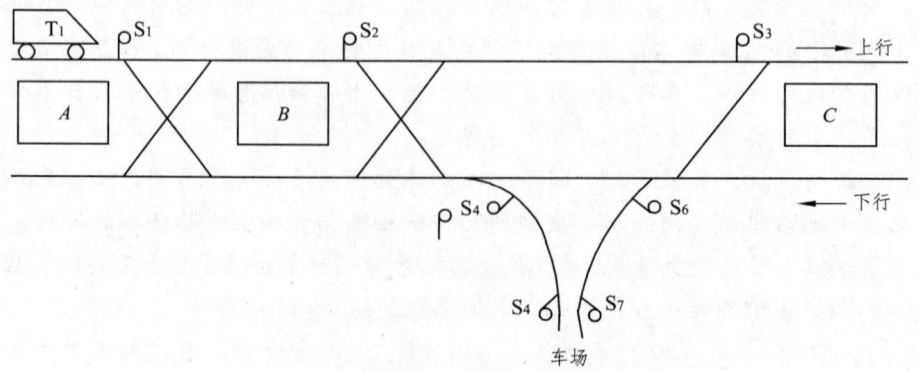

图7.12 正线及出入段线示意图

二、事件经过

晚上 11:30，列车 T1 到达 A 站上行站台。车门打开后，乘客纷纷下车。在站台候车的乘客不多，他们听到站内广播知道这列车已终止服务，另外站台的乘客信息显示器也显示该车不再载客，所以并没有乘客上车。约 1 min 后，控制中心行调通过遥控关闭车门并排列进路 JL12 和 JL25。列车于 11:36 到达 S5。车场调度排进场进路后，列车 T1 进入车场。11:38 列车到达存车线。在存车线等候上车做车内保洁的清洁工上车后发现车上有两名乘客正紧张不安地走来走去、东张西望。经询问后得知，他们在乘车时睡着了，在终点站没下车，被带进了车场。清洁工用轨旁电话向车场调度报告后，带这两名乘客到车场会客室休息并等候管理人员处理。

三、调查结论

（1）乘客乘车时由于疲倦而睡着了，没有听到车上的广播，因而没有在终点站及时下车。

（2）原本在 T1 上值勤的乘务员在列车停靠 B 站下行站台时，被正线行调调派去当时在 B 站上行站台的另一列车 T2 协助 T2 上的乘务员处理一个列车故障。因为 T2 上的乘务员比较新，经验不够丰富，一时不能排除故障。

（3）正线行调本来打算另派 A 站的站务人员前去上行站台对 T1 列车进行清客的，但后来在处理完 T2（从 B 站上行站台发车）后忘记了此事，恍惚间记得 T1 已经清客。因为在这之前确实已经做了几列车的清客（即已经收了几列车）。

【案例 27】

地铁回场列车冲红灯

2006 年 8 月 11 日晚 11:47，某地铁的一趟以 CM 人工驾驶的列车在回场过程中冲过正线上的一个红色信号灯约 45 m，列车没有脱轨，也没有造成人员伤亡及财产损失。

一、背景情况

如图 7.13 所示，出事的地铁线是一条全地下线路。线路全长约 20 km，共有 16 个车站。列车由 6 节车厢编组而成。列车长度约 140 m。牵引供电为上部接触网式 1 500V 直流。列车有 AM、CM 及 RM 三种驾驶模式。在 AM 或 CM 时，最高速度为 90 km/h，在 RM 时限速 20 km/h。正常运作时列车以 AM 模式运行。为了让司机有机会练习驾驶以保持技能，通常在晚上收车前安排部分列车以 CM 模式不载客运行。

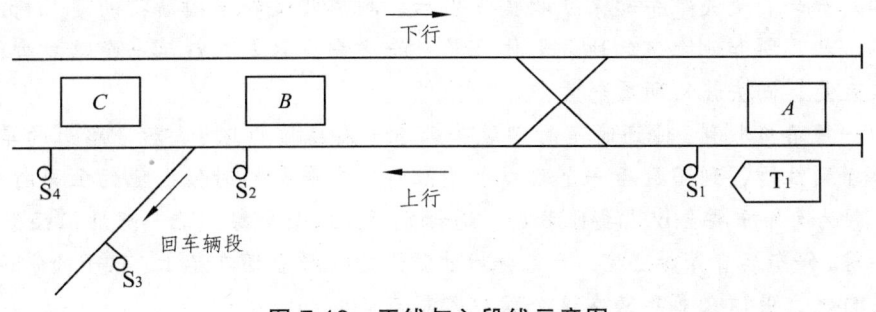

图 7.13 正线与入段线示意图

二、事件经过

列车 T1 在以 CM 模式空载运行一个来回之后于 23:44 到达终点站 A 站的上行站台。在接到 OCC 行调指令以 CM 模式回库（车辆段）后，司机改换行车方向，并在信号 S1 开放（显示绿灯）后离开 A 站。

23:46，行调发觉上行线的进路排列是由 B 站到 C 站的 JL24（JL 表示进路）而不是由 B 站到车辆段的 JL23，才意识到由于刚才忙于处理下行线上的列车而忘记为 T1 安排回库进路。情急之下，他赶忙通过控制终端取消 JL24。这时列车 T1 已经接近 B 站尾端墙，车速为 71 km/h。由于行调取消进路 JL24 的操作，原本显示绿色信号的 S2 改为红灯显示。列车 T1 的司机注意到前方信号灯突然由绿色变成红色，而且速度表的安全限速也由之前的 75 km/h 一下降到 65 km/h，于是赶忙施加最大常用制动。但实际车速仍未能下降到应有水平，结果车载 ATP（Automatic Train Protection）系统启动紧急制动。最终列车在信号灯下游方向约 45 m 处停下。

三、调查结论

此次冲红灯事件的原因是行调在有列车接近的情况下取消进路，造成信号 S2 突然由绿色转为红色。从这次事件可以学到如下经验教训：

（1）列车在高速运行时，即便使用紧急制动也需要一段距离才能安全停下来。在这个例子中，列车以 71 km/h 的初始速度紧急刹车，制动距离约为 190 m。

（2）在行调取消进路 JL24 后，联锁设备把信号 S2 转成红色，但仍把道岔保持在"锁定"位置，起到了避免道岔在列车下面转动而导致脱轨及挤岔的作用。

（3）事故列车是空车，没有乘客；否则紧急制动可能导致车上乘客跌倒受伤，甚至死亡。

（4）当有列车接近信号时，除非有紧急情况，尽量不要取消已排好的进路，即使是错误的进路。因为列车虽然会因错误的进路而走错误的方向，但比起紧急停车可能造成的后果要轻。

（5）如果当时没有其他事情的干扰，行调应该是不会忘记为列车 T1 排回场进路的。也就是说行调原本执行的"安排 T1 回场"的程序被中途打断了。等他意识到还没排回场进路时，已经太晚了。关于"干扰"可能带来的影响，可以进一步参看下面的案例。

【案例 28】

突发事件干扰造成悲剧

一对年轻夫妇育有一个男婴。平时都是由妻子在早上把婴儿送去托儿所，下班后再去接回来。但这一天，妻子要出差，送接孩子的事就交给了丈夫。丈夫是一个很负责的人，对工作和生活都是如此。丈夫早早起来，收拾妥当后，把婴儿放在车内后排的婴儿椅上并扣好安全带上了路。托儿所和他上班的地方大体上是一个方向。只是在最后一个路口方向不同：去公司是直接直走，而去托儿所要转左。

开始的一段路挺顺利，他还时不时回过头来看一看后排的儿子。后来路上的车多了起来，一路上屡屡碰到红灯，到了最后一个路口也是红灯。在等待的时候，他的上司打电话来问他几时能到，因为有个重要会议需要他参加。通话完毕，红灯转绿，他一踩油门径直过了路口，很快到了公司。停车后直奔办公室。开完会后才猛然想起孩子还在车上。孩子的命运留给读者。

习惯成自然，他这么多年来在这个路口都是直走的。

3. 和文化相关的安全隐患案例

【案例 29】

违规成风的危害

2009 年 7 月 18 日下午 2:50，美国加州三藩市捷运系统的 T1433 轻轨列车在 West Portal 站与在站待发的另一轻轨列车 T1407 发生追尾相撞事故，如图 7.14 所示。T1433 列车的司机及 27 名乘客受重伤，另有 19 名乘客及 T1407 的司机送院检查并接受相关的治疗，如图 7.15 所示，财产损失约 450 万美元。

图 7.14 撞车事故现场及车辆损坏情况

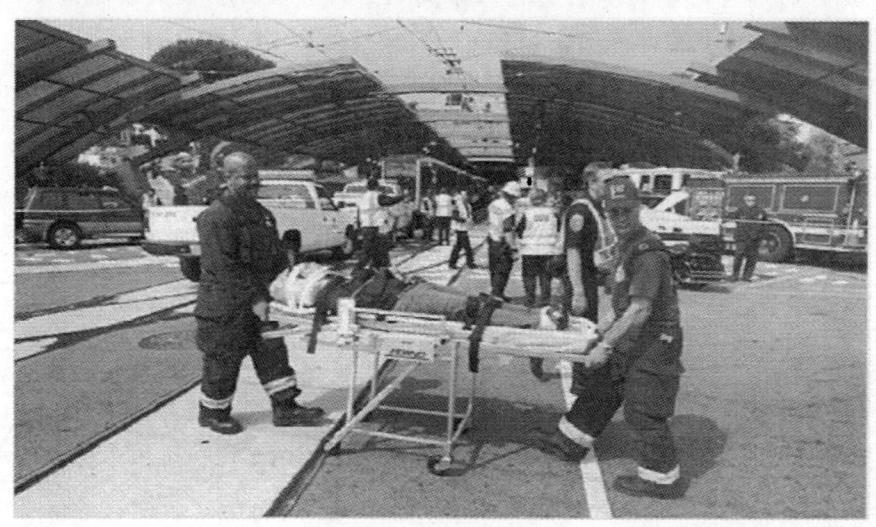

图 7.15 事故救援现场

一、背景情况

发生撞车事故的是一个轻轨系统。每列车有两节车厢连接组成。列车两端均有驾驶室。正常情况下由一名司机负责运作。在地下线路上，列车以有 ATP 保护的自动模式运行。而在地面线路上列车没有 ATP 保护且和地面交通共用路面，由司机人工驾驶。上述两种模式（即有 ATP 保护和无 ATP 保护）之间的切换由司机在位于隧道口的车站范围内进行。West Portal 站就是这样一个位于地面区段和地下区段之间的分界站，如图 7.16 所示。

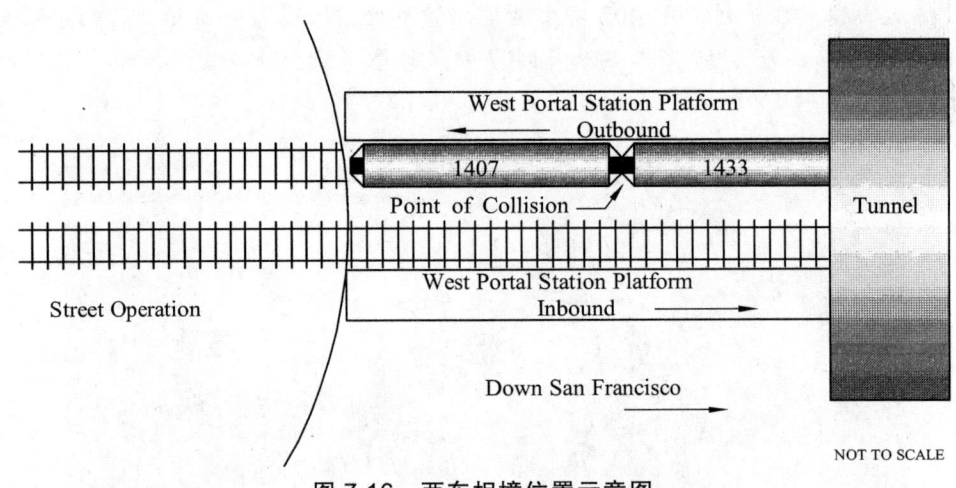

图 7.16　两车相撞位置示意图

二、事故经过

事故发生前，T1407 以有 ATP 保护的自动模式运行到 West Portal 站后自动停车。司机按规程切换至人工驾驶模式，并驾驶列车低速运行到站台范围内的发车位。

跟在后面的 T1433 原来也是以有 ATP 保护的自动模式在隧道内运行。由于 T1407 尚未出站，自动驾驶系统把 T1433 停在站外（隧道内）。T1433 的司机把驾驶模式切换至人工模式，驾驶列车进站，和尚未出站的 T1407 尾部相撞（注：在 West Portal 站台有车占用的情况下，以自动模式运行的后续列车是不能够进入车站的，只有当驾驶模式切换到人工模式才能进站）。

车载 ATP 运行记录仪数据表明，T1433 的驾驶模式于 14:48:41 被切换为人工模式，于 14:48:44 重新起动前行。14:49:01 进入 West Portal 站有 ATP 保护的轨道区段时的速度为 23 mile/h。

三、事故调查

事故调查表明，T1433 列车的司机违反规定，提前将驾驶模式切换为人工模式，之后在驾驶过程中突然失去知觉以致与前方列车 T1407 的尾部相撞。

事故调查还指出：控制中心的数据记录显示，在此次撞车事故前多达 40% 的列车司机有类似违规行为，即在列车到达站台前提前切换列车驾驶模式（从自动模式切换成人工模式），且没有经 OCC 允许。

公司具体相关规定有：规则第 4.9.4 条规定，未经 OCC 允许，司机不得切除或旁路列车的任何功能，也不得擅自切换驾驶模式。

司机培训教材中对正确的出自动行车区的程序有如下的描述：

（1）列车出隧道口后，会自动停在预定的停车点。
（2）选择地面运行模式（即人工驾驶模式）并把主控手柄置于"向前"位。
（3）把"T"手柄推向"牵引区"，遵从下述速度限制驾车驶出自动行车区：
① 在 Dubose 和 Ferry Portals 分界站，限速 9 mile/h。
② 在 West Portal 分界站，限速 5 mile/h。
（4）列车驶离自动行车区后，驾驶辅助显示器上会显示"地面模式"。
注意：在 West Portal 站，当列车停站乘客上下车时，选择地面运行模式，并把主控手柄（"T"手柄）置于"向前"位。车速不得超过 5 mile/h，直到列车出清自动行车区为止！

2009 年 7 月 20 日，撞车事故发生 2 天后，公司下发书面通知强调未经 OCC 的许可，司机不得擅自切换驾驶模式。通知的最后一句话是：违者将受到纪律处分直至（包括）开除。

中国有句俗语：常在河边走，哪有不湿脚。这个道理在其他国家也成立。

【案例 30】

沉默是金？

某全高架轻轨系统使用三轨供电，电压为 750 V（直流）。列车为无人驾驶，单节运行。车头车尾中间部位均有紧急门，可以供车内人员在紧急时下车逃生。当列车因故停在站外需要工作人员上车时，也可以供工作人员通过轨道上车。控制中心（OCC）负责列车运行的控制，车站由站务员负责。站务员在必要时也做列车故障排解及人工驾驶工作。控制中心和现场人员（包括站务员及沿线负责维修的工程人员）通过无线对讲机保持联系。这个无线对讲系统用的是半双工"开放式"，即在任一时刻，只能有一个人讲话，其他人仅可收听。

某日午后 2:00，一列轻轨车（T1）发生故障，停在区间内，如图 7.17 所示。

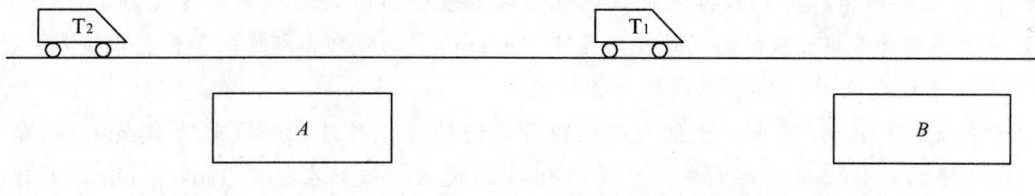

图 7.17 意外发生时相关列车的位置

控制中心通过无线对讲通知 B 站派站务员排故。B 站站务员 B1 穿上反光背心，带上对讲机、列车钥匙等去到站台。在确认显示第三轨是否带电的指示灯显示绿色（即第三轨不带电）并得到 OCC 的授权后，B1 下了轨道，步行到了 T1，并使用车头的紧急门上了车。在车上，B1 检查列车设备状态，发现空气压缩机故障，停止工作，无法再启动。向 OCC 报告情况后，OCC 指令 B1 利用紧急门让乘客下车，步行前往 B 站，并指令 A 站站务员利用下一列车 T2（在 A 站清客后）前往 T1 做连挂救援。OCC 决定让 T1 上的乘客下车是基于如下考虑：一方面，当时天气很热，在救援过程中由于第三轨供电的切除，车上的空调不再工作，使得车内温度迅速上升；另一方面，由于 T1 的空气压缩机故障，车辆维修人员必须钻到车底用扳手缓解停放制动，这需要至少 15 min，而从 T1 所在的位置到 B 站步行大约只需要 5 min。

在列车故障停在区间的情况下，OCC 会按规定派站务人员前去上车检查。多数时候，在简单的检查及必要的故障排解后，可以用 RM 把车开到下一站。但这次的故障出在空气压缩机，T1 完全不能动弹，只能靠另一列车来救援。公司规程规定：工作人员下轨道虽然要求第三轨断电，但不需要加挂短路器（短路器的作用是确保第三轨不会恢复供电）。但当有非工作人员（如乘客）下轨道时，由于他们没有接受过公司的"轨区安全"培训，所以不一定知道第三轨的危险，因而为了确保安全要加挂短路器。

A 站的站务员 A1 一直认真听无线电对讲机中的对话，注意着事态的发展。他听到 OCC 指令 B1 利用紧急门疏散列车 T1 上的乘客，也听到 B1 复诵 OCC 的指令，但没有听到任何人提到关于加挂短路器的事。他知道规程是要求加挂断路器的，他也知道按规定，在这种情况下短路器是需要另一名 B 站站务员从车站拿到轨道上并挂在第三轨和回流轨之间的。

A1 在这种情况下会怎么做，是站出来提醒当事人（OCC 及 B1）还是保持沉默？这取决于他本人的性格，也取决于公司的文化。

【案例 31】

日铁福知山线列车脱轨事故

2005 年 4 月 25 日当地时间上午 9:19，一列 7 节编组的通勤车在开往福知山（Amagasaki）站的途中脱轨，头两节车厢撞进一座住宅楼。当时车上大约有 700 名乘客，事故造成 106 名乘客死亡，562 名乘客受伤，列车司机也在事故中丧生。这次事故是继 1963 年 Yokohama 列车出轨及撞车事故（162 人丧生）后日本最严重的铁路事故。

调查结论指出，脱轨事故的直接原因是列车在过弯道时严重超速。脱轨处弯道的限速为 70 km/h，但设在列车尾部的数据记录仪记录的数据表明当时的列车实际速度为 116 km/h，调查人员通过模拟计算得出脱轨时的速度为至少 106 km/h。而就列车超速的原因，调查人员认为：

（1）在事故发生前，列车曾闯红灯并晚点。

在脱轨前 25 min，列车由于红灯而被信号系统迫停。另外在脱轨前约 4 min，列车由于在 ltami 站停站时越位而需要倒车，造成约 90 s 的晚点。虽然在经过 Tsukaguchi 站时追回了一些，但仍晚点约 60 s。

（2）铁路运作的时间性很强，特别是在转换站，乘客靠列车的准点运行来转搭其他线路的列车。

（3）日铁公司的文化。晚点的司机除了会受到经济上的处罚外，还会被送去"再培训"。而"再培训"在日铁实际上是一种心理处罚，因为在"再培训"期间，接受"再培训"的人会：

① 受到言语上的挖苦、污辱。
② 被迫写长篇的检讨书。
③ 被迫做清洁之类的体力活。

（4）脱轨事故发生前 10 个月，该司机曾因在停站时越位 100 m 而受到过批评。所以在冲红灯及晚点的情况下，他担心再度受到批评、甚至处罚而精力不集中，并试图通过加速来挽回。

二、外患

【案例 32】

外界因素造成的事故

2012 年 1 月 5 日（星期四）上午 07:19，英国一列 4 节编组的电动客车组 IT53 在由 Kings Lynn 开往 London King's Cross 的途中受电弓坠落，击破了两个车窗的玻璃，所幸没有人员伤亡。

一、背景情况

出事的线路区段是地面线。牵引供电采用的是上部接触网形式，如图 7.18 所示。

图 7.18　出事地段线路及接触网

接触网由电杆支撑，如图 7.19 所示。从空中往下俯视，接触网的布设呈"之"字形，如图 7.20 所示。

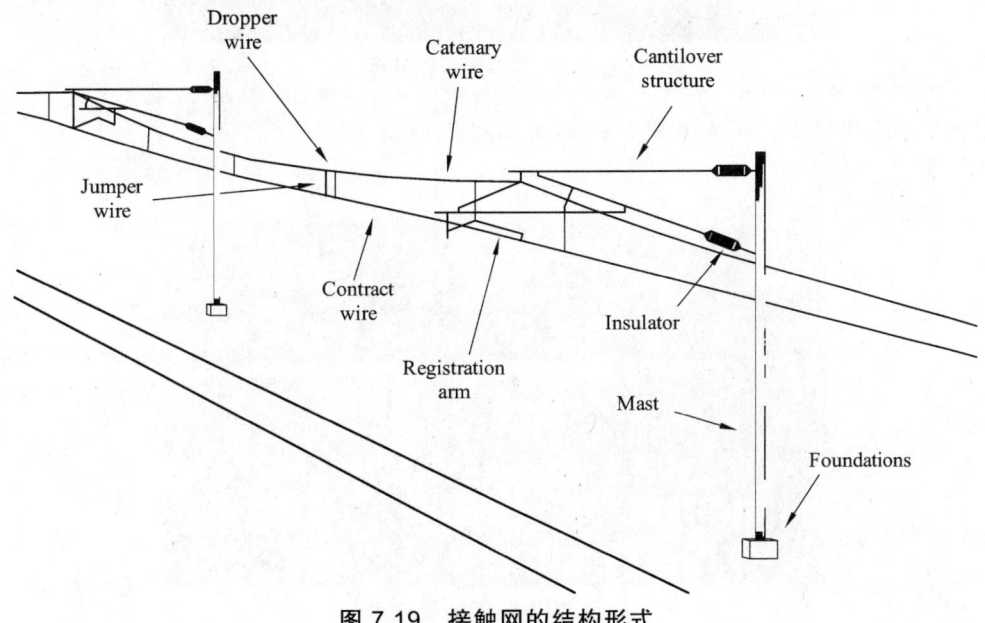

图 7.19　接触网的结构形式

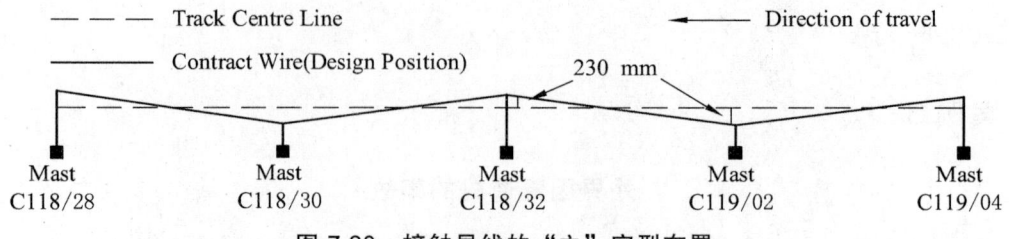

图 7.20 接触导线的"之"字型布置

二、事故经过

早上 6:51 列车 IT53 由 Kings Lynn 出发，沿途停靠 Watlington, Downham Market 及 Littleport 站。从 Littleport 站出发的时间大约是 7:16。出站后，列车逐步加速，到达出事地点（离 Littleport 站大约 3.2 km）时的速度约为 129 km/h。这时接触线与受电弓之间的接触点逐步向列车前进方向的左侧偏移，并于出事地点处移出受电弓的左端。受电弓因脱离接触线而上升，并在接触线与悬索之间的空挡滑行，打到支撑接触线的悬臂，如图 7.21 所示。

图 7.21 被损坏的悬臂

在冲击力的作用下，受电弓脱落，如图 7.22 所示。

图 7.22 脱落的受电弓

并在坠落过程中打破了两个车窗的玻璃,如图 7.23 所示。

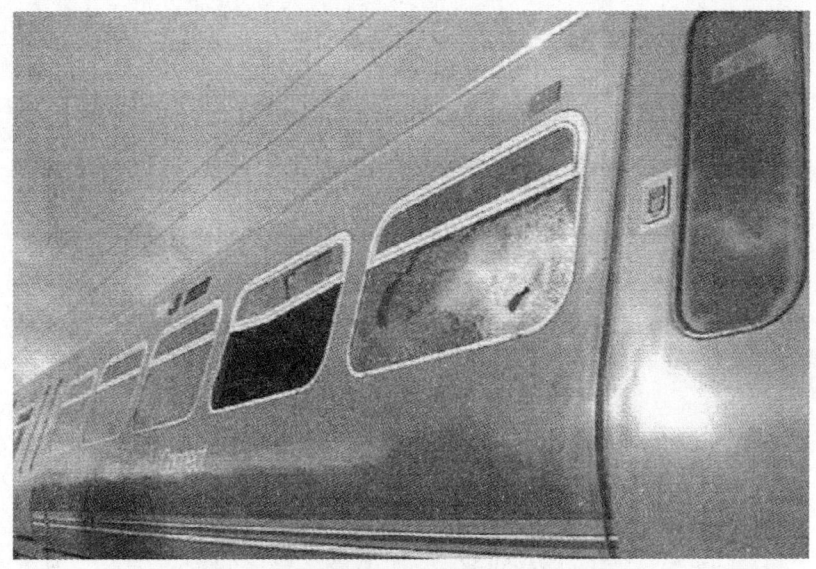

图 7.23　被脱落的受电弓击破的车窗

三、调查结论

使接触线移位最终导致受电弓脱离接触线的主要原因有两个:
(1)电杆下土质不稳定,导致电杆上部向线路外侧倾斜,没有及时得到改正。
(2)强风把接触线吹向线路外侧,如图 7.24 所示。

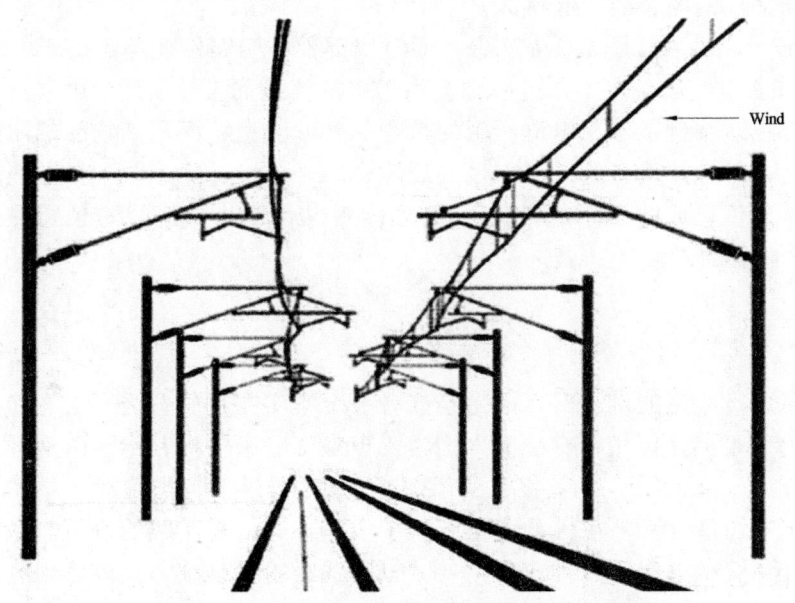

图 7.24　在风力作用下接触导线移位示意图

虽然规程中有关于大风条件下的对策的规定(见表 7.1),但事故当天风的强度级别尚未达到需要限速的程度,所以没有实施限速。

表 7.1　大风条件下行车有关规定

风的强度级别	风速 S/(mile/h)	对策（对受风影响的地区）
一级	$S \leqslant 59$	可以正常运作
二级	$60 \leqslant S \leqslant 69$（非持续）	密切监视风速
三级	$60 \leqslant S \leqslant 69$（持续超过 4 h）	限制车速在 50 mile/h
四级	$70 \leqslant S \leqslant 89$	限制车速在 50 mile/h
五级	$90 \leqslant S$	停运

注：这个案例虽不是发生在城轨，但在城轨发生同类事故的可能性是存在的，因此仍有借鉴意义。有些城轨列车的受电弓具有符合"故障--安全"原则的"自动落弓"功能：当受电弓检测不到来自接触网的压力时会自动落弓。

三、关于 active 和 latent 隐患的一些例子

【例 1】　地铁隧道内的电气设备，有些是设在设备箱内的，比如继电器。由于列车运行、轮轨的磨耗，在线路上会产生铁、钢质粉尘。如果设备箱密封性不够好，这些金属粉尘就可能进入设备箱，积累到一定时候，就有可能造成电气短路而引发事故。

在这个例子中，金属粉尘属于 active 隐患，是罪魁祸首。而设备箱的密封性不足，是一个缺陷，属于 latent 隐患。

【例 2】　地铁隧道常有漏水、渗水现象。这些水对金属有一定的腐蚀作用，而牵引接触网系统中有许多金属部件。如果这些金属部件的防腐蚀性能不够好，那么地下水的腐蚀作用可能会导致金属部件的断裂而引起事故。

在这个例子中，地下水是 active 隐患，而金属部件的防腐性能不足属于 latent 隐患。

【例 3】　许多电气设备在工作过程中会由于电的流过而发热。不少电气火灾就是由于设备过热造成的。在这个例子中，电流产生的热是 active 隐患；而周围物品的耐热性能不足，是 latent 隐患。另外散热设备的效率不足或故障也属于 latent 隐患。如果散热设备的故障是由于维护保养不到位造成的，那么维护工作管理体制也属于 latent 隐患。值得注意的是，active 和 latent 是相对而言的。

四、结　语

前面给出了各类隐患的例子，目的是给读者一个实实在在的感受：会有什么样的隐患，会造成什么样的后果。这样做很有必要，因为要想做好隐患分析，不能单从理论入手。从理论上说，"什么地方会出事？"的答案是：什么地方都会出事。问题在于出事的可能性及后果的严重性不同。对可能性和严重性的度量有赖于实践，这就是实践的价值。做隐患分析要采取理论与实践相结合的办法，以理论为指导，以实践经验为基础。具体体现为：充分收集各类城轨事故的材料，归纳总结，找出规律，然后用"头脑风暴"法，举一反三，分析出自身城轨系统可能面对的隐患，并判断各隐患的级别：可能性和后果严重性的组合，即风险的大小。本书有意避开使用"风险"这一术语，主要是因为在中文里"风险"给人的印象是来自外界。因为字面上，风险是风带来的危险。在英文里，对应的词汇是 risk，是隐患（hazard）

造成危害的可能性（Probability）和严重程度（Severity）的乘积。有关风险评估（Risk Assessment）的文献很多，可以有选择地适当参阅。不过值得注意的是要避免步入因过分强调算法、模型而忘记实际隐患的本末倒置的误区。

第二节　防患于未然

一、工程手段

防患于未然就是防止隐患对要保护的人或物造成实际的危害。为了达到这样的目的，最理想的情况是能把隐患完全消除掉。下面的无叶片风扇是一个绝好的例子。

图 7.25　无叶风扇及其发明者

在城轨特别是地下城轨系统中，定期及时清除轮轨摩擦产生的金属粉尘是防止金属粉尘导致电气短路的一个有效做法。如果城轨采用的是胶轮或磁悬浮方式，那么就完全消除了金属粉尘的隐患。

但是许多时候做不到把隐患消除掉，这时就要设法对隐患加以控制，把它限制在一定范围内。比如传统的电风扇因有叶片而存在隐患，在加了围罩之后，就安全多了。在城轨系统中有大量电气设备，电流产生的温升是导致设备故障甚至火灾的一个主要隐患。如果设置风扇，加强通风，就可能通过及时散热而控制升温。

前面所讲是针对隐患采取的措施，另一方面可以针对要保护的人或物采取保护措施。比如沿线的电气设备箱如果密封性能提高，那将有助于防止金属粉尘的侵入。提高电气设备的耐高温能力，有助于抵抗温升的影响。

二、管理手段

以上是从工程技术方面着手对隐患进行防范，下面谈管理方面。

安全生产不只是城轨运营管理面对的课题，其他行业也同样要面对这一课题，而且有不少行业对安全生产的要求更高，因为不安全可能带来的后果更严重。这方面的典型例子有航空业、航海业、核工业等。这些行业，加上铁路运输有着一个共同的特点：涉及大量的设备、人员，生产过程非常复杂，为了保证安全，需要一整套安全管理的体制。因此这些行业拥有一个共同的名称：高风险行业。

对这些行业的研究，特别是对一系列重大事故（包括切尔诺贝利核电事故、若干空难、海难及铁路事故）的调查分析表明下述管理元素对安全生产至关重要。下述管理元素的认真实施会在极大程度上提高生产的安全性。

1. 管理层对安全的态度

管理层对公司运作、生产的各个方面有着最大的影响力，安全也不例外。如果管理层对安全不重视，那么安全工作不可能做得好。因为管理层掌握着人力、物力的控制权，而任何工作的开展都是需要人力和物力的。值得强调的是管理层对安全的注重必须是真的重视，具体体现在：

（1）身体力行、以身作则。

比如为了不妨碍司机的安全驾驶，通常会对驾驶室内人员的数量加以限制。有的公司领导在登乘时，不顾公司规定，带超过限额的人员进入驾驶室，且高谈阔论，这就是不真正注重安全的一种表现。

又如在事故面前，想方设法推卸责任，也是不以身作则的例子。

（2）组织制定公司的安全管理方针、政策。

前面"身体力行、以身作则"是作为个人所要做的。作为公司的领导层，还需要为整个公司的运作制定切实可行的安全方针、政策。

（3）切实安排人力、物力使方针、政策得以落实。

比如重金聘请真正有专业资质的安全管理人员，或安排现有的安全管理人员经过培训具有安全管理所需的知识、技能。

再比如，本来需要三个人干的活，不要硬性地减为两个人，却不在工具、手段配备方面做任何加强，或对作业程序进行改进。

（4）对落实情况进行问责、检讨，进入下一个循环。

任何的管理和控制都要求一个"闭环"，即在制定目标、计划，实施计划之后，一定要对效果进行检查，并反映到新的目标、计划中以逐步提高。对安全的管理，没有最好，只有更好。

2. 生产层对管理层安全态度的认知、认同程度

运营生产最终还是要靠大量的生产人员去做。如果管理层对安全很重视，但生产人员不了解或虽了解但不认同，也同样达不到安全生产的目的。

这就需要对公司的安全方针和政策做有效的宣传。宣传很重要，有效的宣传更重要。这要求一定的技巧和策略。最终要达到的效果应该是：生产人员真心地认为自己会从安全生产中得到切实的好处。这实际上是一个机构的安全文化的建设。

一个机构的安全文化如果能以图7.26所示的阶段进行发展，那么这个机构的安全就有了希望。

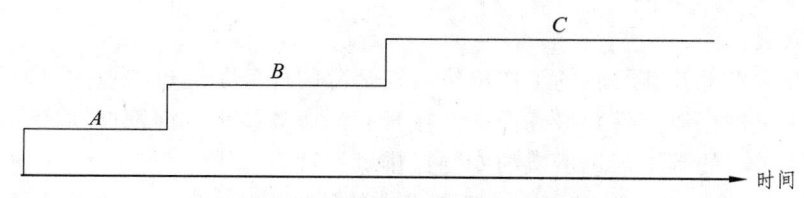

图 7.26　公司安全文化的发展阶段

A—靠执法、监管来实现安全；B—员工自我安全管理；C—员工之间相互提醒、督促、共创安全

安全管理的最高境界是：安全不再是一种责任，而是一种习惯和本能。换言之安全已经从外在的检查督促转化为内在的习惯、本能。

3. 安全管理的组织保证

安全问题是个大问题，所以安全问题需要"全职""专职"的"专业"人员负责。那种"业务爱好"的做法显然是不可取的。在这里全职是指全部时间用于本公司的安全工作，而不是兼职。专职是指在本公司内只做安全相关的工作。二者强调的都是精力的集中。"专业"则强调业务能力。

为了保证这些全职、专职的专业安全人员的作用真正得以充分发挥，还有一个重要的因素：权力。"安全第一"除了作为一个口号之外，还需要在安全管理部门的地位上加以体现。这是因为，虽然安全生产符合公司整体及员工个人的根本利益，但这种"符合"往往不是那么明显，或不被那么明显地感觉到。这就给安全工作带来或大或小的阻力。为了克服阻力，必须要有权力。

除了设置安全管理部门外，安全管理组织保证的另一个体现是各级安全委员会的设立。各级安全委员会是安全管理部门与实际生产及管理相联系的纽带。安全管理部门不能生活在真空中，不能脱离实际。一个有效的做法就是利用各级安全委员会发现问题，研究解决问题的方案及实施办法。

三、安全部的工作

安全不是一个独立存在的东西，而是贯穿在其他活动中，如同毛和皮的关系。每个职能部门，如维修部、运营部、人事部、培训部、规章部等在开展工作时都不可以忽视安全。但由于安全的极端重要性，有必要在当事人之外存在一个相对独立的第三方，"不识庐山真面目，只缘身在此山中"，置身在外，能更清楚地看清问题所在。安全部的工作有以下五个层面。

1. 隐患排查

（1）关于设备设施。

① 设备设施的使用。安全部应通过相应的专业人员对设备设施使用时的限制进行清查备案，确保反映到规章、培训中，最后落实在运营中。比如在雨雪天气钢轨湿滑条件下，列车的自动驾驶不能确保安全，而有必要使用人工驾驶模式。见本书第七单案例22。

② 设备设施的维护保养。安全部应通过专业人员对设备设施中涉及安全的部分进行清查备案，确保反映到维修规程中。比如轨距过大或过小，都有可能导致列车脱轨。

（2）关于人员。

人的管理在人事部及其所属的工作单位。安全部的任务是通过专业人员对从事安全相关工作的工种和人员进行清查备案，确保他们在身心、业务能力方面都能达标。在身心方面，排班管理是一个突出的例子，见下文的专题：排班管理。

表7.2是伦敦地铁2012年安全相关工种及人数的情况。

表7.2 伦敦地铁2012年安全相关工种及人数

安全相关工种	员工数量（大约）
列车司机	3 360
站长	460
车站督导员	1 740
行调/信号楼值班员	600
车辆检修	700
轨道检修	630
土木结构检修	225
信号与通风设备检修	675
给排水设备检修	30

注：当时伦敦地铁线网的规模为11条线约474.5 km营业线路，管理262个车站。

（3）关于规章（作业程序）。

通过专业人员对涉及安全的作业步骤进行清查备案，确保相关的规章正确、明确，并反映到培训中。

对于上述各方面发生的变化、改变，安全部也要逐一备案，检查。比如一项新设备的投用，要经过分析验证。工种和人员变动对安全的影响，规章的修订及颁布。如果关于同一工作程序的规章有几个不同的版本在使用，就有问题了。

2. 安全审计

安全审计是要审查：各项安全相关工作做了没有，做得好不好。

3. 事故的调查处理

在发生事故后，组织调查事故的部门只能是安全部，这一方面基于它的独立性，另一方面也基于它的专业性。事故调查本身是一门学问，专业性很强，不但要查出事故的直接原因，更重要的是要查出事故的根本原因。只有这样，才有可能从根本上下手，避免同类事故甚至相似事故的再度发生。参见下文的专题：事故调查分析。

4. 安全形势报告及宣传

（1）本公司安全工作的薄弱环节在哪？有何措施？

（2）同行业或相关、相近行业安全动态研究和宣传。

5. 组织对重大事故紧急预案的编制及相关的演练

对于重大事故，参与应急、救援的部门很多，甚至包括公司外部的如消防、公安、医疗机构。最适合牵头组织的就是安全部门，这是下一节的主题。

四、专题：排班管理

城轨运作通常不只是在白天，而人的生理规律是白天工作、夜晚休息。这种"不配合"是客观的，无法消除的，同时也是一种不安全因素。有大量的铁路事故案例和这种不配合有关。

铁路以外其他领域的重大事故，如 Exxon Valdez Oil Spill, Three Mile Island 核电站事故，Bophal Chemical Plant explosion 及 Chernobyl 核电站事故也均发生在夜班，人的精神状态处于最低潮的时候。

人的生理规律受到两方面因素的影响：内在的生物钟和外部的（如光等）因素。内在的生物钟并不是以 24 小时而是以 25 小时为周期的。外部因素除了光以外，还有环境温度、噪音等。对这些因素的认识有助于减少夜班带来的不利影响。

（一）内在的生物钟

内在的生物钟是无法改变的，但可从下面三个角度来设法减少其不利影响：

1. 从公司的角度

——在排班时，尽可能设法使夜班人员有部分的睡眠时间。如按下面的时段划分：

2 am—10 am，10 am—6 pm，6 pm—2 am，这样就使得上夜班的人在班前或班后有一段时间属于正常睡眠时段。

为了加强上述班制的效果，可以在上下班的地方配备适当的卧室。

——安排足够的夜班备班人员。一旦遇到夜班当值人员出现问题，马上予以替换。

——给值夜班的人员适当的补偿。这可以是金钱的或时间上的。研究表明，金钱补偿对年轻人更有效，因为一方面他们的身体状况较好，另一方面他们通常更需要金钱。而时间上的补偿更适合年长的员工。

2. 从个人的角度

——注意锻炼身体，提高适应夜班的能力。

——珍惜可能的睡眠机会，充分利用。

——一旦觉得自己精力不济，要马上停止工作，向上级报告，以免酿成大祸。

3. 从家庭和社会的角度

上夜班的人因为要和自然规律抗争，所以会经历痛苦，这也是为什么不少上夜班的人会吸烟、喝酒，甚至使用毒品来排解。因此家庭和社会要了解他们的苦处，理解他们的行为，帮助他们克服困难。具体做法除了言语上的关心以外，还有物质上的如饮食、休息、出行条件等的改善。

（二）外部的因素

外部的因素是可以改变的，为此：

（1）从公司角度，把工作场合的环境条件如光线、温度、噪音控制在适当的水平，以利保持工作人员的精神状态。

（2）从个人、家庭和社会的角度，创造合适的休息环境，以提高睡眠的质量，有效弥补夜班造成的睡眠损失。

现实生活中的班制种类很多，比如传统的12小时制，一天两班；8小时制，一天三班；不等时段制如夜班6小时（从0至6 am），而白天班每班9小时（从6 am至3 pm及从3 pm到0）。做法有很多，目的只有一个：减少因人的精力不济而导致事故的机会。

白班也有精力不济的时候，但没有夜班的影响那么大。

小资料

人的生理规律在很早以前（亚里士多德Aristotle和希波拉第斯Hippolrates时代）就被注意到了。由于它对人的行为的影响，西方对它有广泛深入的研究，并尝试利用其研究成果。在英文里，人的生理规律被称为Circadian Rhythms。Circadian源于拉丁语，Circa是"关于"的意思，而dia是"天"的意思。另外，不仅人类有生理规律，其他生物（动物、植物等）也有生理规律。一日内人的生理规律如图7.27所示。

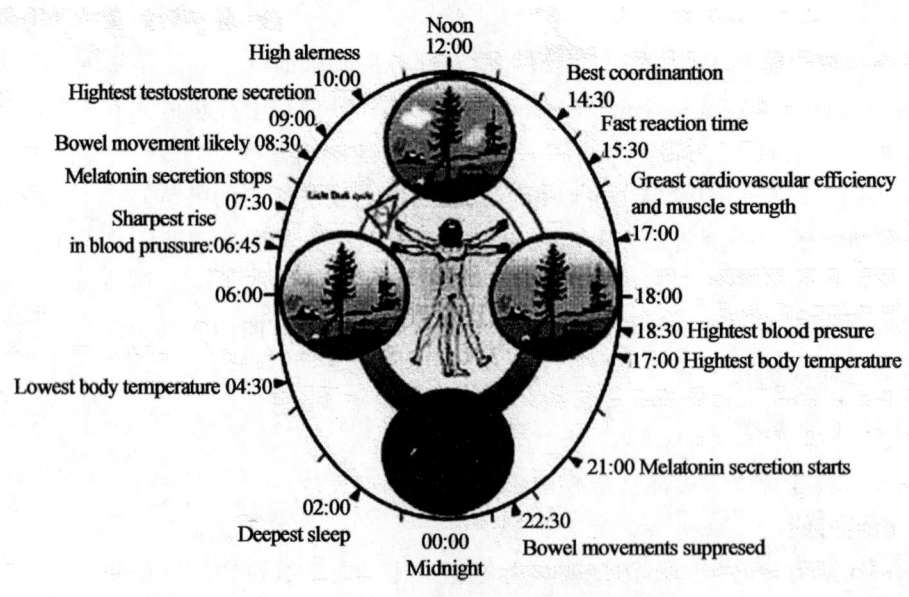

图7.27　一日内人的生理规律

五、专题：事故调查与分析

虽然标题为"事故调查"，其实需要调查的不仅仅是事故。有些事件虽未造成什么后果，但仍有调查的必要（见下文）。"事故调查"是为了方便而使用的统称。

1. 为什么要进行事故调查？事故调查的目的是什么

事故调查的最终目的是亡羊补牢，避免类似事件的再度发生。那种把事故调查用来"定罪"的做法是不可取的。

为了"补牢"，先要找出牢的什么地方需要补，即问题出在哪儿，然后确定如何补才有效。

2. 对什么样的事件进行调查

这是政策性很强的问题，由公司根据上级监管机构的要求、自身的能力（资源情况）做出明文的规定。

总体上可分为两类：

（1）已经造成人员伤、亡，或财产损失超过一定数额，或行车延误超过一定时间的。

（2）虽未造成上述后果，但公司安全管理机构认为十分可能造成上述后果之一的。

例如：

① 列车在运行途中侧门打开，多亏当时车门附近没有人，所以并未造成人员伤亡。虽然侧门打开后列车自动停车，但经及时采取措施（把故障车门隔离），行车延误未超过规定时间。

② 列车闯了红灯，但未造成脱轨、挤岔、撞车，晚点也未超过时限。

在英文里，这一类被称为"Unacceptable Hazardous Condition"，可译为"不可接受的险情"。

3. 由谁负责对事故进行调查

分为三个层次：

（1）重大的事故：上级监管机构组织调查，虽然公司内部也要进行自己的调查。

（2）大事故：公司内的安全管理机构组织调查，报上级监管机构备案。

（3）小事故：公司内的具体生产部门组织调查，报公司内的安全管理机构备案。

各类事故的界定应由公司根据政府相关规定加以明确，以便执行。政府有必要统一口径是为了全国范围内城轨行业事故管理的规范化、各地区之间安全工作的对比和提高。

4. 如何进行事故调查

调查取证包括人证及物证。人证是指有关人员对事件的描述、看法。有关人员包括当时在现场的乘客、其他公众人士、公司员工、急救人员等。证据可以是访谈笔录、录音、证人事后提供的书面证言。物证包括现场的实物、实物的照片。伤亡的人员本身也属于物证。

取证的一个关键是时间。时过境迁，取证太迟则不能反映事故的真相。但另一方面，事故发生后，通常需要尽快施救。取证工作虽然很重要，但施救更重要，取证不得妨碍救援。人证也有类似的问题。虽然有必要抓紧时间趁记忆犹新赶快进行访谈，但有时因为受伤或受到惊吓，需要访谈的人员不便接受访谈。

取证还包括事后进行的试验/测试的结果。试验/测试的例子如：列车制动距离测试、信号显示的试验。

（1）为了保证取证的完整性，需要事先制定项目清单。通常包括：

① 事发时的天气条件：光照/能见度、温度、风向/风速等。

② 事发时的线路条件：地面/地下线、坡度/弯度。
③ 事发地的地理条件：地理位置、周围建筑物等。
④ 事发时的信号显示：车载/地面记录仪的记录。
⑤ 相关人员的位置、身份、证言等。
⑥ 人员伤亡情况及位置。
⑦ 设备损毁情况及位置。
⑧ 有关工作人员的培训记录。
⑨ 有关设备的维修记录。
⑩ 相关人员的血样、尿样等的化验结果。
⑪ 通话记录，闭路电视的记录、记事本（日志）上的记载。
（2）取证的有效手段：照片、录像、录音、对设备试验/测试结果的仪器/仪表记录。
（3）注意对"证据"材料的编号及取证时间的记录。
（4）在对证人进行访谈时要注意的事项：
① 选择合适的环境：安静，光线、温度适宜。
② 要耐心。
③ 不要问"是非"题，而要问：谁、在哪儿、几时、发生了什么、看到/听到/闻到了什么？
④ 不要先入为主，以免诱导被访谈者。
⑤ 不可以把访谈变成审问。
⑥ 注意被访谈人的能力：体力、精力、表述能力、记忆力等。
⑦ 认真做记录，最好是能录音。但有些国家对录音可能有限制，比如必须先征得被访谈者同意。

5. 事故分析

在获取大量的人证、物证后，需要对它们进行分析，理出头绪。指导分析的方法有多种，下面是两个常用的方法。

（1）因果树（Fault Tree）模型。
（2）理深模型（Reason Model）或称瑞士干酪模型（Swiss Cheese Model，SCM）。

因果树模型

该模型是 1962 年贝尔实验室为对美国空军导弹发射控制系统进行评估而提出的。虽然它更多地被用来对物理系统进行安全工程/设计分析及系统可靠性分析（这是该模型的初衷），但它也被用来对事故的原因进行分析。如果说使用它进行系统安全设计是"事前诸葛亮"，那么用它对事故进行分析则是"事后诸葛亮"。

该模型的核心是：事故的发生有一系列的直接原因，而这些直接原因本身又有自己的直接原因。这样的层次关系就形成了树状结构，反映出事故发生的机理。如图 7.28 所示为对 2004 年 11 月 3 日华盛顿地铁列车倒溜撞车事故（参见第三章的案例 7）的原因分析。

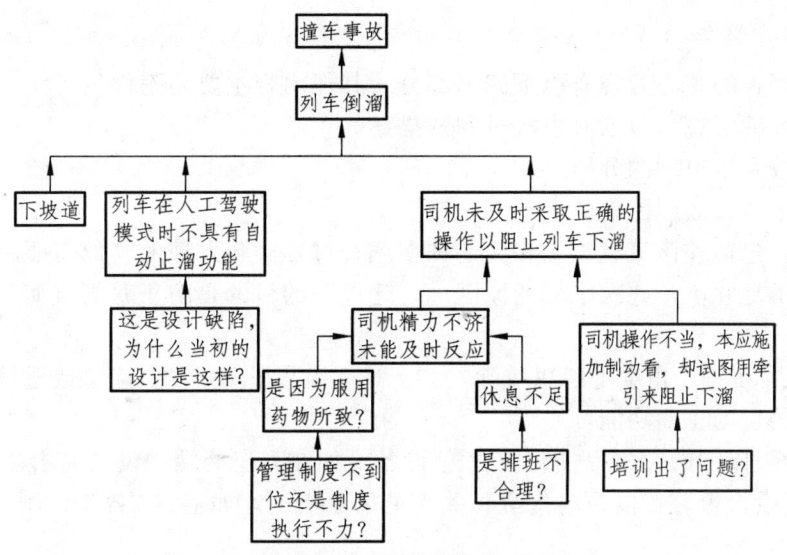

图 7.28　因果树事故分析图

理深模型

该模型是由詹姆士·理深（James Reason）于 1990 年提出的。当时他是英国曼彻斯特大学的教授，专注于复杂情况下人的工作质量及安全性的研究。

理深模型的核心观点是：事故的发生和一系列阻止/防止事故发生的防范体系的失灵有关，简言之即所有防线的崩溃导致事故的发生。

需要防范的敌人时时刻刻都是存在的，只是敌人和被保护的对象之间的距离的大小不同而已。距离大则不发生事故。距离为 0 时，也就是事故发生时。

理深模型通常可以用图 7.29 表达，这也正是为什么该模型又被称为瑞士干酪模型的原因。

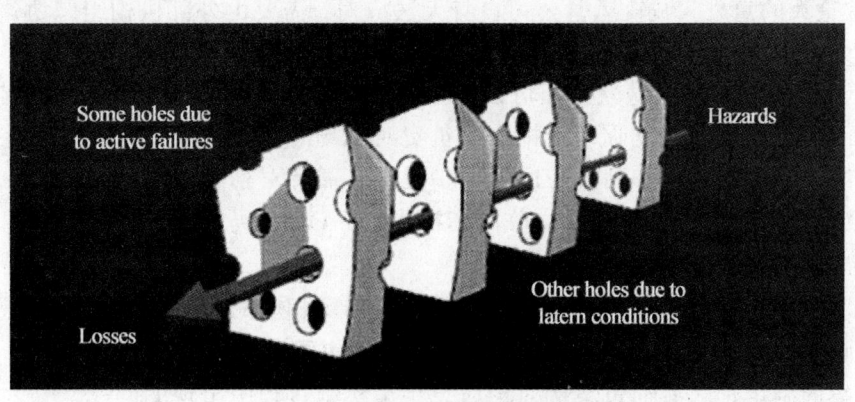

图 7.29　瑞士干酪模型示意图

这一模型被提出之后，很快在多个领域得到广泛的应用，特别是在高风险及复杂系统环境下，包括航空、航海、铁路、核工业等。之所以得到如此广泛的推广，一方面是因为它用干酪做比喻，形象生动，易理解，易记忆；另一方面是因为它揭示出了事故发生的实质，而且可以灵活地应用，即干酪所代表的防线可以是设备（物质的）、人的、管理程序的、公司文化的，即可以包罗万象。

6. 事故调查报告的编写

事故调查报告的核心内容有以下四个部分（其他内容主要是附件）：

（1）对取证的汇总，包括对事故过程的描述。

（2）对事故发生机理的分析。

（3）对结论（事故原因）的汇总。

（4）建议：包括和该事故直接相关的和在调查过程碰巧发现的其他需要改进的地方（虽然这些地方的不足并不是此次事故的原因）。"建议"的目的是防止悲剧重演，要按顺序考虑下面四个层次：

① 能否从"工程"角度把隐患排除？如上述"撞车"例子中，应该改进设计，为列车增加人工模式下的自动止溜功能。

② 能否为被保护的对象提供防护设施/设备？如在列车两端增设"撞击能量吸收装置"。

③ 能否增设报警装置以及时提醒相关人员采取措施？如上述"撞车"例子中，增加列车倒溜报警器。

④ 能否增加/改进操作程序？如上例中，在重新起动列车时，要求司机致电控制中心以获得授权。通过增加这一步骤，有可能使司机更加清楚地知道他在做什么。

之所以强调上述四个层次的顺序，是因为**"人"是整个过程中最不可靠的因素**。

第三节　有备无患

不管预防工作做得多么充分、多么扎实，为了真正的安全，仍有必要事先准备好在"防不胜防"发生意外时用的**应急预案**。根据意外处理方式的不同，可将意外分为三个类别：

A. 非常重大的意外，城轨运营公司自身无法应对，需要由外部机构组织协调。比如地下车站的严重火灾事故，需要消防部门控制现场，主持救助工作。

B. 较严重的意外，虽然城轨公司可以独立处理，但不再适合由通常掌握控制权的控制中心来主持，而需要在现场成立临时指挥中心负责对现场的控制和处理。待处理完毕后，再把控制权交还给控制中心。比如列车在回库途中脱轨，需要对列车进行起复。

C. 一般的意外，不需在现场设立临时指挥中心，OCC 仍能负责。如人工驾驶的列车冲红灯，但未出现挤岔、脱轨、撞车等。

在这里对意外（或称事故）进行分类，是为了制定相应的紧急预案，着眼点是对意外的实时处理，而不是事后的盖棺定论，所以不同于其他书籍中的事故分类。接下来讨论 A 类意外的应急预案的制定，之后通过案例讨论应急预案实施过程中出现的问题。

处理重大事故有两大战场：一个是事故现场，另一个是事故现场以外的城轨系统。这两个战场的战略目标不同，但作战时要很好地配合。

第一战场的战略目标是：疏散人员，减少损失，控制局面，防止事态扩大，争取尽快恢复。第二战场的战略目标是：为第一战场争取更好的作战环境，具体表现在从第一战场撤出来的乘客尽快疏散离开第一战场，防止第二战场乘客前往第一战场。第一战场的核心是安全，第二战场的核心是服务。

整个作战过程可以划分为以下四个阶段：
① 察觉及第一反应；
② 救援及疏散；
③ 抢修及清理；
④ 恢复正常运作。

1. 察觉及第一反应

意外在任何时刻都会发生。虽然不少意外发生得很突然，但通常多多少少会有一些先兆、迹象。这就需要运营人员时刻保持警觉，要对任何不正常的现象十分敏感，绝不放过，不要把任何不正常的现象当成小事。1987年11月18日晚上发生在英国伦敦王十字站的火灾就是由一个不起眼的小火发展起来的，结果夺去了31条人命，参见案例4。

新建的城轨系统多具有灾害、设备故障检测报警功能，为运营人员及早地察觉意外提供了有利条件。

不管信息来自何处（设备的自动报警，还是现场工作人员或乘客的口头报告），控制中心人员都应尽快加以综合处理，结合工作经验和对系统的了解迅速做出判断，并及时把判断结果发布到相关人员、机构，必要时把列车扣在就近车站。这就是所谓的第一反应。

这一阶段工作的重点有两个：判断要快而准，报告要快而准。两个快都是指短时间内做到。第一个准是指判断正确，包括事故的性质、位置、影响范围等；第二个准是指在通报时提供准确的信息，也包括事故的性质、位置、影响范围等。

为了达到上述两个快而准的要求，一方面要有硬件设备的支撑，如便捷可靠的通信手段，另一方面要求控制中心的人员有丰富的经验和对系统的了解。

这一阶段的核心角色是控制中心。

在这一阶段，第二战场的工作是"拒敌于千里之外"，即通过各种途径向公众发布关于城轨服务中断的信息，以便他们提前改变行程计划，从而避免前往事故地区。实践证明，这一工作的有效与否决定了对A类事故应急处理的成败。

2. 援救及疏散

各相关部门在接获通知后，要快速带齐设备赶赴现场、实施救援。由于参加救援的部门可能很多，这一阶段的工作要点是有效的现场协调。而现场协调的关键有两个：第一是大家有共识，即按照同一版本的应急预案，明确各自的职能、角色定位，使用的术语要一致；第二是有效的通话手段。很多案例表明，不同部门所使用的无线对讲设备各不相同、不能相互通话是延误救援的主要原因之一。

这一阶段工作的目标是尽快把受事故影响的乘客撤离现场，并把有需要的乘客送往医院救治。

这一阶段的核心角色是在现场负责指挥协调的"事故主任"。对于A类事故一般是消防部门的高级别人员。由于消防部门的人员未必熟悉城轨系统，特别是一些细节，所以非常有必要指派一名熟悉城轨情况的城轨人员，比如就近车站的站长代表城轨协助事故主任工作。

和疏散工作平行进行的另一项工作是第二战场的交通疏散。这包括两个方面：一是从现场撤出来的部分人员可能需要救护车送往医院救治；二是从现场撤出来的其他乘客及受事故影响的非现场的乘客需要其他交通工具以完成他们的行程。这通常是公交巴士或出租车。由于城轨列车的载客量大，所以往往需要调派大量的巴士及出租车前来支援，这会对地面交通带来很大压力，参见案例20。

3. 抢修及清理

重大事故可能会造成城轨设备设施的损坏，必须先修复才能继续使用。但抢修工作只能在救援结束、所有乘客已撤离现场，甚至现场取证工作完成后才可以开展。

这个阶段的目标是对损坏的设备设施进行修复，所以该阶段的核心角色是"事故工程师"。事故工程师来自城轨公司的维修部门，通常是车辆、轨道、供电或通信等专业部门的负责人。其职责是在现场指挥协调各相关专业的抢修工作，并在抢修结束后听取各相关专业负责人对各自专业抢修工作的汇报，然后汇总直接向 OCC 报告，确认设备设施已经恢复，现场已经清理完毕。在这个过程中事故工程师还可能要组织一些必要的测试（包括试车），以验证设备已经达到良好的工作状态。

4. 恢复正常运作

为了确保万无一失，在条件（主要是时间）允许的情况下，应在恢复载客运行之前，先安排人工驾驶的空车对事故区域进行轧道。轧道成功后才恢复载客。对此前为疏导、疏散乘客而设置的告示牌、接送巴士等，应在恢复载客列车服务一段时间（如半个小时）后才予以撤销，以实现平稳过渡。

该阶段的核心工作是轧道和恢复正常运作，核心角色是控制中心。工作的关键一是要有条理，不要急于恢复而忽视安全；二是在消息发布方面要准确到位，避免造成混乱，比如有一些车站接到恢复的通知，而另一些车站没有接到通知。

【案例33】

T111 与备用车相撞后的救援

1996 年 1 月 6 日晚上大约 10:40，美国华盛顿大都市区捷运局的一列以 ATO 模式运行的地铁车在红线的西部终点站（A 站）冲过站台，与停在站后出入段线上的一列备用车相撞。T111 的司机当场死亡，车上仅有的两名乘客未受伤。事故直接原因是当时天降大雪，钢轨湿滑，且列控系统给列车设定的最高限速太高。

撞车事故发生处是一段地面线，位于终点站 A 站的站后，在车辆段信号楼与 A 站之间，距 A 站站台 470 ft（约为 143 m），参见图 7.2。

事发时，备用车司机和 A 站督导员在位于 A 站北端的值班室。备用车司机听到一声巨响，马上冲出值班室，跑向 T111，一边跑一边用无线电联系车辆段信号楼，报告撞车事故。之后他上了 T111 列车的尾端司机室，从那里进了客室，看见两名男乘客。他们说自己没有受伤。备用车司机继续往 T111 车头走。但由于撞车的冲击力，车厢变形，他无法进入 T111 前端驾驶室。无线电通信记录表明备用车司机大约在 10:47 向车辆段信号楼报告有两名乘客均未受伤，并请求把第三轨的牵引供电断掉。信号楼值班员说将安排断电，并指示备用车司机将乘客留在车上等待医护人员到达。

当时在停车场值班室（不是信号楼值班室）当值的负责A站及停车场运作的助理调度主任在听到巨响后也冲出值班室。他跑向备用车，但未能找到备用车司机，于是走到T111尾端经司机室进入客室。他见到了那两位男乘客，得知他们均未受伤后，让他们留在车上先别动，然后自己走向T111的前端司机室寻找T111的司机。红线OCC的无线电通信记录显示大约在10:50，有人报告OCC说车上有乘客。A站所在地的蒙哥马利区火警及急救中心的通讯记录显示，在10:57有人报告车上有两名乘客。

红线OCC于10:43向蒙哥马利区紧急报告中心（911）报告了撞车事故。在报告中OCC向911提供了A站所在的街道名，但没有讲第三轨的供电状态，也没有说进入轨区的最佳入口位置。依照着《地铁紧急反应参考手册》，911中心的调度员把A站所在位置的公里标数据输入"计算机辅助调度系统"。这使得第一批急救人员到了A站，而不是撞车事故所在地。他们到达A站之后才得知实际撞车地点在A站站后470 ft处。他们向911中心反映了此事。

在《地铁安全规程手册》中有如下规定：
当需要紧急部门前来协助时，应提供以下信息：
A. 打电话的人的身份，包括姓名、单位
B. 事故的具体位置及最佳入口位置
C. 第三轨的状态

由蒙哥马利区火警及急救中心派出的救援人员比911派出的先到达现场。其中一队人带有WSAD（验电器，用以确定第三轨的状态。当第三轨带电时，验电器将亮红灯，并发出刺耳的响声，因此也可以用来报警），并用它确认了牵引供电已经切除。陆续到达的地铁人员中有人携带了警示灯，用以界定安全区的范围。但是事后的调查揭示出，在救援作业区附近有两段第三轨直到11:23才真的断电。这两段第三轨之间的空档是救援人员从地面道路进入事故现场的必经之路。这两段第三轨的供电由OCC控制。OCC在前后三次（10:41, 10:42, 11:22）尝试断电操作不成功的情况下，指示A站的站务员通过操作现场（位于站台）的紧急断电开关来手动切除供电。在这之前，急救人员和地铁人员没有一个人尝试使用事故现场或其附近的紧急断电开关来切除供电。

在《地铁安全规程手册》中有如下规定：在下述情况下，可以切断第三轨的供电：
——地方警局或消防局的人员需要进入轨区。
——列车脱轨或撞车。

任何员工在发现有必要切除第三轨供电时应利用就近的紧急断电开关并按照贴在开关柜上的指示切断供电。

红线的通话记录显示：红线OCC曾于10:46打电话向维修部门报告相关断路器对控制命令没反应的问题；红线OCC曾于10:49通过无线电向所有红线司机指示：出城前往A站方向的列车一律改在C站（倒数第三个站）折返；红线OCC曾于10:55接到报告说消防人员已到达现场；之后不久T113和T101被OCC允许从C开往A站；现场的地铁人员于11:04向OCC询问第三轨的供电状态，被告知OCC只能确认2号轨道的供电已切除，但1号轨道及道岔区的供电状态不明；11:08，OCC接到现场的电话，要求把道岔区的供电切除以便救援人员进入。OCC回复说暂时不能断电，因为有车要进A站；11:09，现场的地铁人员再次告诉OCC，说道岔区的第三轨仍处于带电状态。OCC回复说，OCC对这一段的供电不能进行遥控。11:23，在T101和T113进A站又从A站出发之后，OCC通过无线电指示A站的员工利用紧急断电开关切除了第三轨的供电。11:24，现场的地铁人员向 OCC 确认，相关的第三轨经验电器检验，已经断电。

对于让 T101 和 T113 进 A 站一事，OCC 的调度说明如下：

当时由于多次尝试断电均不成功，所以经理决定让 1 号轨道保持带电，以让 T101 和 T113 进 A 站。

事故调查报告对救援工作存在不足之处的结论是：

（1）虽有应急预案，但在应急过程中，并没有按预案所要求的那样去做。例如：

① 地铁 OCC 在向 911 报警时，未指出事故的确切地点、进入现场的最佳入口位置、第三轨的状态。

② 为了救援，需要将第三轨断电，但地铁 OCC 在三次尝试断电不成功的情况下，竟决定维持供电，并让两列车（T101 和 T113）进入 A 站，而不是马上指示车站人员利用车站的紧急断电开关进行现场断电，这延误了救援时间。

③ 虽有明文规定，但现场人员没有主动利用紧急断电开关对第三轨进行断电。

④ 负责现场救援的消防人员没有按规定在第一时间和地铁 OCC 建立直接的通讯联系，而是靠现场的地铁员工转达，严重影响了通讯的时效性和准确性。

（2）验电器配置不足，特别是当事故发生在道岔区，第三轨供电回路较复杂，而需多个验电器时。当时蒙哥马利区的火警及急救中心拥有的验电器数量很少，每个应急反应小组只有一个验电器。

（3）现场没有关于第三轨供电回路的参考图，不便现场人员确定到底需要多少个验电器才能对所有回路进行验电和监视报警。

【案例 34】

纽约地铁隧道火灾事故

1990 年 12 月 28 日上午，在美国纽约地铁的 Borough Hall 站和 Clark Sheet 站之间的北行隧道内发生了一起电缆着火事故，部分乘客由于吸入 PVC 燃烧释放的有毒气体而送院医治，但没有人死亡。

一、事故经过

1990 年 12 月 28 日上午，在 Borough Hall 站（下文简称为 B 站）和 Clark Sheet 站（下文简称为 C 站）之间的北行隧道内一连串爆炸声过后，火和烟开始在隧道内蔓延。当时 #3 列车正由 B 站前往 C 站。司机看到浓烟后把车停下来，距事故地点约 3 节车的位置，如图 7.30 所示。

在接获关于火警的报告后，地铁控制中心（OCC）暂停了 Neving 街站（位于 Brooklyn）和 Chambers 站（位于 Manhattan）之间的地铁服务，并在火警发生所在地周围查到共有 5 列车。其中最靠近现场的是 #3 列车。

OCC 先后向地铁警局（下文称地警）和纽约市消防局报了警。地警向 B 和 C 两站均派了医疗救护组，市消防局只派人去了 C 站。

OCC 向市消防局请求保持第三轨的供电以便把受影响的 5 列车移离现场。市消防局同意了。

市警局在接到地警有关火警的报告后派人去了 B 和 C 两个站。市急救中心在听到市消防局的无线电通信中关于火警的消息后,自发地向 C 站派了人。

在火警发出约 34 min 后,#3 列车反向开到 B 站,当时紧急救援人员还没到 B 站。

在所有 5 列受影响的车移离现场后,牵引供电(第三轨)被切除,消防员迅速进入隧道,并扑灭了火。

二、事故调查

调查报告对应急预案及实际救援行动的评价:

(1)应急预案规定,在接到火警报告后,OCC 应尽全力避免载客列车进入火警区域。

当天上午,最早发现火情的列车司机曾于 09:05 用无线电试图向 OCC 报告火情,但不成功。另一列路过的列车(#2 车)上的司机于 09:08 也尝试用无线电向 OCC 报告火情,起初也不成功。最后于 09:10 终于通过第三方用直线电话通知 OCC。OCC 用无线电呼叫#2 列车的司机才使#2 列车的司机得以报告火情。他说:我得后退…在这里我无法呼吸。"

如果 OCC 在 09:05 收到火警报告,那么#3 列车就有可能被扣在 B 站而不进入有火警的隧道。

(2)应急预案规定,如果不对人命造成即时的威胁,应切断第三轨的供电,以便消防人员进入轨区进行灭火。消防局有权决定几时切除第三轨的供电。一旦供电切除,地铁方必须向消防局提出正式申请,批准后才能恢复第三轨的供电。另一方面,地铁方可以在断电前向消防局申请延缓断电以便把有关列车移开,但延缓最多不得超过 5 min。

在这次事故中,消防局曾于 09:24 打电话给地铁 OCC 要求"C 站所有方向的第三轨断电"。OCC 回复说:有 2 列或许 3 列车因在隧道内,我要做"反向行车"把它们弄开,我只需 5 min。消防局同意延缓断电 5 min。但事实证明,把有关列车移离现场实际花费的时间是 28 min。

(3)应急预案规定,在发生火灾且火或烟影响到列车时,不管车上乘客是否已经疏散,地铁 OCC 都应及时用热线电话向市消防局和市急救中心报警。在这次事故中,虽然 OCC 于 09:10 接获有关火及烟的报告,但根据通话记录,直到 09:41 才通知市急救中心,通知市消防局是在 09:13。

(4)应急预案规定,在火警情况下,OCC 应保持和受影响的列车及列车司机的联系,以向车上乘客及司机提供信息及指引。#3 列车的司机曾于 09:11 和 09:13 两度向 OCC 报告说前面有火、烟及爆炸声,还讲到自己的车距火警现场约 3 节车厢,显然当时情形十分危险。OCC 于 09:15 准许司机和乘客前往列车尾部,并指示司机到尾部后向 OCC 报告。此后 OCC 于 09:22 联系司机查问进展情况。司机于 09:37 向 OCC 报告已经到达列车尾部并请求反向行车。在从 09:22 到 09:37 之间的 15 min 内,OCC 没有主动同#3 列车的司机联系过。

(5)虽然现场列车司机向地铁 OCC 报告了火及烟的情况,但地铁 OCC 在向市急救中心报警时,没有明确指出会有大量乘客需要急救。结果急救中心派往现场的人力物力明显不足。

(6)虽然早在 09:15 地铁 OCC 就决定让#3 列车反向运行回到 B 站,但直到 09:24 当市消防局要求对第三轨断电时,地铁 OCC 才说要进行"反向运行",因而需要保持第三轨的供电。另外,当市消防局于 09:32 要求地铁 OCC 确认市消防局从地警接到的关于一列载客列车停在 B 和 C 之间的报告是否准确时,地铁 OCC 虽确认确有此事,并说准备对该车进行"反向行车",但没有说明反向运行到哪个车站。后来在 09:38 市消防局特别问到列车将被开往哪个站时,地铁 OCC 才明确说是去 B 站。

应急预案只是"案",其实施依赖于人、物的支撑,不仅要有数量而且要有质量,这在"人"的方面更为突出。所以,培训和演练非常重要。这在下一案例中体现得更为充分。

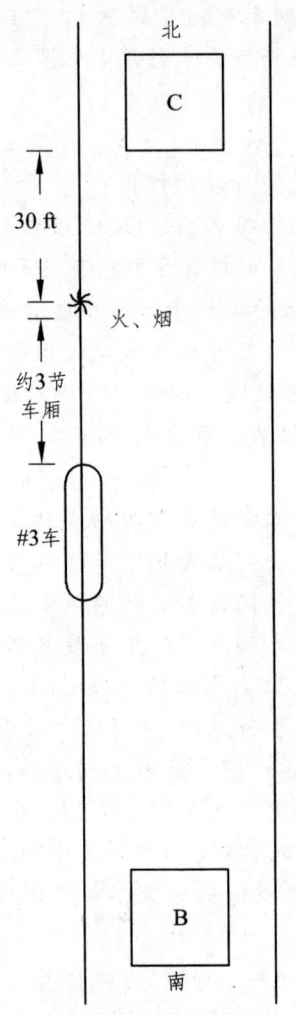

图 7.30 火警及列车位置示意图

【案例 35】

德国 ICE 脱轨、撞桥事故

1998 年 6 月 3 日凌晨 5:45,德国慕尼黑,一列搭载了 400 多名乘客的 884 次 ICE(Inter City Express)城际快车(载客能力 800 人/列)开始了新的行程。这趟列车共有 12 节豪华车厢,计划行程 850 km,中间停靠 7 次,最后抵达汉堡车站。ICE 列车的速度非常快,最高可达 250 km/h,且向来以强化铝材车厢、车载计算机监控系统等先进安全设备而骄傲。列车投入使用 7 年来(ICE 于 1991 年 6 月 2 日正式启用),从未发生过任何伤亡事故。

上午 10:56,ICE884 次城际快车已经行驶了 5 h,再过 40 min,就将抵达终点站汉堡了。列车以每小时 200 km 的速度向爱舍得镇飞驰时,一个车轮的钢圈发生断裂并脱落(距公路桥约 6 km）。脱落的钢圈卡在车底不断地刮碰着轨道，然后就在列车经过第一组道岔时，钢圈末端把道岔的护轨撬脱并一同窜起，刺穿了一号车厢的地板。一号车厢的乘客约格迪曼震惊之余迅速去找车长反应这一情况，并要求停车。**车长坚持先去调查，才决定是否停车，还说这是公司的规定**。但不幸的是，在他们回返一号车厢的途中，可怕的一幕发生了（此时是 10:59）：

- 列车以 200 km 的时速脱轨（距公路桥 200 m）；
- 脱轨的列车撞断了公路桥的桥墩；
- 坍塌的公路桥重重地砸在列车上。

这是德国历史上最严重的铁路事故，101 人死亡，105 人重伤。

事故原因是为了提高乘客的乘车舒适性把原本的"整体车轮"换成了"套环车轮"。这种车轮适合有轨电车，但不适合高速铁路。因为高速运行带来的机械疲劳可导致套环断裂、剥落。

此次事故后，德国高铁停用套环车轮，而且在设计规范加入了"不准在高架桥墩附近设置道岔"的新规定。

图 7.31 事故现场

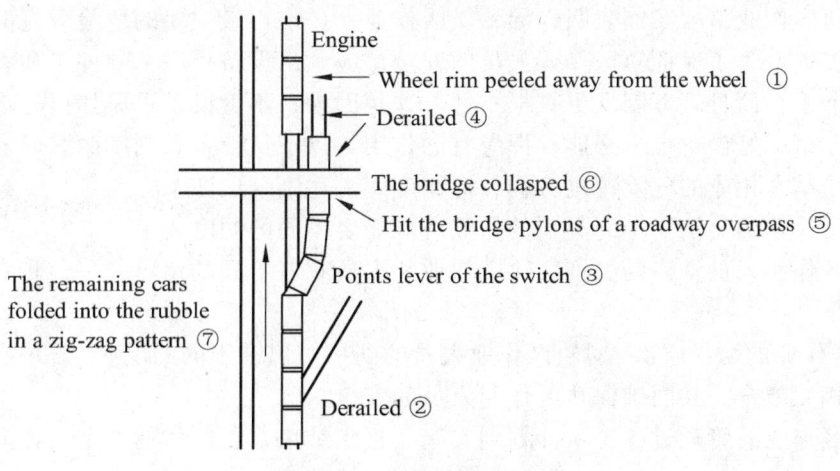

图 7.32 事故现场示意图

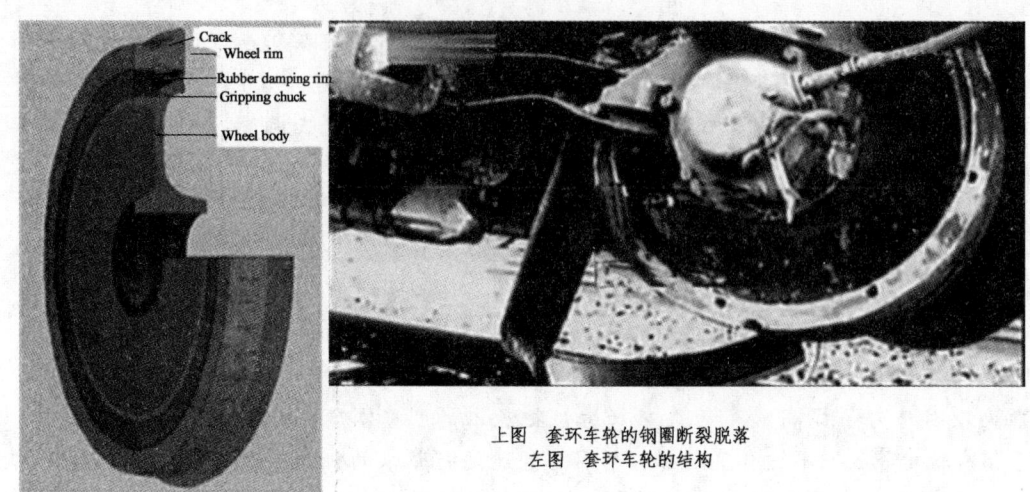

上图 套环车轮的钢圈断裂脱落
左图 套环车轮的结构

图 7.33 套环车轮

这次事故出乎所有人的预料,所以根本没有对应的"应急预案"。

事故发生在上午 10:59,位于大约 20 km 外的一位急救医生于 11:04 接到求救电话,并于 11:16 第一个抵达事故现场。在事发后的 4 h 内,共有约 1 800 位来自不同组织的人员(包括 461 名医疗人员)、大量的机动车和 39 架直升机抵达现场及附近。但由于毫无准备,救援工作并不顺利。一个主要的原因是缺乏统一指挥,因为一方面没有事先约定哪个组织是"盟主",另一方面来自不同组织的人使用的无线对讲机的频道不同,无法进行有效的相互联系和沟通。

第四节 轨区作业安全

随着新型行车安全设备(如 ATP、CBI)的引入,城轨交通的行车安全已经有了长足的进步。撞车及脱轨等恶性事故虽有发生,但其数量明显减少。在这样的大背景下,轨区作业安全问题日益突显,值得给以特别关注。

大量的轨区作业事故案例表明,导致轨区作业人员伤亡最主要的危险源有两个:车和高压(牵引)供电。为了保证轨区作业人员的安全,应该从设备手段(硬件)和管理制度(软件)两方面下手,而且管理制度更具根本性。这是因为,不管设备手段如何先进,如果相关人员不按章办事,好设备也未必能发挥应有的作用。以下从设备和制度两方面分别论述。对设备的讲述是结合相应的危险源进行的,对制度的讲述则分成四个方面:

(1)轨区作业的类别。不同类别的作业可能需要不同的制度要求。

(2)轨区作业人员资格的类别。轨区作业的人员有着不同的角色分工,相应地要有对应的资格。

(3)轨区作业的防护层次。对轨区作业人员的防护可以有不同的层次(现场层和中央层),二者之间要相互配合,共同确保轨区作业人员的安全。

(4)轨区作业的管理过程。从计划到实施,再到结束,轨区作业的全过程需要有到位的管理。

在本节的最后通过实际案例加强对轨区作业安全管理要点的认识。

一、轨区作业相关安全设备

《城市轨道交通设备》一书重在讲交通设备，而没有包含轨区作业的安全防护设备，所以有必要在本节中加以说明。轨区作业可能会遇到的危险源主要来自走行的列车或车辆以及牵引供电。其他危险还包括转动中的道岔、湿滑的地面等。

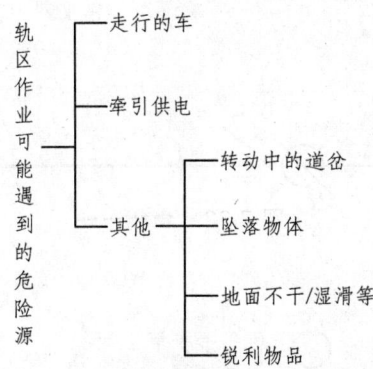

图 7.34 轨区作业可能遇到的危险源分类图

1. 走行的列车或车辆的危险

走行中的车会伤人是因为其动能。为防止人车冲突，有两类办法：一是让车停下来（堵的办法），一是把车导向作业区以外的地方（疏导的办法）。

（1）为了使车停下来，又有不同的技术措施。

① 如果列车是以人工模式驾驶，那么可以通过给司机发停车信号（视觉、听觉）来停车。具体做法有：

a. 把既有轨旁信号灯变成红色显示。通常控制中心的行调可以把轨旁信号灯置于红显状态。有的系统还在现场靠近信号灯的地方（如信号灯的机柱）设有单独的信号操作开关，供现场人员把信号灯置于红显状态。

b. 在轨道上另外安放红色闪灯，或安排手信号员打红色手信号。

c. 通过音响信号来提示司机停车。比如利用响墩（放在轨顶，列车压上后会爆炸，发出声响）。

② 如果列车是以 AM 或 CM 模式驾驶，则可以设法把发往列车的速度码变成零。具体做法视信号系统/列控系统的具体情况而定。比如对以轨道电路为列车检测手段的系统，可以用短路器对轨道电路加以短路，模拟有车占用，以阻止 AM 或 CM 模式的列车行进。也可以直接拿掉轨道电路的保险丝，以模拟轨道电路故障。比较上述两种做法，第一种更好，因为轨道电路短路器是由现场人员来控制的，更有利于确保安全。通常轨道电路的保险丝位于信号设备房，不一定靠近作业区，不便由作业人员操作。集中设置的轨道电路保险丝还存在被拿错的危险。

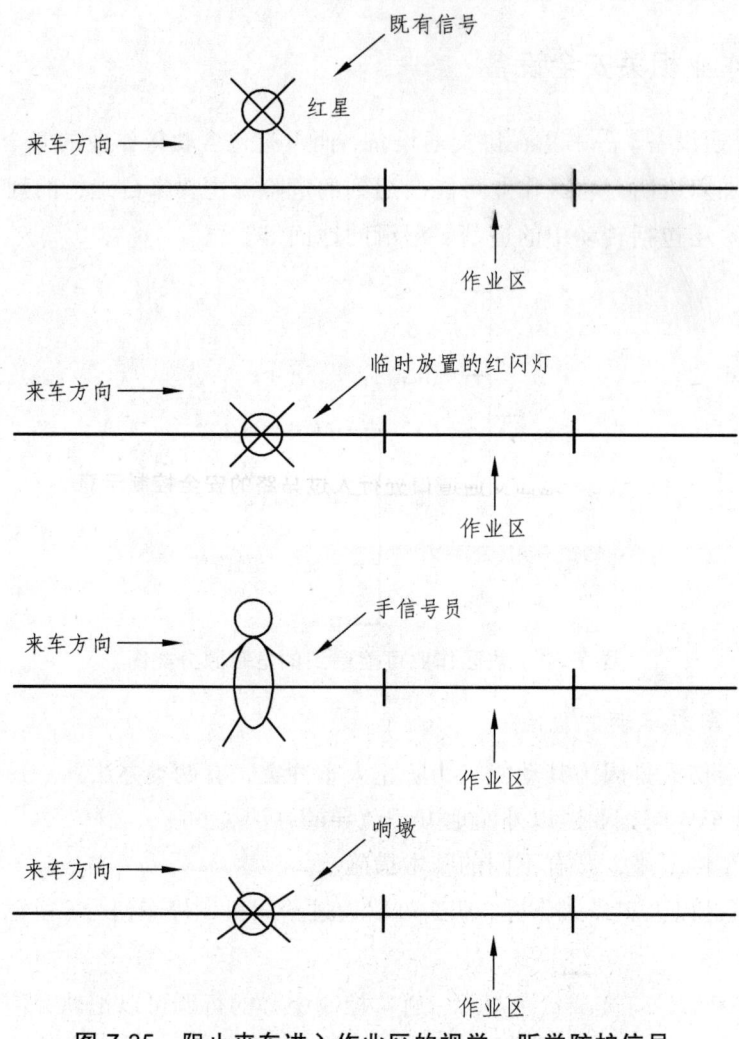

图 7.35　阻止来车进入作业区的视觉、听觉防护信号

也有专门为保护轨区作业人员特别设置"防护钥匙"的，一旦防护钥匙从钥匙孔中被取出，相应的轨道电路（或轨道电路群）就被置于占用状态。

这种"防护钥匙"的概念也可以用于 CBTC 制式的列控系统：一旦钥匙被拔出，轨旁 ATP 就把相应的轨道区域（不一定和轨道电路对应）内的速度指令置零。这样，以 AM 及 CM 模式运行的列车就会被阻挡在保护区以外。

防护钥匙：为了解释其原理，我们可以先看道路交通中行人过马路的一种控制方式。这种方式在某些城市已很普遍。

要利用斑马线过马路的行人 A，先要按按钮，等一段时间后，机动车交通灯变红，车流 B 停下来，行人交通灯变绿，行人 A 可以安全过马路。指示行人可以过马路的"🚶"形行人交通灯及与之相应的供行人按压的按钮如图 7.37 所示。

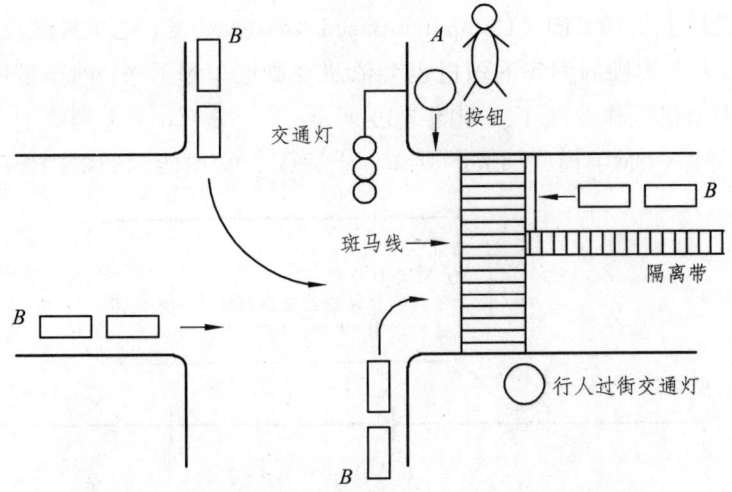

图 7.36 地面交通道口处行人过马路的安全控制示意

图 7.37 地面交通道口处行人过马路的安全控制显示灯及按钮

类似地,城轨交通可以有如图 7.38 所示的安排。

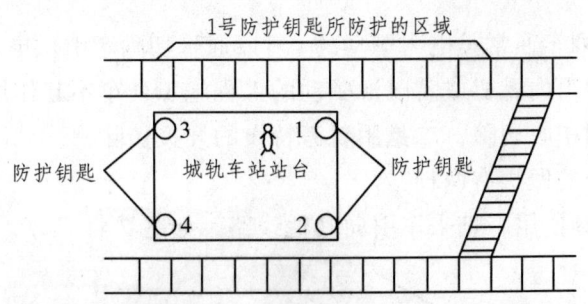

图 7.38 1 号防护钥匙所防护的区域示意图

假设作业人员要去 1 号防护钥匙对应的区域,他从站台端墙的设备操作盒内的钥匙孔中取出 1 号钥匙。轨旁 ATP 就把相应的防护区内的速度码置为 0。AM、CM 模式的列车就不可以进入。如果在设计上再让 CBI（Computer Based Interlocking）把 1 号区对应的轨旁信号灯都变成红灯，那么人工驾驶的列车的司机也会依照规章把车停下来。列车都停在防护区外面，作业人员就可以安全进入作业区了。如图 7.39 所示。

对于以有码人工（CM）模式驾驶的列车，上述①、②均能起到阻挡作用。

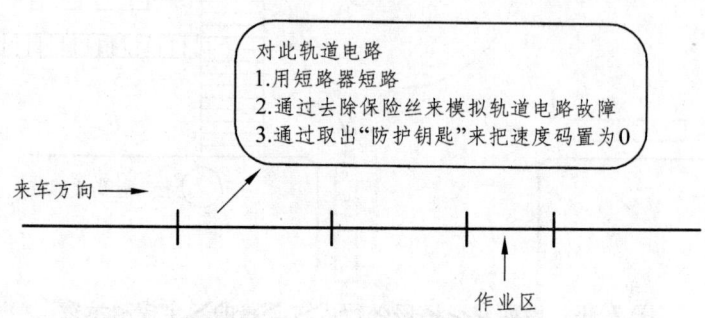

图 7.39　利用轨道电路对作业区进行防护的不同做法

③ 索性用一列车来做防护。把这列车停在作业区来车方向的边界，并对它施加制动。由于这列车占用轨道电路，从来车方向来的以 AM、CM 模式运行的车因收到 0 速度码而停车。在用列车来做防护的情况下，从来车方向来的以 RM、URM 模式运行的人工驾驶的列车也会被防止，因为用作防护的列车的尾灯仍然点亮。在最坏情况下，即从来车方向驶来的列车没有及时停下来而同防护列车相撞，因防护列车施加了制动，加上防护列车自身的重量，防护列车被撞后不会出现显著的移动。所以在防护列车下游作业的人员仍然享有一定程度的安全保障。如图 7.40 所示。

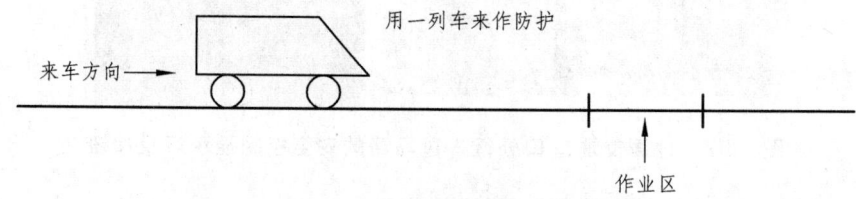

图 7.40　利用列车进行防护

④ 因为城轨客运列车通常是电力驱动的，所以通过切除牵引供电，可以防止列车进入防护区。不过这种办法对由内燃机或蓄电池驱动的工程施工列车不起作用。切除电源的具体方式有两种：一是由控制中心切除；二是用轨旁特设的开关切除。

（2）把车引向别处的做法有两种：

① 利用道岔的引导作用，把来车引向其他线路，如图 7.41 所示。

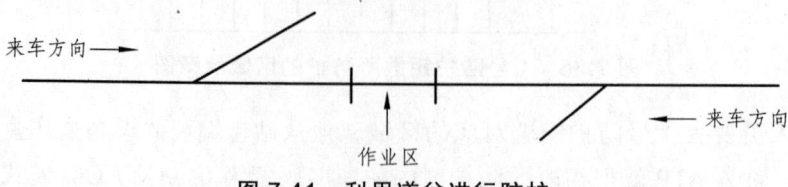

图 7.41　利用道岔进行防护

② 利用脱轨器迫使来车掉道，如图 7.42 所示。

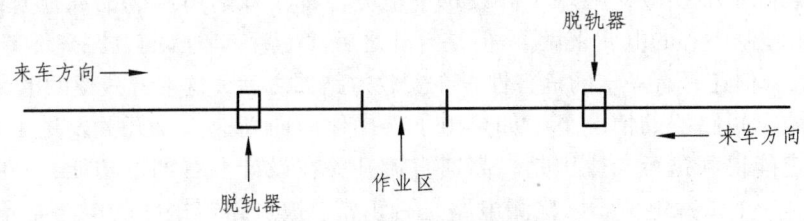

图 7.42　利用脱轨器进行防护

当然用脱轨器迫使来车掉道的做法会带来严重的后果，如图 7.43 所示。所以在使用上要权衡利害得失，并把它只作为"最后的防线"，即配合其他防护措施一起使用。

图 7.43　脱轨器在线路上的安装示意图

2. 牵引供电的危险

牵引供电通常使用 750 V 或 1 500 V 直流电，对人体均有危害。为了防止作业人员触电，第一步是切断电源。在这个基础上，为了防止意外合闸供电，可以安放"短路器"，甚至还可以把"闸刀"（高速直流开关，又称断路器）从电路中移走，以确保无法恢复供电。

图 7.44 以使用接触网供电的某地铁线为例说明短路器的作用。

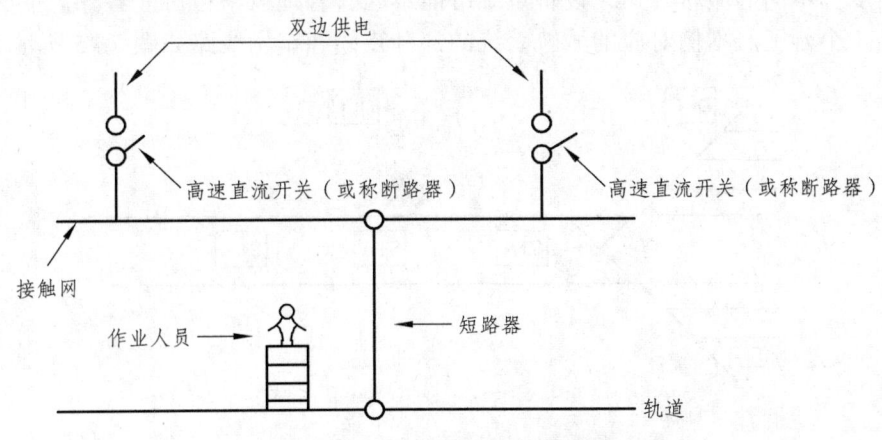

图 7.44　短路器的连接示意图

注："双边供电"是指同时从两端向该段触网送电。

短路器的安全防护作用有以下三个层面：

（1）为了切除牵引供电，两端（假设每个电分段都是双边供电）的高速直流开关都会被打开（通常是由控制中心的电调来做）。但是打开之后并不意味着触网上完全不带电。这些残留的电虽然量不大，但还是有一定的危害性。在安放短路器之后，这部分残留的电会被彻底释放。

（2）在安放了短路器的情况下，如果由于误操作而向高速直流开关发送了合闸指令，这个指令并不一定能得到执行。原因是，高速直流开关在设计上有如下功能：在接到合闸指令后，它会先发出一个试探电流，以检测电路是否正常。被短路器短路的电路是不正常的电路，所以高速直流开关会拒绝合闸。

（3）即便由于某种原因，高速直流开关得以合闸，也会由于短路器的短路作用而快速打开。这是因为牵引电直接经由短路器进入轨道，会引起跳闸。

短路器的实质是一条电阻很小的导线，通常是很粗的铜导线，一端有用于连接触网的钩子，另一端有连接钢轨的夹子。

3. 道岔的危险

当作业区内有道岔时，一种潜在的危险是作业人员被突然转动的道岔夹伤。因为现在的转辙机通常都是由电脑控制的，可能会在没有警告的情况下突然转动。

为了避免可能的受伤意外，一种做法是把转辙机上的操作模式手柄从正常的"马达"位置转到"人工"位置。这样，即便电脑（CBI）发出道岔转换指令，马达也不会动作。其他做法比如切断转辙机电源，或关掉CBI（关机），也可起到防护作用。但第一种做法更便利且更安全，因为是由现场作业人员来直接操作的。

4. 其他危险源

为了对付"其他"类的危险源，可以视具体情况使用"个人防护装备"，如安全帽、安全鞋、手套等。

二、轨区作业安全管理制度

硬件到位，软件也要到位。这里所说的硬件是指前面讲到的设备措施，接下来讲述作为件的管理制度。不同的城轨公司，设备系统可能不同，管理风格也可能各异。下面所讲的管理制度只是一个例子。本例对应的城轨系统的部分正线和车场线路如图7.45所示。

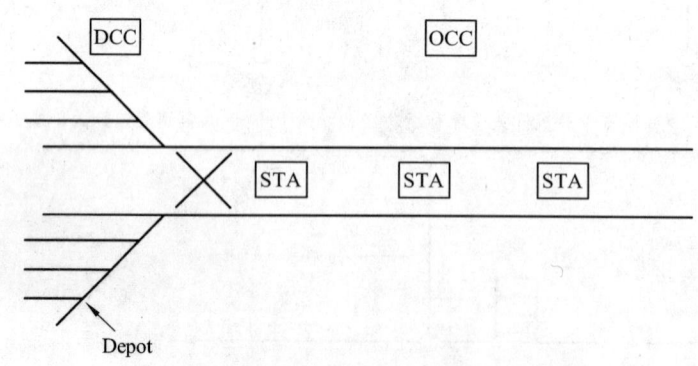

图7.45 部分正线和车场的线路示意图

OCC—正线控制中心；STA—车站；Depot—车场；DCC—车场控制中心

1. 轨区作业的类别

（1）按复杂程度分成简单和复杂的。对于简单的作业，可以采用较简单的防护方式；而对于复杂的，相对应的防护要求也要高一些。具体例子如下：

简单的：比如为轨旁信号灯换灯泡，清理轨道上（特别是靠近车站）的垃圾等。

复杂的：比如换轨。需要把旧轨锯掉，把新轨放到位，还要焊接，打磨接头。这项作业还涉及用工程车把新轨送到施工现场，所以是一项复杂的作业。

（2）按作业时间分，有白天行车时间内开展的，也有在夜间列车停运之后开展的。当然在白天行车时间内，客运服务是首要任务，不到万不得已不要进行轨区作业，因为人员进入轨区势必会影响到行车。"万不得已"的例子有：列车脱轨，需要救援；钢轨断裂，需要抢修等。

（3）按作业场地所在的位置，可以分为正线轨区作业和车场轨区作业。在管理上，正线和车场是分别管理的（即有两个控制中心：一个正线控制中心，一个车场控制中心。），虽然在需要的时候，二者之间要互相协调。比如在作业区位于正线和车场相接处时，两个控制中心都需要介入。以下只讲正线，车场的轨区作业管理按相同的原则进行。

2. 轨区作业人员资格的等级管理

由于轨区作业存在着不同的类别，所需要的防护也就可能不一样。针对这种情况，从制度上做了如下安排：

对于复杂的轨区作业，不管是白天还是夜间，都要一个高级防护主任来负责现场防护。

对于白天的较简单的轨区作业，由一个日间防护主任负责。

对于夜间的较简单的轨区作业，由一个夜间防护主任负责。

高级防护主任比日间防护主任和夜间防护主任接受的培训要多且全面，可以提供更全面的防护、管理更复杂的作业任务。日间和夜间的工作环境不同，比如日间有客运列车运行，而夜间没有（虽然夜间可能会有工程车，甚至电动客车的试车），这使得轨区作业所需的防护有分别。所以日间防护主任和夜间防护主任所接受的培训不一样，而且差别较大。考虑到有些防护主任只是做夜班，而另一些防护主任只是做白班，所以就有了日间防护主任和夜间防护主任之分。当然有些员工也可能需要同时具有日间和夜间两种资格。

除了要求防护主任提供现场防护以外，还要求每个现场作业人员都受过轨区安全基本常识培训，并拿到合格证。不合格的，不准参加轨区作业。没有拿到这个合格证的也不能参加防护主任的培训课程。通过防护主任培训的，合格后获得防护主任证书。为了参加高级防护主任的培训，必须先获得日间和夜间防护主任两种资格。图7.46可以形象地反映出不同层次资格之间的关系（这里只是正线部分，车场部分类似）。

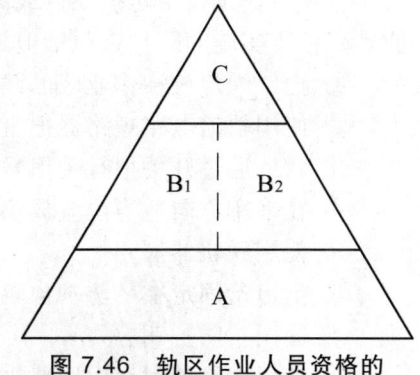

图7.46 轨区作业人员资格的等级示意图

（1）其中最下面的是每个轨区作业人员都需要具有的资格：A牌。这里"牌"是取其"资格证"的"证"的意思。

（2）紧接着的上面一个层次是轨区防护主任资格，分成日间防护和夜间防护主任两种（B1牌和B2牌）。

（3）最上面是高级防护主任：C牌。

如前所述，为了获得B牌，必须先拿到A牌。同样地，为获得高级防护主任资格（C牌），必须先拿到B1牌和B2牌。

3. 轨区作业的防护层次

在层次上，轨区作业的防护可以分为中央防护和现场防护。有时"中央防护"也被称为"远程防护"，指由远离现场的人提供的防护。

（1）中央防护

中央防护是指由控制中心提供的防护，包括但不限于如下做法：

① 由电调对作业区的牵引供电进行切除，甚至安排供电专业人员在供电设备房把高速直流开关从开关柜内取出。这样做既可以把高压电的危险解除，也可以阻止靠牵引供电行驶的列车。

② 由行调通过无线电告诉所有相关列车司机某区段有轨区作业，以便司机小心驾驶，并在必要时停车。

③ 由行调把有关信号置于红色，可以阻止人工驾驶的列车。

④ 由行调安排信号专业人员在信号设备房把有关轨道电路的保险丝取出来以模拟有车占用，可以阻止基于轨道电路的固定闭塞制式下的列车。

⑤ 由行调对有关线路区段设临时限速。

⑥ 由行调在控制中心通过启动专门按钮防止牵引网恢复供电。

⑦ 由行调在控制中心通过启动专门按钮把有关线路区段的速度码置为零，可以阻止AM、CM模式下的列车。

上述做法都属于由中央（控制中心）提供的防护。一方面，它们的实施依赖于设备条件，比如⑥和⑦中提到的专门按钮，只有当系统设计中有这些按钮时，这些办法才有可能实施。另一方面，具体哪些办法需要实施要看轨区作业的具体情况。有的轨区作业只需其中一种防护办法，而有的轨区作业可能需要多种办法同时用。

（2）现场防护

现场防护是指由防护主任或高级防护主任（以下为了方便，统称防护主任）在作业现场或其附近所实施的防护，包括但不限于如下形式：

① 把红闪灯放在作业区的两端作为警示。

② 使用轨道电路短路器把有关轨道电路短路掉。

③ 就地通过开关把有关信号灯置于红显。

④ 在来车方向适当位置放响墩。

⑤ 使用脱轨器。

⑥ 把道岔固定在"防护位置"，以把来车方向来的车引到远离作业区的其他线路上去。

⑦ 使用"防护钥匙"。

⑧ 使用短路器对牵引回路进行短路。

⑨ 通过按压现场附近的按钮，防止牵引供电恢复。

⑩ 安排瞭望人员警戒。
⑪ 安放轨旁紧急制动触发器，对来车实施制动。参见本书案例36。

同样地，上述现场防护办法依赖于设备条件，比如⑨中提到的按钮。同时，到底使用哪种办法或哪些办法要视轨区作业的具体情况而定。

需要特别注意的是：不是每种防护办法都有同等的效力。实际上，有些防护办法并不十分有效，单独使用是不足以保证安全的。比如中央防护办法中的②，人为因素比重太高，不能单独使用。

4. 轨区作业的管理过程

（1）计划。

计划对任何事情都是重要的。

轨区作业空间是有限的，有时会有多个作业单位希望进入同一个轨区开展作业。可不可以让两个或更多作业单位在同一轨区同时开展作业呢？这要看各作业的性质。有些作业在性质上有冲突，就不能同时开展。比如，用触网检修轨道车对触网进行检修时，就不可对相应轨道进行换轨作业。

为了对轨区作业进行计划管理，有以下事情要做：

① 把轨区划分成一系列的区段，并给每个区段编个号码（给每段取个名字）。这样作业单位在申请时、计划部门在审批时、实时控制部门在对作业进行管理时就可以按号进行。

② 作业单位要提前一段时间（比如两星期）提出申请。随着计算机的广泛使用，这种申请现在越来越多地是"在线申请"，即作业单位通过计算机网络填电子表格。表格内容包括作业的起讫日期、时间、地点、工作性质和内容，对防护的要求、申请部门、联系人及电话等。填好的表格可以先"保存"，再提交，也可以一步到位，直接提交到计划部门。

③ 计划部门汇编所有申请，并检查是否有时间、空间上的冲突。如果有冲突，就要加以协调。

④ 批准和颁布作业计划。这样的工作是以"周"为周期的。所以在习惯上，这样的作业计划会反映在被称作"每周行车通告"的文件里。这个通告过去以每周"杂志"形式派发。有了计算机网络之后，为了环保，现在可以通过计算机网络来公布。除了所有作业单位会收到这个每周通告以外，控制中心、车站也都会收到。特别是控制中心，因为他们是对轨区作业进行实时管理的部门。

（2）实施。

① 作业单位在获知作业申请得到批准之后，要在作业日之前做好人手、工具、物料等方面的准备，并在作业的计划开始时间之前向控制中心"请点"。具体的做法曾经有下面的A，后来改为B：

A. 作业单位的防护主任直接向OCC请示。通常是用电话，也有直接到OCC面见控制员的。

B. 作业单位的防护主任到相关车站向站务人员报到，由站务人员通过电话向OCC请示。

B比A要好些，原因是：

如果防护主任只是打电话向OCC请点，OCC并不能验明防护主任的身份。如果要防护主任亲自到OCC面见行调，在作业单位较多时，大批人员到OCC也会带来问题。

在站务人员介入的情况下，站务人员可以对防护主任的身份、资格进行检查。站务人员在一线，有机会见到防护主任。

② 控制中心在做好中央层面的防护（比如牵引供电断电，设在 OCC 的相应防护按钮启动）之后，由行调向防护主任逐一下达允许进入轨区的"作业令"。每个作业队的命令号都不同。

③ 防护主任召开班前会，对作业人员进行班前安全检查，包括轨区作业所需的个人防护装备（反光背心、安全鞋）、身体状况等，并进行安全注意事项的宣讲。宣讲后，要求每个作业人员对安全宣讲进行签字确认，表明他已经清楚地了解安全要求。

④ 防护主任做现场防护，之后带作业人员进轨区开展作业。

⑤ 在作业过程中，防护主任要做好以下三个方面的工作：

a. 密切注意现场情况，以确保人员安全。比如如果发现红闪灯因电池问题而灭灯，要采取措施。再比如，如果发现有列车接近，要马上警告作业人员赶紧撤离作业区，并设法发信号让车停下。

b. 密切注意作业情况，防止作业对城轨造成损坏或带来安全隐患，以确保城轨自身的安全。

c. 密切注意作业进展情况，以确保作业在计划时间内完成。如果发现有不能如期完成的迹象，应及时采取措施。可能的结果有两个：

通过增加人手或减少工作量，使线路能在计划时间内恢复正常，即不需要延时。

经过各种努力，仍需要延时。这时需向 OCC 说明情况，请求延时。为了在继续作业的同时开始部分区段的列车运作，可能还需要增加防护措施。

⑥ 在作业完成之后，做"线路出清"——使作业区线路恢复正常，把作业人员、物料带出线路，向车站或 OCC "销号"。

三、案例分析

【案例 36】

信号检修工被撞身亡（日间）

2000 年 2 月 25 日上午 8:13，美国亚特兰大城轨东西线上一列东行的列车 T103 撞上了两名在轨区检查信号设备的维修人员，一人当场死亡，另一人受重伤。

一、背景情况

当时 MARTA（Metropolitan Atlanda Rapid Transit Authority）关于轨区作业的管理规定为需要进入轨区开展工作的人员提供了两个可供选择的程序：

程序 A：线路禁行程序

该程序的特点是作业区所在的线路区段完全封锁，列车需使用邻线运行。具体步骤为：

① 在每周的"轨区作业线路分配"例会上对下一周的轨区占用做计划并确认。

② 负责对作业区段提供防护的防护主任以"作业号"的形式接受任务。

③ 在进入作业区前，防护主任向控制中心确认"作业号"，并"请点"。

④ 控制中心安排对第三轨牵引供电进行断电，并把相关的道岔（如果有的话）转到"防

护位"（即把接近列车引向邻线）。之后将相关线路区段置于"封锁"状态，以保证自动进路排列设备不能对被置于"封锁"状态的线路自动排列进路。

⑤ 控制中心让防护主任在现场对第三轨进行测试，以确认已经断电。

⑥ 控制中心向防护主任"授点"，即授权占用相关区段。相当于下达"作业令"。

⑦ 防护主任对处于"防护位"的道岔加挂红色挂牌以提醒别人不要擅动此道岔，并在区段边界处安放警示信号旗、轨旁紧急制动触发器和轨道电路短路器。

（注：其中①是作业计划阶段，②是任务分派，③是请点，④和⑤是控制中心提供"中央防护"，⑥是授点，⑦是防护主任建立现场防护。）

程序 B：线路限行程序

该程序的特点是：列车可以低速或渐行渐停的方式通过作业区。具体要求是：

① 必须有个防护主任对作业区进行防护。

② 防护主任用双向无线电向控制中心请点。

③ 控制中心向防护主任授权。

④ 控制中心用无线电每小时一次地向有关列车的司机发"限行通知"。

⑤ 防护主任在作业区的轨旁放置减速慢行信号旗。

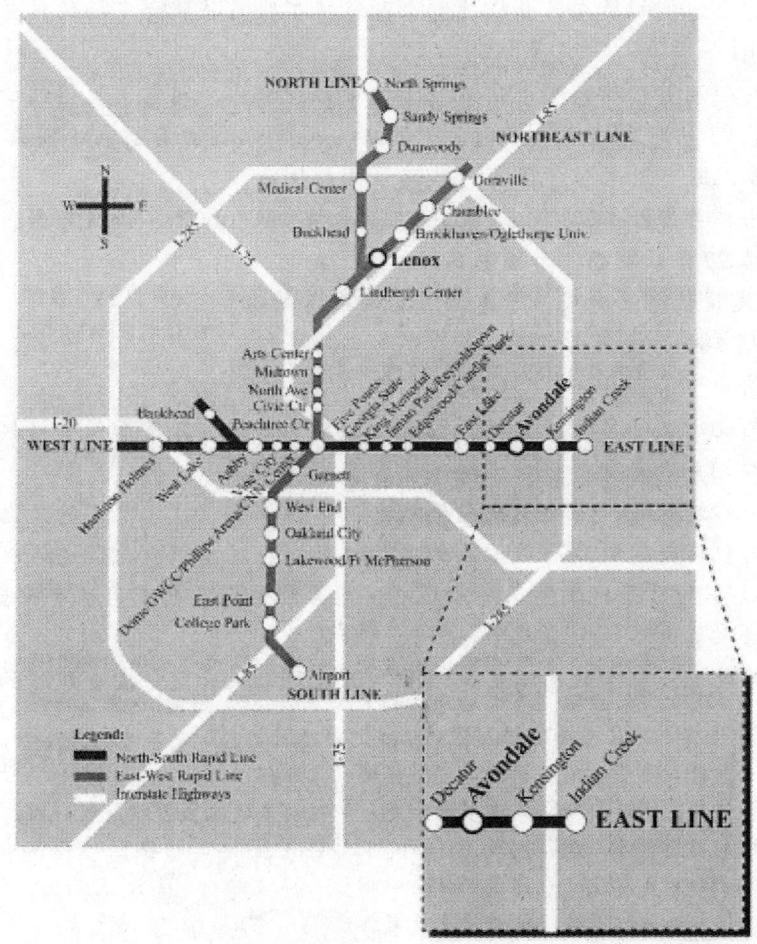

图 7.47 MARTA 城轨的网络及出事地段的局部放大示意图

出事地段的线路布置及出事地点的照片如图 7.48 所示。

图 7.48　出事地段的线路布置示意图及出事地点的照片

二、事故经过

2000 年 2 月 25 日，两个信号维修工（一个高级技工和一个技工）在完成位于 Avondale 站西侧线路上的工作后，于 8:03 用电话向控制中心作了报告并请求许可，以便对位于 Avondale 东侧靠近 Avondale 车场的轨道电路进行检查，因为他们接到通知说那里的轨道电路有点不太正常。

控制中心同意了他们的请求，并提醒那个高级技工联系并照会车场的信号楼控制员（车场控制中心行调）。

车场信号楼的控制员在接到那个高级技工的电话请求后，同意了他们的请求。

大约 8:12，T103 列车到达 Avondale 站。之后，列车以自动驾驶 AM 模式 25 mile/h 的车载信号限速离开车站东行进入位于上下行线路之间的侧线。

此时，那两个信号维修工正在 Avondale 车站以东约 1 000 ft、侧线与西行（下行）正线交汇处道岔以东约 27 ft 处检查一个继电器箱。

T103 的司机发现轨道上有人，于是马上启动紧急制动。

8:13，T103 列车撞上那两名信号维修工。

三、调查结论

事故调查认为此次致命事故的直接原因是：控制中心人员、车场信号楼控制员以及那两名信号维修工没按相关规定安排防护。具体表现在：

（1）向控制中心请点时，应使用双向无线电，但那位高级技工使用的是电话。如果用无线电，那么列车司机有可能听到有关请点的通话，可能会注意到有人会进入轨区。

（2）控制中心/车场信号楼控制人员未按规定用无线电通知列车司机有人会进入轨区。

（3）信号维修人员未按规定在轨旁设减速慢行信号旗。

事故调查认为此次致命事故的深层原因是：管理层未认真监督检查规程的执行，任由工作人员按自己的习惯行事。调查发现：

（1）控制中心人员不使用无线电通知司机有关轨区作业情况，而指望司机自己去监听无线电对话从而了解轨区作业情况的做法已经"常态化"了。

（2）轨区作业人员普遍认为程序 A 和程序 B 只适用于真正的轨区作业，而在轨区内进行"检查"是不需要执行 A 或 B 的。

四、事故后的改进措施

2000 年 3 月 10 日，MARTA 专门为在轨区进行的"检查"做了如下规定：

当需要进入轨区进行"检查"活动时,虽然相关轨区不需切除牵引供电,也不需对列车通行加以限制(列车可以按 AM 或 CM 正常行驶),但是:

(1)必须至少两个人一起。
(2)必须是 MARTA 受过训练的员工,其中一个至少持有"三级证书"。
(3)其中一个必须担任"专职瞭望员",其职责是:
使用双向无线电向控制中心请点,讲明他的身份,为什么做检查,在什么地方检查。
在得到控制中心的许可后,带队开展"检查"活动,并在整个检查期间认真瞭望。发现危险时,及时向检查人员报警,以迅速撤出轨区。
(4)控制中心必须以广播的方式用无线电通知所有的列车司机。司机必须回复控制中心以表明他收到相关信息。

【案例 37】

车站天花板维修工被撞身亡(夜间)

2000 年 4 月 10 日凌晨 2:30,在美国亚特兰大城轨的东北线上,一列加开的列车在经过 Lenox 站时撞上了站台上维修天花板所使用的机动伸缩臂工作台车。两名在工作台上进行天花板维修的工人被抛出工作台掉到站台上,双双丧生。

一、背景情况

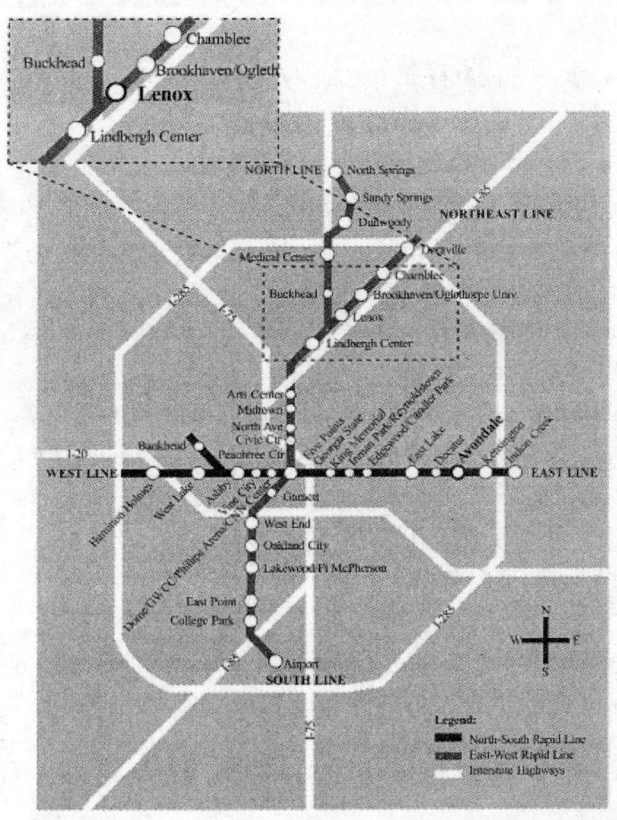

图 7.49　MARTA 城轨的网络及出事地段的局部放大示意图

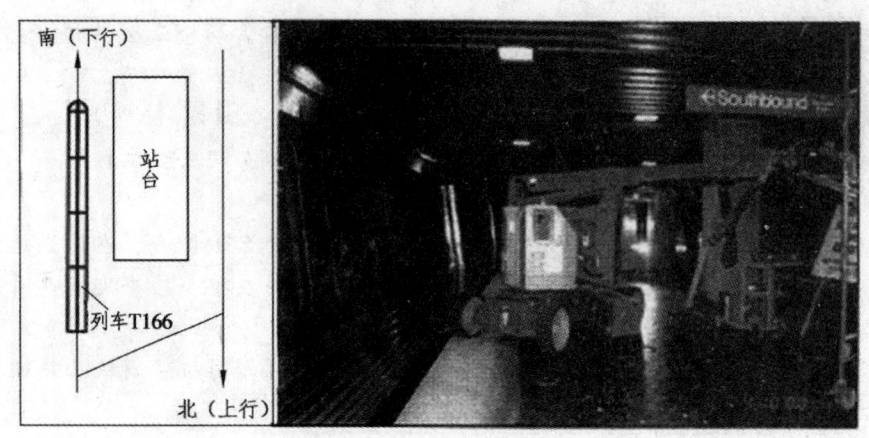

图 7.50 出事地段的线路布置示意图及出事现场的照片

MARTA 管理轨区作业的三种程序参见上一案例（案例36）。

1999年5月17日，MARTA 与一家工程公司签订了对城轨车站天花板进行维修的合同。合同规定：

该维修工作在非运营时段内进行（非运营时段为每天的 02:00—04:00），请点和防护按程序 A 执行。

MARTA 是唯一的权力机构来决定防护的要求。遇到下述情况，需要由 MARTA 的防护主任提供防护：承包商的人员或设备可能进入轨道中心线周围 15 ft 的范围内，包括轨道上方的空间。

事故发生时 Lenox 站天花板维修工作已进行大约 4 个月，4 月 10 日是最后一天。

二、事故经过

4 月 10 日凌晨约 1:35，上行最后一班城轨车（T166）从 Lenox 站开出后，防护主任用无线电向控制中心请点，并说明了承包商的人会把维修天花板所需的机动伸缩臂工作台车放在下行（南向）站台上。

大约 2:00，控制中心授点给防护主任。

大约 2:07，防护主任检测并确认下行线的第三轨已经断电。之后，承包商的人开始天花板维修工作。防护主任站在站台上。

与此同时，一群（18 个）在市区参加午夜活动的城轨乘客本打算在 Lindbergh 中心站换乘后前往 Dunwoody 站。但到了 Lindbergh 站才发现去 Dunwoody 的末班车已经离站了。

MARTA 的警察发现了这一情况，并通知控制中心。控制中心决定把 T166 列车从 Doraville 站召回，开往 Lindbergh 中心站去搭载那 18 名乘客。

约 2:15，T166 的司机在接到控制中心的通知（调度命令）后，以 CM 模式（大约 50~60 mile/h 的速度）南下开往 Lindbergh 中心站。

因为现在 T166 是加班车，目的地是 Lindbergh 中心站，所以 T166 的司机沿途没有停车。当 T166 列车接近 Lenox 站时，司机注意到站台上有人招手示意停车，他立即施加紧急制动，但为时已晚。列车撞上工作台车的工作台，两名工人被抛到站台，当场丧命。

三、事故调查

调查表明：

（1）虽然合同中规定对作业区的防护应按程序 A（线路禁行）来执行，但每周轨区作业例会上却决定使用程序 B（线路限行）。

（2）虽然每周轨区作业例会上决定使用程序 B，但控制中心实际上是按程序 A 执行的，包括对第三轨断电、把道岔转到"防护位"。

（3）虽然控制中心执行了程序 A，但执行得不完整：

① 没有把相关线路区段"封锁"起来。所以当 T166 南下开往 Lenox 站时，自动进路排列设备把原本置于"防护位"的道岔又转回"通行位"。

② 控制中心没有告诉"T166"司机有人在 Lenox 站的站台上作业，并有可能妨碍列车通行。控制中心也没有通知在 Lenox 站维修天花板的作业人员一列加班车会经过。

（4）防护主任没有按程序 A 的要求在作业区边界放置：

① 轨旁紧急制动触发器；② 轨道电路的短路器；③ 警示信号牌，也没有给处于"防护位"的道岔加挂红色挂牌。

当问及为什么没有做上述防护时，防护主任提到过去的四个月一直都是这么做，其间督导员曾几次到现场检查工作，也从来没有说过什么。

【案例 38】

伦敦地铁因防火毡导致的脱轨事故

2007 年 7 月 5 日早上 9:01，英国伦敦地铁 Central Line（中央线）的一列西行列车在离开 Mile End 站后不久，轧到横在钢轨上的一卷防火毡而脱轨，所幸只有一名乘客受轻伤。

一、背景情况

脱轨事故发生在伦敦地铁中央线 Mile End 站以西大约 350 m 的西行隧道里，如图 7.51 所示。

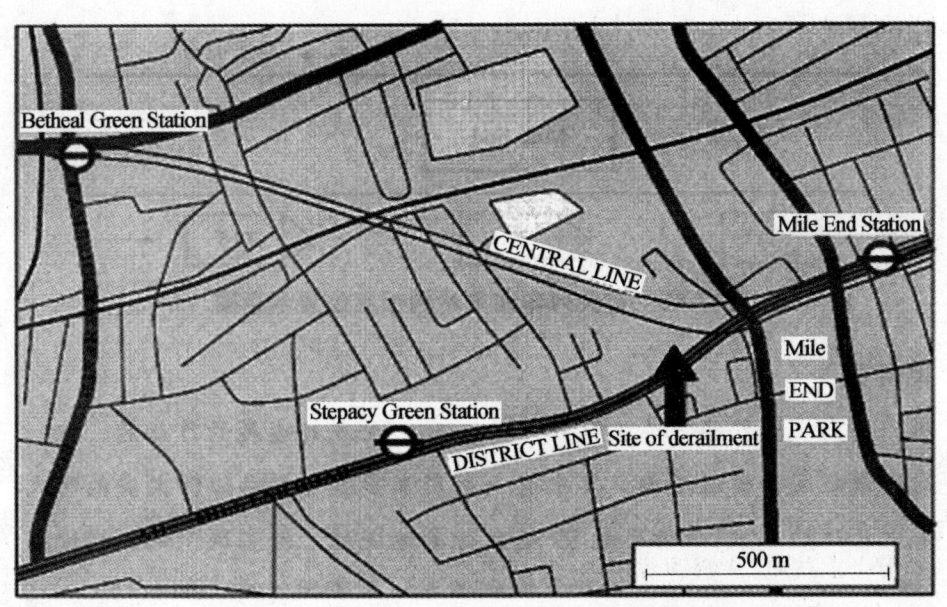

图 7.51 事发地点及相关车站的位置示意图

脱轨处位于半径为 400 m 的曲线上，下坡（坡度为 1∶125）。脱轨的列车（T117）由 8 节车厢编组而成，正常情况以 AM 模式运行，司机负责列车到站后车门的开和关、离站前 ATO 启动按钮的按压及运行途中的监视（在运行途中，如遇意外，司机可以使用紧急停车按钮来迫停列车）。

二、事故经过

T117 列车于 08:28 从 Hainanlt 车场进入正线开始载客服务。

大约 09:00，司机在确认 Mile End 站台上站务人员发出的手信号及站台发车信号后，关闭车门，按压两个 ATO 启动按钮，列车以 AM 开始加速。

大约 300 m 后，司机看到右前方轨道上好像有个大的塑料袋在随风飘动。因为经常有塑料袋出现在地铁隧道里，所以司机并未觉得有何不妥。

又过了一段距离，司机虽然注意到那个东西更像是一块大的塑料布，但仍未觉得它会影响列车的运行安全。就在这时，他听到车下一声巨响，车体也往上跳了一下。感到情况不对，司机马上启动了紧急制动。列车在继续前行了约 197 m 后停了下来。

脱轨的列车导致牵引供电回路的短路、跳闸以及隧道照明灯的自动点亮。牵引供电的缺失使车内照明自动转为由车载电池支持的紧急照明。

列车停下后，司机用无线对讲机向控制中心报告列车脱轨。控制中心通知消防及医护等急救部门前往救助。

10:01，T15 列车上的 369 位乘客开始步行向 Mile End 站疏散。

10:19，T117 列车上的 520 位乘客开始步行向 Mile End 站疏散。

11:30，隧道内所有的乘客都到达 Mile End 站。

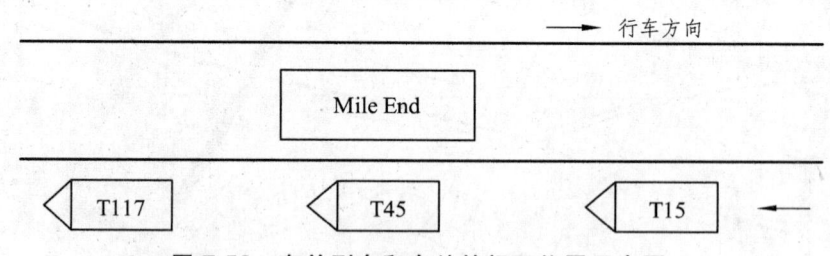

图 7.52　有关列车和车站的相互位置示意图

三、事故调查

调查表明，负责线路维修的施工队在 7 月 4 日夜至 5 日凌晨的作业后，把一些施工材料存放在上下行隧道之间的横通道内。其中有一卷用来覆盖可燃品以防火灾的防火毡由于没有固定好，被早上来往的 74 趟西行车和 59 趟东行车造成的"活塞风"刮到横通道口。并在前行车 T110 过后、事故车 T117 经过之前滚到轨道上。参看图 7.53～图 7.55。

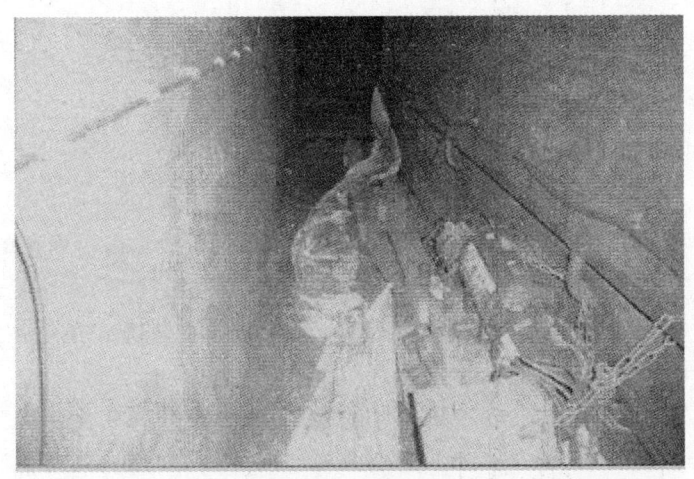

图 7.53 横通道及存放在横通道内的物品

图 7.54 被活塞风吹到轨道上的防火毡

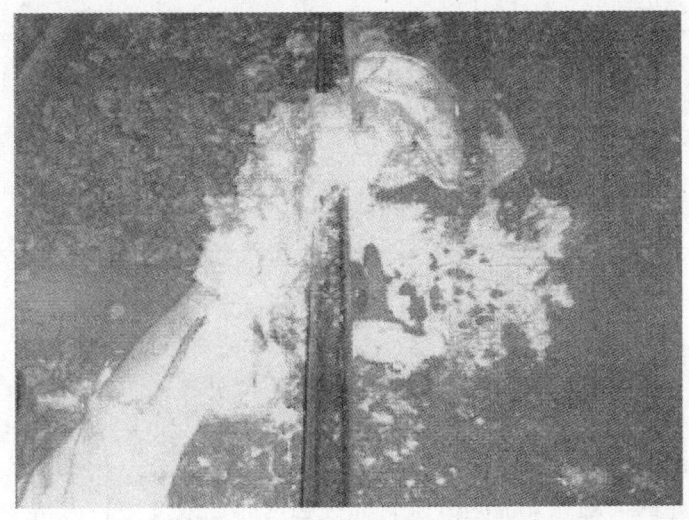

图 7.55 被车轮轧过的防火毡

第五节 轧道车

在城轨系统中，通常夜间列车停运后会有轨区作业，比如道岔维护保养、更换钢轨等，这些作业多多少少都会对线路的状态造成影响。为了保证第二天载客列车的运行能正常进行，特别是保证乘客的安全，有必要对线路的状态进行检查。最理想的做法是开行不载客的旅客列车，这样的车可被称作轧道车。当然其作用并不止于检查轨道，还包括对沿线其他设备如供电（接触网或授电轨）、信号等的检查。

在开行轧道车时，一方面要尽量接近正常载客列车的运行形式，如果轧道车没碰到什么意外，那么之后的载客列车就基本上不会有什么问题。但是另一方面，因为是轧道车，也就意味着对线路的条件/状态存有顾虑，所以要谨慎，具体表现为速度比正常载客列车要低，而且最好采用人工驾驶，即使列车具有无人驾驶功能。这是为了在碰到异常情况时能及时停车。

由于载客列车要等轧道结果表明线路条件良好之后才能出发，当线路很长时，为了让载客列车能早些出发，可以不等轧道车走到线路尽头。当然这样做存在一些风险，即万一后续的轧道发现问题，但载客列车已经上路了。

轧道车的开行是在轨区作业结束之后，而在首班载客列车开行之前。为了保证夜间轨区作业时间不受影响，且首班载客列车能按时开行，有些城轨公司把首班客车兼作轧道车，特别是在线路建成运行一段时间对线路设备及轨区作业线路出清管理有了一定信心后。这样做意味着城轨公司认为风险处于可接受水平。

也有不开轧道车而只派车站员工步行巡道的。当然从工作量和巡道所需时间两方面考虑，需要多个车站（常常是所有车站）同时派员进行巡道。巡道路线通常如图 7.56 所示，其中甲站是一个终点站。

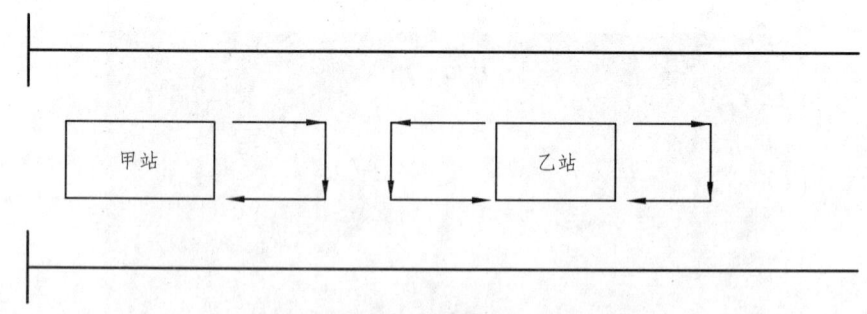

图 7.56 步行巡道的路线示意图

这样的巡道路线使得各站派出的巡道员工自然回到各自车站。当然这样的巡道路线要求上行隧道和下行隧道之间有横通道，而通常上下行线路之间确有这样的横通道。

这种巡道因采用的是目测，所以虽能发现线路上的异物及一些较明显的设备问题如接触网断线，但不大明显的问题就无能为力了，如接触网的轻微位移。

【案例 39】

道克兰轻轨（Dockland Light Rail）脱轨事故

2008 年 4 月 4 日 05:22，在英国伦敦道克兰轻轨线路代普特伏德桥站以北约 60 m 处的上行线发生客车脱轨事件。虽然造成车辆及线路设备的部分损坏，但幸运的是没有人员伤亡，尽管当时车上包括司机在内共有 56 人。脱轨事故的直接原因是列车撞到了轨道上的障碍物——夜间轨区作业遗留下来的用于引导钻机准确打孔的钢制便携式定位模板。出事地点与代普特伏德桥站所在区段的线路示意如图 7.57 所示，脱轨列车及轨道情况如图 7.58 所示，造成列车脱轨的定位模板如图 7.59 所示。

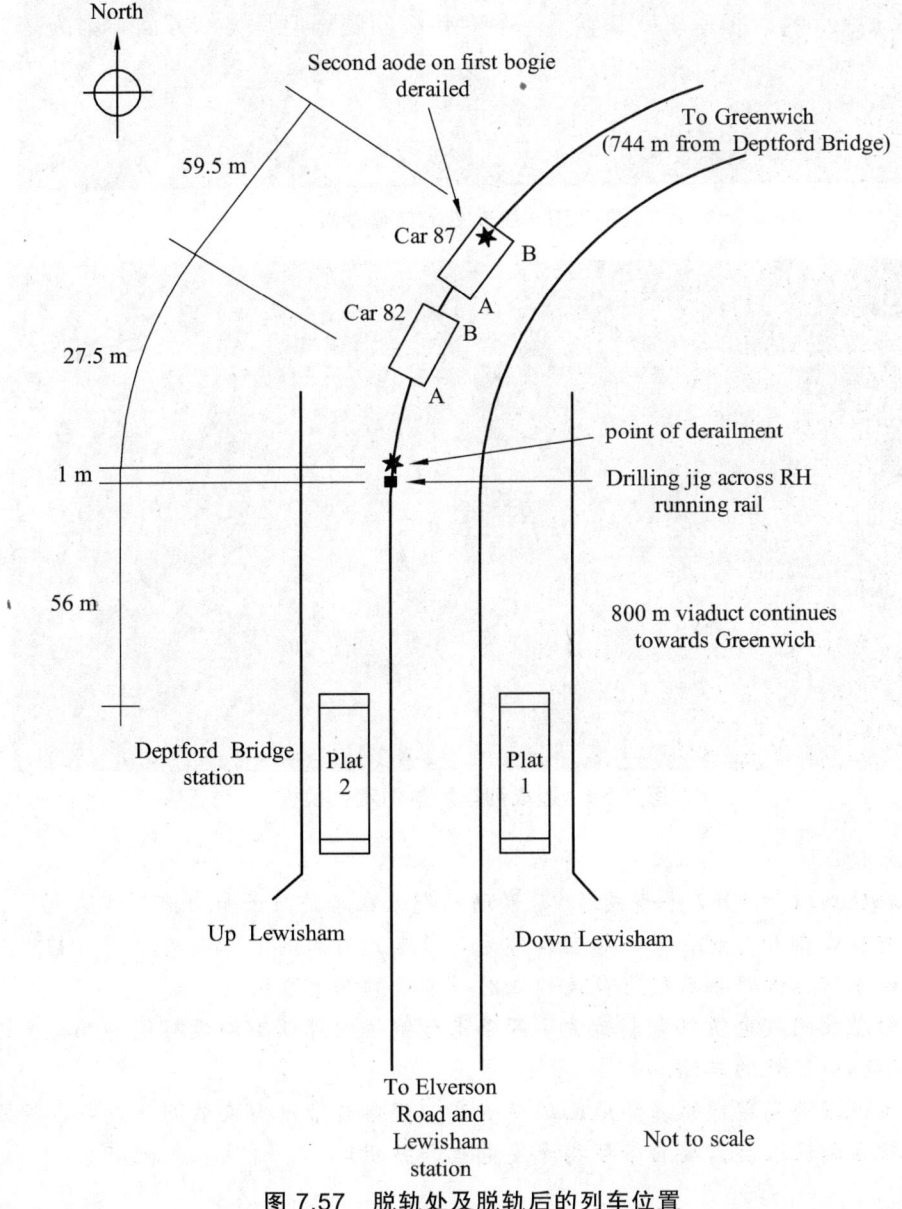

图 7.57　脱轨处及脱轨后的列车位置

155

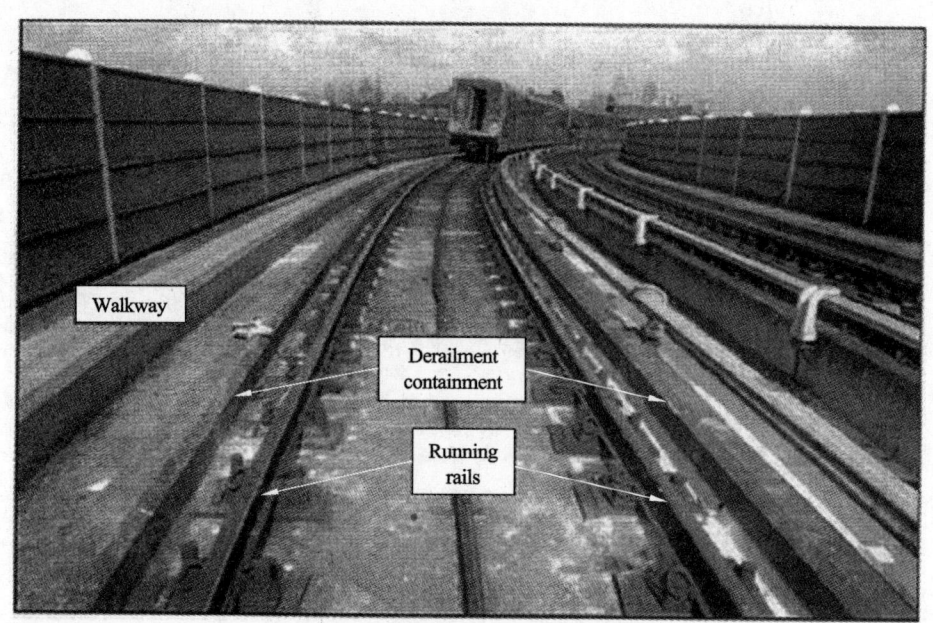

图 7.58　脱轨处的轨道情况

图 7.59　造成列车脱轨的定位模板

一、背景情况

道克兰轻轨线路于 1987 年建成通车。开通初期只在工作日开行且末班车大约在 21:00 收车。当时在首班客车开行前会开一趟空车作为轧道车。后来随着客流的增加，首班车的时间逐步提前，而末班车逐步推后使得夜间作业时段缩小到只有 3 h。

道克兰轻轨使用授电轨供电。轨旁（两条走行钢轨的外侧）均设有钢筋混凝土造的脱轨车挡，意在阻挡脱了轨的车轮。

事故发生地段为高架线路，距地面约 7 m 高，线路自身没有安装照明设备，周围也没有路灯，夜间轨区作业人员需要自带便携式发电机和照明灯具。作业人员配有头戴式电筒，但没有手电筒。

脱轨列车由两个铰接车（87号及62号）连挂组成，即共有4节车厢。驾驶模式有全自动无人模式和两种人工手动模式。全自动无人模式由车载ATO在ATP的自动保护下自动驾驶，司机可以在列车其他部位做检票等工作。

第一种人工手动模式（CM）带轨旁及车载ATP速度保护。司机在限制速度以内驾驶。

第二种人工手动模式（RM）只带车载ATP保护，司机按不超过20 km/h的速度驾驶并注意瞭望，随时准备停车。

事发时的规程规定，每天早上的轧道车以ATO模式按OCC设的限速运行，司机位于列车前端驾驶位，注意瞭望，并在必要时使用紧急停车按钮把列车停下来。

二、事件经过

（1）一个由4人组成的作业队在01:15—04:00完成了轨区作业。作业地点在代普特伏德桥站以北约60 m处，作业性质是用冲击钻在混凝土道床上打孔，以便安装新的钢轨扣件。

（2）在大约04:05，客车司机在泡普乐车场报到。04:44他一边走向87/62号停靠的泡普乐车站，一边用对讲机联系OCC。这是按规定对对讲机进行功能检查。

（3）司机于04:50到达泡普乐车站并上了车。在进行列车整备的过程中司机收到OCC行调用对讲机下达的指令：驾驶87/62号列车在泡普乐和莱威士汉站（另一端的终点站）之间轧道一个来回（从泡普乐到莱威士汉是下行）。

（4）司机复诵时说：他将从泡普乐到莱威士汉开车轧道，而回来时将选用常规ATO模式。OCC没有对司机的说法进行纠正，也没有重申回程时轧道。

（5）稍后OCC又指示司机：在到达爱沃森路站时停车（轧道车一般在沿途各站不停车）并用对讲机联系OCC，因为OCC收到的故障报警显示爱沃森路站之后的线路有些问题。

（6）04:55，87/62号车从泡普乐站出发，此时司机位于列车前端的驾驶位。在列车于05:12到达爱沃森路站停车后，司机联系OCC。OCC指示司机，转成人工手动模式，前往莱威士汉站第6站台，然后选择ATO模式。

（7）司机复诵了OCC的指示并确认在到莱威士汉站后选择常规ATO模式返回。OCC在听完司机的复诵后结束了通话，没有重申回程也要轧道。

（8）司机在结束通话后，转换驾驶模式到人工手动。到达莱威士汉站后，他选择了常规ATO模式，并站在从朝向泡普乐方向的车头数第2道车门处，按常规操作车门。他没有按轧道车要求的那样站在列车前端进行瞭望。

（9）05:19，87/62号车以ATO模式离开莱威士汉站，并于05:22到达代普特伏德桥站的上行站台。站内闭路电视录像显示，乘客上了车。

（10）05:22:43，列车出站，05:22:53，列车撞到位于右侧钢轨上的障碍物后，第一个转向架的第二个轮对脱轨。

（11）司机感觉到了列车上下颠簸，马上把车门钥匙插入车门控制盘并转动钥匙迫停列车。

（12）当时列车以37 km/h的速度运行，在脱轨后又行驶了约87 m才完全停下来。列车在撞到障碍物5 s（走行54 m）后启动紧急制动，又过了7 s（走行约34 m）才停下来。

（13）列车停下来后，司机马上用对讲机向OCC报告。OCC指示他带乘客去位于后面比较靠近脱轨事发地点的代普特伏德桥站。

（14）05:23:27，也就是87/62号车脱轨后22 s，一列下行驶向莱威士汉站的列车从出事地点旁开过。显然该车的司机还不知道87/62号列车脱轨的事。

（15）05:53，87/62 号车上乘客开始通过位于车尾的逃生门疏散，步行到代普特伏德桥站。06:03 所有乘客下了车。

三、事故调查

这次脱轨事故的直接原因是列车撞上了障碍物，间接原因包括：

（1）轨区作业负责人在施工结束后没有认真进行"线路出清"。

（2）作业区照明不足，而且用来为临时照明灯具供电的发电机在施工结束后被关掉了。作业负责人也没有手电筒，虽然有头戴式电筒。

（3）作业负责人在离场时未对作业工器具进行认真清点。事故调查报告除了指出上述事故原因外，还指出了其他一些值得重视的问题。比如：

（1）司机未正确理解 OCC 的指示，OCC 也未纠正司机的错误理解。

（2）公司关于用 ATO 模式运行轨道车的规定值得进一步研究。

（3）列车脱轨事故发生后，如何阻止另一方向线路上的列车通过事故地段，以防"二次事故"的发生。

【案例 40】

内燃工程车漏油导致两列客车相撞事故

1993 年 8 月 5 日上午 07:46，某地铁两列载客列车发生相撞事故，造成多人受伤和列车损坏。

一、背景情况

出事的地铁线是一条既有地下线又有高架线的线路。事故发生在高架段的 A 站上行进站端，如图 7.60 所示。

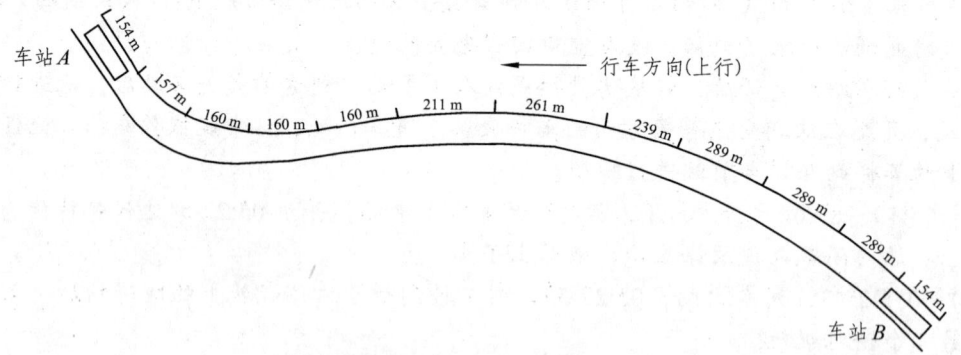

图 7.60 事故线路示意图

图中显示了从 B 站到 A 站的轨道电路的长度以及在车站 A 上行站台有车占用时，其后方轨道电路对应的 ATP 速度码的情况。ATP 速度码依次为：0/0，40/0，62/39，78/61，78/77，78/77，……。

这条线的列控系统具有 ATP 功能，采用的是双码固定闭塞。正常情况下列车由 ATO 自动驾驶，必要时可以 CM 模式驾驶。

二、事故过程

06:10，上行首班车（T1）在 AM 模式下以 60 km/h 的速度接近 A 站时触发了紧急制动，整个列车冲出站台。司机及 A 站站长向 OCC 报告。

06:19，上行第二趟车（T2）司机接到 OCC 的指令以 CM 模式离开 B 站，并小心驾驶，因为首班车在 A 站上行站台严重越位。列车 T2 虽发生车轮打滑，但最后还是勉强在 A 站上行站台停准。司机向 OCC 报告有打滑情况，制动困难。

06:27，第三趟车（T3）到达 B 站上行站台。OCC 行调告诉他前方线路轨道打滑，并指示他要慢速小心驾驶。T3 的司机依指令驾驶得以在 A 站停准，虽然也发生车轮打滑现象。

06:28，OCC 推断列车严重越位是由于轨道打滑，于是按规定一方面通知工务部门派人前去处理，另一方面指示 B 站站长在上行站台竖告示牌提醒司机轨道打滑小心驾驶，并开启站台头端墙的黄闪灯以引起司机的注意。告示牌写的是：以 CM 模式前往 A 站；进 A 站时要慢行；沿途轨道打滑。但是告示牌上没有明确限速等级。

06:29，OCC 值班主任向车辆段主管询问是否有关于调车机车漏油的报告。

06:30，OCC 指示 A 站站长查看轨道上是否有油渍。A 站站长查看后报告发现油渍。

06:35，OCC 通知工务部门在轨道上发现有油。

06:39，第四趟车（T4）被扣在 B 站。OCC 告诉 T4 的司机前方线路有油，并指示他小心驾驶。司机在 A 站停准后向 OCC 报告有打滑现象，制动困难。

06:40，工务部门派了十五个人前往 B 站。

06:51，T5 在 A 站停准，但也存在打滑及制动困难现象。

06:59，T6 在 A 站停准，但也存在打滑及制动困难现象。

07:00，OCC 值班主任换班，车站站长也换班。

07:05，工务部门派来清理油渍的人员在一名技术主任的带领下到达 B 站，但被告知：由于正在交接班，需要等一会儿才能办理下轨道的手续。

07:07，T7 在 A 站停准，但也存在打滑及制动困难现象。

07:10，由工务部门派来的高级技术主任来到 B 站。他向 B 站站长借无线对讲机，但被告知 B 站没有多余的对讲机可以外借，于是他前去 C 站希望能借到对讲机。

07:16，T8 在进入 A 站时越位约一节车的位置。在向 OCC 报告后，OCC 指示 T8 的司机不要开车门，直接去下一站，因为越位太多（注：OCC 事先没有提醒 T8 司机轨道打滑，T8 司机也未听到无线电对讲机中有关其他车停站时越位的通话）。

07:23，T9 在 A 站停准，但也存在打滑及制动困难现象（注：OCC 有提醒 T9 司机轨道打滑，并指示他小心驾驶）。

07:30，OCC 行调换班。

07:31，T10 在进 A 站时轻度越位约 4 m，车上有乘客启动紧急对讲器。在紧急对讲器复位前列车无法离站。此外 T10 的主风缸气压过低，也导致列车不能马上离站。

07:35，工务部门的高级技术主任从 C 站借到对讲机回到 B 站。

07:42，T11 从 B 站出发前往 A 站。由于对线路有油一事不知情（OCC 没有通知他），T11 进站时严重越位约一节车的位置（其到 A 站的时间为 07:45）。另外，T11 也因为主风缸气压过低而一时无法离站。

07:44，T12 到达 B 站。OCC 没有提醒 T12 司机轨道打滑。T12 在进入速度码为 62/39 的轨道电路时，由于实际速度为 68 km/h（车载信号设备的记录）而引发紧急制动。T12 在 A 站上行站台的进站端以 25~30 km/h 的速度与 T11 相撞，事故发生的时间为 07:46。

三、事故调查

1. 事故的直接原因

当天（1993 年 8 月 5 日）凌晨用于线路维修作业的内燃机车在回段途中大量漏油（约 50 升），导致约 2.5 km 的正线轨道表面湿滑。

2. 机车漏油的原因

液压传动系统中的一个橡胶垫圈破损。

3. 事故其他促成因素

（1）事故机车的状况存在问题：

① 车上虽然装有漏油指示器，但在大修后，该指示器的报警触发条件改为只有在漏油量达到 50 升时才发出报警。

② 用于发出声音报警的发声器在机车大修后并未安装。

③ 检测油量的信号线被误接到超速显示器上而没接到漏油指示器上。

（2）在意识到钢轨条件不良后，相关方面（控制中心、车站、工务清理人员）对事态严重性认识不足，所以对油渍清理不及时且对列车运行限制不到位。

（3）OCC 行调擅自把交接班时间由 07:00 改到 07:30，导致交接班时间更靠近早高峰。

（4）OCC 行调在交接班时没有交代清楚，致使接班的行调对情况不了解，因而没能采取有效措施（比如提醒从 B 站出发的司机）防止事故发生。

（5）车站告示牌信息不全面不具体，比如，没明确是什么原因造成钢轨打滑，到底应以什么样的低速慢行等。

除了上述因素外，没有严格的"轧道车"制度也是此次事故的原因之一。如果有严格的"轧道车"制度，那么在发现线路条件不能满足运行要求后，就会有一整套的跟进措施对漏油地段进行处理，而不会像案例中发生的那样。

小资料

全面安全管理方案

某城轨运营公司（A）为了做好安全管理工作，聘请了一家专业顾问公司（Z）对安全管理进行全面设计。该顾问公司长期从事安全管理的研究和咨询，在航空、航海、公路运输、核电站、铁路运输等多个领域积累了丰富的安全管理经验。Z 公司为 A 公司设计了一个简称为"14 条"的全面安全管理方案。14 条是指在所设计的方案中共有 14 项和安全管理相关的工作，具体如下：

1. 公司管理层的决心
2. 公司的安全政策
3. 专业的专职安全管理人员
4. 安全委员会
5. 安全意识教育
6. 定期的内部安全审计
7. 公司管理层的定期检讨
8. 查隐患、避风险

9. 事故报告、调查和趋势跟踪
10. 应急预案
11. 设备维修管理
12. 人力资源管理
13. 对物资/服务及对合同商的管理
14. 对变化/改变的管理

一、公司管理层的决心

公司管理层的决心和积极的参与是所有有效安全管理系统的"基石"。如果公司上层缺乏对安全管理的决心、参与和推动，那么就不大可能单靠公司其他层面上的员工的主动性自然形成并保持好的安全工作态度和习惯。这是因为：一方面，每个个体对安全的重要性的认识程度不会自然而然的一致，所以需要外力来统一认识和行动；另一方面，即便公司其他层面上的个体由于某个因素或巧合而对安全形成了一致的正确认识，但如果没有相应的资源，这些认识也无法顺利地化为行动而产生实际的效果。

公司管理层是促进统一的正确认识的主动力来源，同时又掌握着资源的支配权，所以是安全管理成功的第一关键。正如俗语中所说的，"火车跑得快，全靠车头带"。

公司管理层的决心是第一关键，那么如何形成和保持呢？第一，管理层的员工首先要接受关于安全管理的培训，先在管理层统一认识，这包括安全对社会及公司整体的重要性，以及安全对每个员工的重要性，特别是安全对自己"乌纱帽"的重要性。第二，建立公司领导对安全工作的问责机制：出了事情，责任人无法逃避。

这方面的一些常见"病症"（即工作不到位）的表现有：

（1）领导成员本身对安全工作不了解，是外行。不仅没有正确的认识，更不知道从何处下手。

（2）公司对领导成员的安全责任界定不清楚，不具可操作性。

（3）公司管理层对安全的决心没有明确地表示出来，不为其他层面的员工所知。

（4）领导成员不以身作则，甚至利用自己的职权违反安全规定。比如为了不影响列车司机的正常操作，通常对进入司机室的人员数量有限制，但有的领导出于各种原因（包括显示自己的权力），违反规定带超量的人员进入司机室，并大声喧哗。

二、公司的安全政策

管理层的决心需要在第一时间转化为明确、切实的安全政策、并予以正式宣布。下面是顾问公司推荐的安全政策：

A 公司安全政策

（1）安全是每一个人的责任，也是每一个人的最大利益。

（2）公司致力于营造一个安全的环境，以确保在本公司管辖范围内的工作人员（包括本公司员工及任何其他获准在本公司所辖城轨系统内工作的人员，如承包商的员工、消防人员、店铺租户等）及公众人士（包括城轨乘客及其他有恰当理由进入城轨系统的人士，如利用城轨设施穿越道路、到城轨范围内参观的人士等）的安全与健康。

（3）为实现上述目标，公司各级管理人员要：

① 排查隐患，采取防范措施和制定紧急预案。

② 培训各自的员工，并监督执行。

③ 对意外进行及时认真的调查，总结和吸取经验教训，并对本安全政策及其他相关管理

办法进行定期和不定期的检讨与改进。

该政策的核心是"一、二、三",即每一个人、二类人员、三个步骤。

三、专业的、专职安全管理人员

公司的安全政策不能停留在纸面上,其贯彻实施需要足够数量的专业、专职安全管理人员。

这方面的常见"病症"包括:

(1) 数量不足,导致有些安全工作不能及时开展。如对事故的调查不能及时进行,以致经验教训不能尽快总结和学习。

(2) 安全工作人员业务能力不够。比如虽然在别的行业做过安全管理工作,但对城轨交通的特点认识不足。所以只能做防火安全、用电安全等方面的工作。又比如,缺乏对本行业安全管理工作新思想、新方法的了解和认识,观念陈旧落后,不能对安全工作起到带动和导向作用。

(3) 安全工作人员的职责不为其他员工所了解,有时存在误解,妨碍了安全工作的开展,降低了安全工作的效率。

四、安全委员会

专职安全管理人员的数量再多也还是有限的,单靠专职安全管理人员是不够的,特别是由于他们不可能个个都是城轨交通各技术领域的专家。安全委员会可以:

(1) 使安全工作人员充分借用城轨交通各部门专家的专业技术知识和经验。

(2) 使安全工作人员及时了解各生产部门的想法。

(3) 为专职安全工作人员提供一个推动安全工作的平台。

可以同时有不同层面上的安全委员会,如:

(1) 由各大主要生产部门主管领导组成的高层安全委员会,以制定大政方针。

(2) 由各主要生产部门内部管理人员和一线员工代表组成的基层安全委员会,研讨日常生产过程中的具体安全问题。

(3) 以专业划分的安全委员会,负责相应专业的安全问题。

要处理好各安全委员会之间的关系,特别是要由公司安全部统一掌握各安全委员会的工作成果,并做必要的协调。

常见的病症有:

(1) 安全委员会只是个摆设,没有真正研究实际的安全问题。

(2) 对委员会在研究问题之后所做的决定没有跟踪检查其落实情况。

(3) 对一些员工反映上来的安全问题采取敷衍态度,让员工自己想办法克服。

(4) 对已经暴露出来的安全问题,研究处理不积极(拖延)。

(5) 研究重点有偏差,比如只注重一般防火安全,用电安全,职业病预防等,而忽视行车安全、轨区作业安全等。

五、安全意识教育

安全工作要"全民皆兵",而且全都是"现役"即全天候,随时随地把安全放在心上,单有前面的四项也还是不够,还需要:

(1) 每个新员工在加入公司时接受相应的安全培训,并签订安全合同。安全合同包括:

① 公司对员工安全应负的责任。

② 员工自己应负的责任。

（2）实行"班前安全会"制度，开工前由班组长强调安全注意事项。

（3）每位员工定期接受安全再培训，如每年一次或两次的安全宣讲。

（4）设立安全热线电话（选用易记的号码），要求员工及时反映安全相关问题，并视情况给予奖励。该电话设在 24 h 有人值守的城轨运营控制中心。安全问题容不得延误。

（5）利用内部网络办"安全"论坛/讲坛，鼓励员工反映、探讨安全问题。

六、定期的内部安全审计

审计的目的是看已经开展了的工作进行得如何，以便确定下一步的行动。就像大海里航行一样，要时时检查船的位置和方向。审计工作的基本做法是把实际开展了的工作和原计划中所列的要做的工作一一对照，看有没有差别，有什么差别，有多大差别。常见病症有：

（1）走过场，搞形式，不真正揭露存在的问题。

（2）对发现的问题，只讲理由，不讲如何补救、改进。

（3）不对已经提出的补救、改进建议进行有效的监督落实。

（4）被审计的单位搞突击，做装潢，涂脂抹粉，隐藏真相。

七、公司管理层的定期检讨

大海航行的舵手是管理层，前面所讲的内部审计是为管理层的检讨提供依据。

审时度势是这一步的关键。世界在变，工作重点在变，工作方法也要变，但管理层对安全管理的决心和承诺不能变。

前面第二至第七点在宏观上形成一个安全工作管理的大循环，即经过检讨，重审公司安全政策，对三、四、五、六对应的工作做相应的调整。以下是各项具体安全工作。

八、查隐患、避风险

通过下述及其可能的各种渠道、各种方法排出"名列前茅"的 10 大隐患（综合考虑几率和危害性）：

（1）历史数据：自己的，全行业的（已经发生了的）。

（2）理论分析。

（3）实际观察，热线电话，论坛。

常见的病症是：只依据已经发生了的事故历史数据，忽略了那些没发生但可能发生的事故。

九、事故报告、调查和趋势跟踪

发事故要及时报告、调查、总结和吸取经验教训。

对事故按性质、原因等分类、统计，找出趋势，及时采取适当措施加以控制。

常见的病症包括：

（1）发生了事故，隐瞒、掩盖不报。

（2）在调查时，避重就轻，不深挖根本，只图尽快找个替罪羊，草草结案，并尽量减少涉及人员和涉及面。

（3）主持调查的人员权力不够，得不到所需的配合，拿不到人证、物证。

（4）当事人员及部门极力推卸责任。

十、应急预案

有备才能无患。

常见的病症有：

（1）预案缺失。一种原因是对隐患排查不足，未预计到会发生此类事故，措手不及；另一种原因是鉴于资源不够，索性不准备预案，抱有侥幸心理，希望此类事故不会发生。

（2）预案质量欠缺，不具可操作性，不够具体，不到位，不明确。

（3）没有进行相关的培训和演练，使用者不熟悉。

（4）应急所需的人力、物力不具备，使得应急预案不能实施。

十一、设备维修管理

要分析确定哪些设备涉及安全，并有重点地、针对性地加强对它们的维修、检查和测试。

常见的病症有：

（1）眉毛胡子一把抓，没有突出安全相关设备的维修、检查和测试。

（2）没有定期对量具进行校验。

（3）设备维修保养手册、指南没有得到及时的更新以反映新的要求。

十二、人力资源管理

人是影响安全的最决定性的因素，安全管理离不开对人的管理。

常见的病症有：

（1）在招聘人员特别是管理人员时，忽视了他对安全的态度、对安全的认识和了解、安全工作的记录。

（2）公司缺乏对"人为因素"进行专项管理的机构、人员和政策，对人的行为特点的认识不够，从而不能主动、有效地减少由于人为因素而造成的事故。

（3）缺乏对员工特别是从事安全相关工作的员工身心状况的严格管理，如对饮酒的规定，对超时工作的规定。

（4）没有分析确定"安全相关工种/作业"，也没有和安全相关工种/作业相对应的措施。

（5）培训工作没有条理，有严重缺项。培训材料脱离实际。

（6）技能考核流于形式，不达标的学员也能拿到合格证。

（7）再培训和定期演练不到位，致使"宝刀生锈"。

十三、对物资和服务采购及对合同商的管理

采购的物资（设备、材料等）和服务（修理、安装等）必须经过严格的安全检查，以防带入危险因素。

对进入城轨的供应商/承包商的人员也要加强安全管理，因为他们对城轨通常比较不熟悉。

常见的病症有：

（1）采购的设备本身有缺陷，没有检查就不知道。

（2）采购的服务不达标，如所进行的体检不能真正查出视力的某些缺陷；采购的服务带来副作用（如合同商的人员进场作业后，在轨道上留下油污，造成轨道打滑）。

（3）承包商的人员在城轨内进行作业时：一方面可能是由于不熟悉城轨的环境、城轨的管理；另一方面可能是由于他们的利益所使，该做的防护不做，导致事故的发生。

十四、对变化/改变的管理

随着时间的推移，变化/改变是必然的，有些变得更好，有些则未必。必须对变化进行有效的管理。

常见的病症有：

（1）人员更换，特别是管理人员更换，没有把相应的安全责任移交到位，遗漏了。

（2）设备、零件换替代产品，没先检查替代产品的适用性，没对更换做好记录。

（3）规程、操作程序改变了，没及时宣布以确保所有有关人员都知晓。同一文件，有多个不同的版本同时存在。

（4）记录不到位，无条理，所以很难查到历史。包括人员的培训记录、设备的维修记录、规程文本的修订记录。

◆ 思考题

（1）统计数据表明：和公司自己的员工相比，承包商员工造成的事故比率要高。即在单位时间内（如一年内）每100名承包商员工所涉及的事故次数要比每100名公司自己员工所涉及的事故次数要多。可比性的保证：某项维修工作原本是由公司自己组织来做，后来改为外包）。对这样的一个现象有人分析其必然性得出如下结论：一方面承包商追求的是经济利益，对安全的重视程度较低；另一方面，承包商的员工要在不同业主的地盘开展工作，对各地盘及相应的安全规章的熟悉程度不够。你对此结论怎么看？

（2）有人说"初生牛犊不怕虎"反映出在安全管理工作中"经验"的重要性，你对此怎么看？

（3）在年度工作总结会上，台上公司总经理在讲到安全工作时，不无自豪地说："今年的安全工作成绩斐然，全年无重大事故，小事故的次数也从去年的15件减少到5件。"台下有人小声说："今天无羊被吃掉，是因为那只老狼患感冒"。你对此有何看法？

（4）以在校学习、生活为例，对本章前三节所讲的隐患分析、防患于未然和有备无患进行举例。

（5）在案例36中，假设你是那位T103的列车司机，当突然发现前方轨区有人时，你会先做紧急制动还是先鸣笛？

（6）试用理深模型分析法国巴黎里昂站列车相撞事故（参见第七章的案例25）的发生机理。

（7）请通过互联网查阅"国家处置城市地铁事故灾难应急预案"和"广东省处置城市地铁事故灾难应急预案的通知"，并讨论其作用。

（8）针对下面案例材料，以"1人死亡，91人受伤"为最终后果，利用"因果树模型"分析"1人死亡，91人受伤"的原因。

【案例41】

美国华盛顿大都市区捷运局地铁隧道火灾事故

2015年1月12日下午3:15，华盛顿大都市捷运局（以下简记为WMATA）的L'Enfant站（以下简记为L站）和Pentagon站（以下简记为P站）之间的下行隧道内发生了一起严重的火灾事故。载有大约380名乘客的T302地铁车受困在事故区间，导致1人死亡，91人受伤，经济损失约为12万美元。

一、背景情况

WMATA成立于1967年2月20日。其地铁建设始于1969年，并在1976年开通。目前（2015年）共有6条线路，91座车站，营业里程为118英里，其中地下线路约50.5英里。

事故相邻的 L 站于 1997 年开始运营，是一个换乘站。6 条地铁线中除了红线外，其他 5 条均经过此站。该站有两层站台。上层的侧式站台服务绿线和黄线，而下层的岛式站台服务蓝线、橙线和银线。

下图竖向的两条地铁线中左边的是黄线，右边的是绿线。横向的三条线由上而下分别是蓝线、银线和橙线。

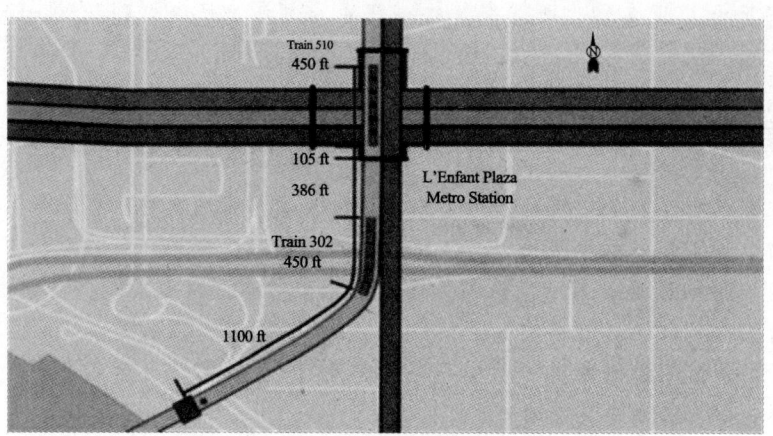

图 7.61　事故车站的线路

下图中可以看到黄线和绿线的上、下行线以及 L 站南端不远处的道岔区。

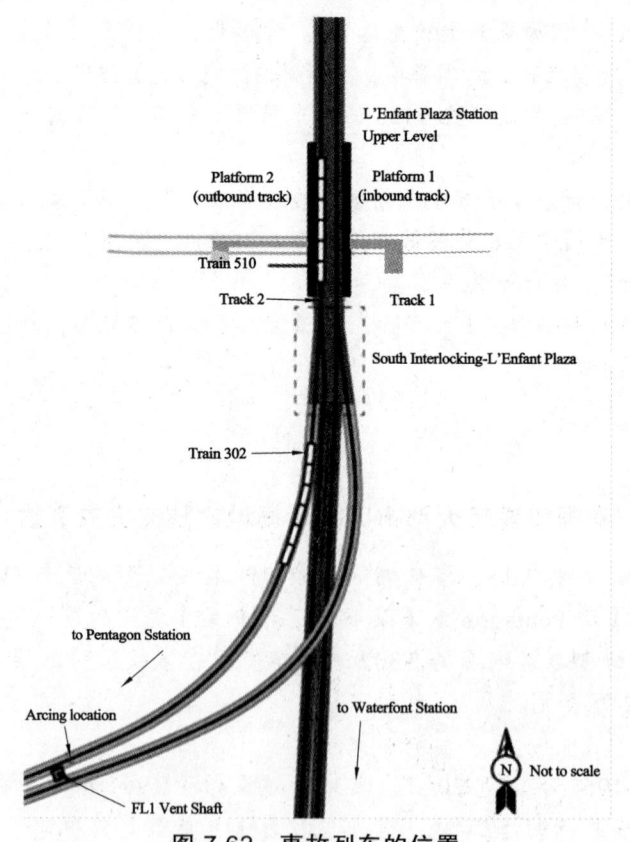

图 7.62　事故列车的位置

WMATA地铁车的牵引供电系统是第三轨形式，电压为750 V。为了防止人员不小心触电，第三轨上设有用玻璃纤维加以强化的塑料盖板。

地铁运营由控制中心（OCC）监控。在OCC，控制人员可以通过一个叫作Advanced Information Management System（AIMS）的监控系统监视现场的设备（如信号、供电、烟感器等）的状态，并对某些设备进行控制。

OCC的人员配备除了有主任、副主任以外，还有督导员和调度员。督导员负责协调各调度员共同开展工作，并在必要时宣布进入"紧急状态"。而调度员有两类。一类负责管人——通过无线电指挥列车司机，以下简称为调度员（人）；另一类负责管设备——包括为列车排列进路、控制信号灯、隧道风机、供电回路的断路器等，下文简记为调度员（物）。每两个调度员（即一个管人的和一个管物的）结成对子，共同负责某一段地铁线路正常和不正常（即事故）情况下的运作。

二、事故经过

2015年1月12日下午。

2:54:00，T301在L站结束停站作业后关门离站，南行（下行）前往下一站（P站）。司机并未发现什么异常。

3:04:54，位于L站以南1940英尺的排水泵站的一个烟感探测器启动报警（由于烟感探测器和OCC之间的线路故障，该报警器没有反映到OCC）。

3:06:40，位于L站负责控制向第三轨供电的一个断路器跳闸。由于该供电段是双边供电，所以，该区段仍有牵引电流供应，只是电压降低了。

3:07:21，黄线上行方向的T508列车的司机向OCC报告说在接近L站时看到隧道内有烟。OCC在收到此报告后，指示下行的T302的司机在接近L站时察看有没有烟。后来，T302的司机向OCC报告说进站及停站作业期间没看见烟。

3:14:25，T302由L站出发前往P站。

3:15:15，T302的司机迫于隧道内浓烟，把车停下。当时车上刚好有两位地铁警察。其中一个于3:15:24向地警局（地铁警察局）报告说所在的地铁车上有火灾，隧道内有烟。地警局在20秒内把这一报告通知到了OCC。此时T302已经离开L站约836英尺，车尾距L站头端墙约386英尺。（列车为6节编组，列车自身长度为450英尺）。车上乘客感觉到了列车的突然停车，又看到车内紧急照明灯点亮，于是在地警的指挥下撤向列车尾部。

3:15:32，绿线列车T510（也是6节编组，450英尺长）由北向南驶往L站（在T302之后）。

3:17:17，T302的司机用无线电报告OCC说隧道内有浓烟，他已经把车停下了，需要驶回L站（为了驶回L站，列车T302的司机需要把车头"关闭"，走到车尾，并启动车尾，使其变成车头）。之后，司机通过车上广播请大家保持冷静，告诉他们正在安排把车驶回L站。在往车尾走的过程中，司机边走边让乘客保持镇定，不要启用紧急逃生门，并告诉乘客列车将驶回L站。在这个过程中，车内开始有烟弥漫，并越来越浓。有些乘客开始呼吸困难，不得不伏倒在地板上以躲避浓烟。也有些乘客拨打了求救电话911。

3:17:38，OCC指示绿线列车T510的司机停车（尚未到L站）。当时在OCC值班的OCC副主任安排一个高级调度员接替当时的调度员（人）。这个高级调度员在3:22:10不知何故指示T510的司机进L站并进行停站作业（上下客）。

3:23:00，T510 进 L 站，但由于车站头端墙附近烟雾太浓，T510 的司机把车停在了离车站头端墙大约 100 英尺的地方。列车停妥后，在地警的协助下，T510 上的乘客下车疏散。T510 的司机多次通过无线电联系 OCC，但均未成功。之后他在地警的陪同下离开车站，在站外小店内尝试用电话联络 OCC，也未果。地警又陪他返回车站准备把 T510 开走以便腾出股道。司机上了车，在关门的过程中，第三轨的牵引供电被前来救援的人员切断了，没了牵引电流，T510 的司机和地警一起走下了车，出了站。

3:18:45，T302 的司机走到列车的尾部并启动了尾部驾驶台。

3:18:50，T302 的司机报告 OCC，他已经启动了尾部驾驶台。

3:21:00，OCC 指示 T302 的司机把列车的通风系统关掉。（WMATA 的规程规定，要有 OCC 的指示，才能把列车的通风系统关掉）。

3:32:01，T302 的司机报告 OCC，一些乘客自发地打开紧急车门开始撤离了。OCC 告诉他由于站内股道被 T510 占用，T302 不可以驶回 L 站了。

3:32:30，由于制动风管中的风压下降，T302 的紧急制动自动施加。在 T302 的司机试图弄清为什么有紧急制动的过程中，第三轨的牵引供电再次跳闸。这样一来，T302 完全无法动弹了。

3:22:34，OCC 向灾难协调中心报告了 L 站火灾。抢险救援人员与 3:31:12 到达 L 站，并于 3:40:00 成立现场抢险指挥中心。

3:50:00，消防人员到达 T302 的尾部（靠近 L 站的一端）。打开最后一节车的侧门后，乘客下车利用轨旁的安全疏散平台走回 L 站。有一名乘客是由消防人员从车上抬回车站的，后来他不治身亡。

4:27:00，所有乘客疏散完毕。

三、调查处理

1. 火的起因

火是由于牵引供电电缆在接头处和潮湿的地面间形成短路引起的。为什么会发生"短路"呢？接头的密闭性不好，水分和尘埃积累在导体的表面，在导体和潮湿的地面间形成了电通路。

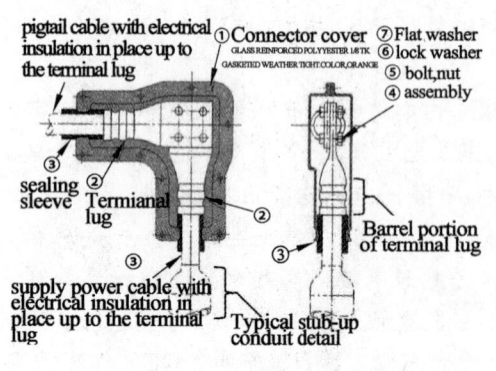

接头的设计

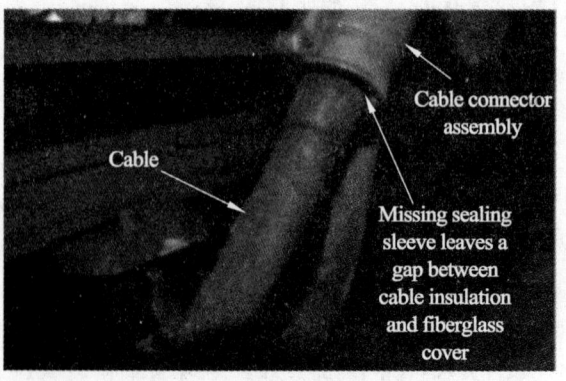

接头的质量问题（密封不好）

图 7.63　事故原因——电缆接头密封不好

2. 烟的起因

在火的作用下,电缆绝缘外套和第三轨的盖板产生浓烟。另外,火点附近设备表面及地面的水分在高温下蒸发,使"烟"更加浓重。

3. 经验教训

(1)在系统设计建造方面。

① 牵引供电电缆接头的质量管控不严。有些接头的密闭性不好,是因为这些接头的密闭材料没有做到位。

② 隧道通风系统在1970年代设计时是按当时的标准做的。其功能描述中虽也提到"去除火和烟",但基本定位是"对隧道升温进行控制",并不是针对隧道火灾的。

③ 列车通风系统的设计要求司机执行多达5个步骤,才能关闭车上紧急通风(以避免隧道内的烟进入车厢)。

④ 隧道内电缆外套和第三轨盖板材料的选用埋下了烟的隐患。

⑤ 有些风机在安装后,其控制电路中断路器跳闸的阈值是工厂的缺省值,没有按实际运作需要做适当的调整。结果断路器提前跳闸,相关风机不能运作。

(2)在维修方面。

① 对隧道渗漏水的处理不到位,埋下电气短路的隐患。

② 火灾报警系统的维修不到位,使得烟感器的信号未能传到OCC。

③ 隧道通风系统的提升不到位。虽然在1983年和1985年先后两次请专业机构对隧道通风进行研究,并得出同样的结论:隧道通风系统的原设计不是应对隧道火灾的。但研究结论只停留在书面上,系统并未得到提升。

④ 隧道通风系统的维修不到位,致使OCC发出的控制信号无法到达风机。

⑤ 隧道照明的维修不到位,致使紧急疏散时,隧道内光线不足,影响了抢险、救援和疏散。

⑥ 隧道内导向标识不完备,使得抢险救援人员去错了地方,耽误了时间。

(3)在运营管理方面。

① 规程问题。

a. 缺失。

没有针对隧道火灾/浓烟情况下隧道风机运作的相关作业程序。没有供司机参照的关闭车载通风系统的作业程序。

b. 错误。

规章规定,司机在关闭车载通风系统之前,必须先得到OCC的许可,这是不对的。

② 不按章行事。

按规定,在接获隧道有火/烟的报告后,OCC应把事故区段双方向的列车都停下。但在这次事故中OCC指标T302进入"有烟"隧道。更为严重的是,T302还载有乘客。调查发现OCC一贯有这种做法:派载客列车前往现场探察。这种做法是极其危险的。

第八章 乘客服务及管理

乘客是城轨交通存在的根本理由，城轨的存在就是为了服务乘客。但是，在城轨交通的运营管理过程中，只讲"乘客服务"是不够的，还要讲"乘客管理"。这是由于如下的事实：乘客对城轨运作有"反作用"。对乘客的管理就是要使这一反作用有利于促进城轨运作的安全与效率。

本章分两节分别讲乘客服务与乘客管理。

第一节 乘客服务

对于乘客服务，本节着重讲三个方面：乘客有什么服务需要，向乘客提供服务的方式，以及服务质量的衡量。

一、乘客的需要

对于城市轨道交通而言，乘客最根本的共同需要是位移，其他需要如查询服务（询问票价、列车时刻、换乘衔接等）、失物招领等都是辅助的服务。医院和宾馆都有床，但人们去医院为的是治病而不是住宿。

本书第一篇曾对乘客的质，即乘客的不同类别进行过分析，其目的就是对乘客的各种需要有个清晰的认识。图 8.1 所示的结构有助于对乘客的各种需要进行系统的分析：

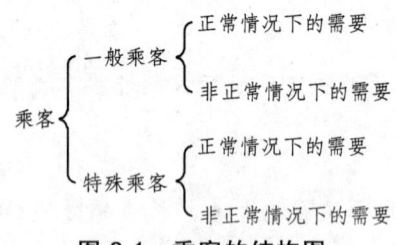

图 8.1 乘客的结构图

（1）一般乘客正常情况下的需要主要有如下三个方面：

① 票务。解决和票有关的问题，包括购票（或加值）、检票（进出站）等。

② 导向及候车。能顺利到达相关站台，包括进站后前往乘车站台沿途的导向指示和站台上关于列车车次的信息。

③ 乘车。能顺利上车并随列车抵达目的地。除列车运行外，还有车上关于到站及从哪一侧车门下车的广播或显示。

（2）一般乘客非正常情况的需要。非正常的情况各种各样，下面是一些例子：
① 物品（比如鞋子）掉进列车与站台之间的缝隙。
② 物品（比如车票）遗失。
③ 和同行的家人走散。
④ 在车上或站内跌倒受伤。
⑤ 遇到突降大雨，需要一次性雨衣（如果不提供雨衣，乘客滞留在站内有可能因拥挤而发生危险）。

（3）特殊乘客正常情况下的需要。特殊乘客各种各样，下面是一些例子：
① 使用轮椅的乘客。
② 视力障碍的乘客。
③ 使用婴儿车的乘客。
④ 集体出行的小学生。
⑤ 携带大件行李的乘客。
⑥ 行动不便的老人、孕妇等。
⑦ 贵宾。

（4）特殊乘客非正常情况下的需要。除了上文所述的非正常情况以外，对于特殊乘客还可能有特殊的非正常情况，如：
① 行动不便的老人、孕妇遇到站内电梯/扶梯故障。
② 使用轮椅的乘客遇到电梯故障。
③ 携带大件行李的乘客遇到宽闸机故障。

二、乘客服务的方式

传统上，地铁站内会配备服务人员向乘客提供服务。随着新技术的应用，乘客服务越来越多地从服务人员提供服务的"他助式服务"向由乘客自己使用相关设备进行自我服务的"自助式服务"转变。这方面典型的例子是售票服务和检票服务，其他例子有电梯和信息自助查询。早期的电梯是由专门的电梯操作员来控制的，现在都是由乘客自己来控制。使用信息自助查询设备，乘客可以自己查到有关首末班车时间、换乘衔接等列车服务及其他（如车站周围主要建筑物、机关、单位的位置等）相关信息。

自助式服务和他助式服务的关系有下面两点：

（1）自助式服务是大趋势。
① 用机器取代自然人，最大的好处是节约城轨的运营成本，并把自然人解放出来做更重要更能发挥自然人创造力的事情。
② 用机器取代自然人还有利于服务的标准化。不同的服务人员动作有快有慢，声音有高有低。而设备在设计上、参数的设定上很容易达到统一标准。

（2）他助式的服务仍有必要存在。
① 并不是所有的人都能自如地使用设备来进行"自助式服务"。
② 并不是所有的服务都能实现"自助化"。
③ 有些乘客希望服务具有"人情味"。

三、服务的质量

（1）对于乘客最根本的需要（位移服务）而言，其质量指标有：

① 时间方面：

a. 旅行时间。

从甲地到乙地，半小时到达就比 1 小时到达在服务上要好很多。旅行时间取决于列车的速度性能、线路的限速情况、站间距、停站时间的长短等。

b. 正点率。

严格地说，如果从服务质量的角度出发，正点率应以每个乘客是否能按计划的时间到达目的地来计算。但实际工作中，正点率是以列车在起点站的发车时间或以列车在终点站的到达时间为计算依据的。例如：

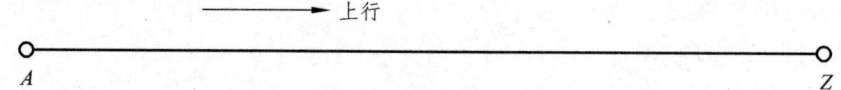

其中 A 站为上行起点站，Z 站为上行终点站。

设一天之内共开行 100 趟上行车，并约定只要列车实际离开 A 站的时间与计划离开 A 站的时间相差不超过 1 min 就算正点。如果实际开行的 100 趟上行列车中有 90 趟正点开出，那么上行方向以起点计的正点率就是 90%。

类似地可以计算出：上行方向以终点计的正点率；下行方向以起点计的正点率；下行方向以终点计的正点率。因为通常终点到达时间比起点出发时间较难控制，所以终点到达是否正点允许的偏差较大，比如 2 min。

c. 平均候车时间。

平均候车时间取决于行车间隔。在正常情况下，由于乘客的到达（进站）是完全随机的，所以，对于一个乘客而言，平均候车时间是行车间隔的一半。但对于全天而言，不同时段的行车间隔不同，且不同时段的乘客数目不同。所以，全天全部乘客的平均候车时间是加权平均的。例如：

表 8.1 运营时段及其行车间隔和相应的客流量

	时间段	行车间隔（A）/min	乘客人数（B）/人
1	06:00—07:00	6	10 000
2	07:00—08:00	3	50 000
3	08:00—09:00	4	30 000
4	09:00—17:00	6	50 000
5	17:00—18:00	5	20 000
6	18:00—19:00	4	40 000
7	19:00—20:00	5	20 000
8	20:00—22:00	6	10 000
9	22:00—24:00	8	50 000

$$\text{平均候车时间} = \left[\frac{1}{2}\sum_{i=1}^{9} A_i \times B_i\right] \Big/ \sum_{i=1}^{9} B_i$$

其中 A 是某时段的行车间隔，单位是 min；B 是相应时段内的客流量，单位是人。

d. 运行图兑现率。

如果计划开行 100 趟上行列车，但由于列车故障，故障车不能提供所计划的上行服务，又没有后备车能立刻填补这一空白，就会导致"抽线"，即抽掉一根运行线（运行图中的一条线），那么对应的运行图兑现率（上行）就是 99%。

c 和 d 之间有一定的关联。即当有"抽线"（因故不能按原计划开行有关车次）时，相邻车次之间的行车间隔就会加大，因而平均候车时间就相应加大。

② 空间方面：

列车满载率（车上拥挤程度）是车上实际乘客数量和列车标称载客量之间的比例。如假设列车标称载客量（载客能力）为 1 000 人/列，而车上实有乘客是 500 人，那么列车满载率就是 50%。显然，由于车上的实际乘客数量随着乘客的上下而改变，所以列车满载率在不同时段、不同地段可能不一样。通常是计算在高峰时段、高峰地段若干趟列车的满载率的平均值。当然，根据实际工作目的，可以计算任何时段或地段的列车满载率及其均值。

在计算列车满载率时，关键是确定列车上实际乘客的数目。为方便讨论，先看下面公共汽车的例子：

○————————————————○
A Z

设一辆公共汽车由 A 开往 Z，沿途有 B、C、D 等中间站。车上装有票务设备：乘客上车时刷卡记录起始站，下车时再刷卡按行驶路程收费。这样的票务设备可以记录车上乘客数量的变化，可以用来精确计算任一时刻的满载率。

对于城轨而言，票务设备不在车上，而在站内。乘客刷卡进站并不一定会乘搭某一特定的列车，比如有上行方向的车和下行方向的车，对于换乘站而言更不确定。好在每张车票都有自己的编号，根据进站和出站的记录，可以推断持某张票的乘客搭乘了某列车。当然，这需要靠计算机软件的帮助。

另一种比较直接但不精确的做法是利用城轨车辆二系悬挂系统（即空气弹簧）对车辆进行称重而推算车上的人数。之所以说这种做法比较不精确是因为：

- 不同的人体重不一样。
- 二系悬挂系统称重本身就有误差。

（2）对于乘客使用的站内设备的服务质量，其指标主要是平均无故障时间。这类设备包括：和票务有关的设备（闸机，购票/加值机等）；电梯/扶梯。

（3）对于"他助式服务"的质量，其指标是乘客的反馈，包括投诉信、表扬信。通常以"件/百万人次"为计量单位。

第二节 乘客管理

一、为什么要进行乘客管理

城轨交通运营生产活动的一大特点是：乘客直接介入运营生产过程，因为乘客对运输产品的消费是在运输产品生产的同时进行的。另外，乘客对运输产品的"采购"是在城轨车站内进行，会对车站的运作产生影响。所以对城轨乘客进行管理是城轨运营管理的一部分。

下面的例子有助于读者对上述观点的进一步理解：

【例1】 2007年7月15日在某地铁站发生一起乘客被列车挤死的事故：该乘客试图上车但因故没能上去，当试图退回站台时，站台屏蔽门已经关闭，所以他被困在列车与屏蔽门之间，后被出站的列车挤碾而丧生。

【例2】 2007年11月1日，英国伦敦地铁 Tooting Broadway 站一名女乘客在列车停站时间最后时刻下车，衣角被关闭的车门夹住。列车起动后，该乘客被拖倒在站台上，幸好衣服最终从车门中脱出，没有造成伤亡。但事故列车被司机用紧急制动迫停（车上另一乘客通过车内紧急报警器向司机报了警），而对行车造成了延误。参见本书案例2。

【例3】 1987年11月18日，英国伦敦王十字车站，由乘客丢弃的未熄灭的火柴杆引发火灾夺走31条人命，其中包括一名消防人员。参见本书案例4。

【例4】 2003年10月5日，某地铁站因一名乘客试图在拥挤的电扶梯上强行通过，而导致电扶梯上的多名乘客跌倒受伤。

二、对乘客进行哪些方面的管理

此处着重讲对乘客在城轨系统内行为的管理。对乘客出行规律的管理（如通过经济杠杆——票价手段改变乘客的出行规律）参见本书第九章运营票务管理。

1. 和安全有关的

① 不准强行上下车。
② 不准携带危险品进站。
③ 乘用安全的电动扶梯。
④ 不准在城轨内吸烟，以防火灾。
⑤ 不准擅自进入轨道。
⑥ 在没有站台安全门的情况下，候车时要站在黄色安全线以内。
⑦ 注意列车和站台之间的缝隙。
⑧ 不要倚靠车门，因为车门可能会突然打开。
⑨ 发现可疑人物、物品，及时报告。
⑩ 发现不安全的环境条件（如地面湿滑）及时报告。
⑪ 要听从城轨工作人员的指挥，特别是紧急情况下（比如需要疏散时，部分乘客拒绝下车）。
⑫ 必要时，使用紧急停车按钮阻止列车进站或出站。

2. 和效率有关的

① 上车后尽量往车厢里面走，以免阻挡车门妨碍他人上下车。
② 先下后上，提高上下车效率。
③ 不随意使用站台紧急停车按钮，以免造成不必要的行车延误。
④ 不随意使用车上的紧急通话按钮，以免造成不必要的行车延误。
⑤ 不随意使用车上的紧急逃生门，以免造成不必要的行车延误。

3. 和环境卫生、文明礼貌有关的

① 不准带宠物进入城轨。
② 不准在城轨设备设施上写、贴、涂、画、划。
③ 不准在城轨内饮食。
④ 把座位让给比你更需要座位的乘客。
⑤ 不大声喧哗。

4. 和车费有关的（经济有关的）

要持有效车票或证件。

三、如何对乘客进行管理

（1）正面宣传教育，防患于未然。
① 在城轨系统内，通过张贴宣传画、告示和播放录像、录音材料进行宣传。
② 通过大众媒体，包括互联网进行宣传。
③ 组织由乘客直接参与的宣传活动。
④ 对正面事迹进行奖励、宣传。
（2）严格执法，对违反规定的行为严加惩处。当然要先立法然后才能执法。
下面是某地铁管理办法的节录：

第 X 章　乘客行为规范

第二十六条（乘客守则）
乘客应当遵守城市轨道交通乘客守则和社会公德，接受、配合城市轨道交通工作人员的管理，共同维护乘车秩序。

第二十七条（票务管理）
城市轨道交通票价实行政府定价，运营单位应当执行政府依法确定的票价（含票价优惠）并予以公布。

乘客应当使用有效车票乘车，不得无票或使用无效车票乘车；不得持伪造、变造的优惠乘车证件或者冒用他人优惠乘车证件购票乘车。

城市轨道交通因故不能正常运行时，乘客可持当次有效车票要求运营单位按照购票金额退还票款。

第二十八条（禁带物品）
禁止携带下列物品和动物进站，违反规定者，运营单位有权拒绝其进站乘车：

（一）易燃易爆物品，有毒有害、腐蚀性、放射性等危险品；

（二）非法持有的枪械弹药和管制器具；

（三）妨碍公共卫生的物品；

（四）犬只等宠物以及其他可能妨碍城市轨道交通运营安全的动物；

（五）易污损设施、有严重异味、无包装易碎和尖锐的物品；

（六）充气气球、铁锯、铁棒、自行车（含电动自行车）、运货平板车等；

（七）长、宽、高之和超过 1.8 m 或长度超过 1.6 m 或重量超过 30 kg 的物品；

（八）影响公共安全、运营安全的其他物品。

第二十九条（危害运营安全的禁止行为）

禁止下列危害城市轨道交通运营安全的行为：

（一）擅自操作有警示标志的按钮、开关装置，非紧急状态下动用应急或者安全装置；

（二）移动、遮盖或污损警示标志、疏散或导向标志、测量设施以及安全防护设备；

（三）在轨道上放置、丢弃障碍物，向列车、工程车、轨道、通风亭、自然通风井、接触网等城市轨道交通设施投掷物品；

（四）损坏轨道、隧道、车站、车辆、电缆、机电设备、安防设备、路基、护坡、排水沟等设施设备；

（五）拦截列车、阻断运输；

（六）故意干扰城市轨道交通专用通讯频率；

（七）擅自进入轨道、隧道、通风亭、自然通风井或者其他有警示标志的区域；

（八）攀爬、翻越或推挤围墙、栏杆、闸机、车辆、安全门、屏蔽门等；

（九）强行上下车；

（十）在车站、列车车厢、通风亭、自然通风井等城市轨道交通设施范围内点火；

（十一）阻挡车门、屏蔽门或安全门的正常开启或关闭；

（十二）在运行的自动扶梯上逆行；

（十三）危害城市轨道交通运营安全的其他行为。

第三十条（影响公共秩序和环境卫生的禁止行为）

禁止下列影响城市轨道交通公共秩序、公共场所容貌、环境卫生的行为：

（一）在车站内摆摊设点，在车站或列车内兜售或派发物品、散发广告宣传品等；

（二）在车站或列车内随地吐痰、便溺、吐口香糖及乱扔果皮、纸屑、包装物等；

（三）在车站、列车或其他城市轨道交通设施设备上涂写、刻画、张贴、悬挂物品等；

（四）在车站或列车内吸烟、躺卧、乞讨、卖艺、捡拾废品等；

（五）在车站或列车内追逐打闹、大声喧哗、弹奏乐器、踩踏座席等；

（六）在车站内停放车辆，在车站或列车内滑滑板、骑独轮车等；

（七）影响城市轨道交通公共秩序、公共场所容貌、环境卫生的其他行为。

第三十一条（特别规定）

精神病患者、智障者、行动不便者、学龄前儿童应当在健康成人的陪护下进站乘车。

运营单位有权拒绝醉酒者、赤脚者、赤膊者、患有危及他人健康的传染病患者以及其他不适宜乘坐城市轨道交通者进站乘车。

第Y章 法律责任

第四十五条（违反票务管理的处理）

违反本办法第二十七条第二款，无票或使用无效车票乘车的，乘客应当按出闸站线网单程最高票价补交票款，运营单位可视其情节加收最高不超过线网单程最高票价五倍的票款；持伪造、变造的优惠乘车证件或者冒用他人优惠乘车证件购票乘车的，运营单位可视其情节加收最高不超过线网单程最高票价五倍的票款。

伪造、变造车票或者使用伪造、变造车票，构成犯罪的，依法追究刑事责任。

四、对乘客反馈意见和投诉的管理

乘客的要求越来越高，这些要求反映在反馈意见和投诉信中。城轨运营管理单位应正面看待，并设专门的部门负责"处理"来自乘客的反馈意见和投诉。

下面这个案例虽不是来自城轨，但说明了一个道理：乘客的投诉也许听起来很荒唐，但可能会帮助发现问题。

【案例42】

通用汽车公司接到的投诉

一次通用汽车公司负责销售旁迪亚克汽车的部门收到了一封客户投诉信。信是这样写的："这是我第二次写信给你们。我不怪你们没有回复我的第一封信，因为我知道那封信看上去很荒唐，但我的确碰到了一件怪事：

我们家有一个在晚饭后吃冰激凌的习惯。每次的冰激凌品种并不固定，是由家人投票决定的。确定之后我就开车去买。前不久我换了汽车，新车是你们的旁迪亚克。打那以后，我去买冰激凌就有了麻烦：每次只要是买凡尼拉冰激凌，买好之后都无法启动汽车。而只要不是买凡尼拉，就一点事儿都没有。我要告诉你们我是认真的，不是在开玩笑，不管这事儿听起来有多么的荒唐。"

通用汽车公司的人员满腹疑问，但还是派了一个工程师前去查看。见面时，这位工程师着实有些意外：前来迎接他的是一个很显然受过良好教育、住在高档社区的成功人士。他特意把会面安排在晚饭后，二人一起开车去买冰激凌。下了车，进了商店买了凡尼拉冰激凌后，回到车上，果不其然，车子无法启动。

这位工程师后来又来了三个晚上，第一晚是巧克力，车子没事，第二晚是草莓，也没事，第三晚是凡尼拉，车子又不能启动。作为一个工程师，他不相信这部车子有"食物过敏症"。于是就继续跟随车主买冰激凌，并开始做一些笔记：什么时间去的商店，用的是什么汽油，路上用了多少时间等。

没过多久他注意到一件事：买凡尼拉所需的时间较短。为什么如此？因为凡尼拉比较流行，所以店家把凡尼拉放在店门口而其他冰激凌放在店里较靠后的位置。

现在问题从口味变成了时间，工程师马上明白了症结所在：汽车不能启动是因为在买凡尼拉的较短时间里，汽车引擎不能得到充分的冷却，汽缸里残存的蒸汽阻止了引擎的再次启动。

城轨每天运送的乘客数量巨大，相应的乘客投诉的数量也会很大。对投诉的粗略划分是：

一部分是和服务人员有关的，主要指服务人员的态度，包括服务人员说话的速度、音调的高低、语气等；另一部分是和设备设施有关的，如电梯故障不能使用、卫生间环境肮脏、通风不良等。

为方便处理和服务人员有关的投诉，特别是保护服务人员的正当权利，一方面要求服务人员尽量在录像镜头可以覆盖的地方处理乘客的需要；另一方面要求服务人员随身携带录音笔，把谈话记录下来备查。

◆ 思考题

（1）读下面的小故事，讨论其对乘客服务与管理的启示。

某单位新建的办公大楼启用了。但没过多久，管理层就收到了许多投诉，称电梯数量太少，弄得人常常要耐着性子等上很长时间。管理层请来了运筹学专家，用排队论对电梯问题进行了专项研究。结果发现新楼的平均电梯等候时间确实比其他楼宇的多了近50%。究其原因是原本作为产品展示厅的两层楼面后来改成了办公用房，容纳的人数比设计的多了许多。加装电梯是可以解决问题，但时间和费用都不少。最后实际采用的解决方案是在每层楼的电梯内外都安装上大镜子和播放新闻及天气预报的电视终端，效果很好。

（2）解决大城市的交通问题，不可以只是一味地修路（即提供服务），还要对机动车的数量及其出行加以控制。试讨论这和"乘客服务与管理"的相似之处。

第九章 运营票务管理

城轨运营的票务工作有两个层面,一是票价政策(包括票价水平和票价结构)的制定与调整,二是日常票务运作。本章分两节分别讲票价政策和票务运作。本章的重点在票价政策。

第一节 票价政策

一、票价

这里的票价并不是城轨车票的价格,虽然每张车票确有其制造成本,所以车票制造商确实也是按一定的价格向城轨公司供应车票的。

本书所说的票价是城轨运输产品的价格。所以讲票价之前,先要弄清城轨运输的产品。那么城轨运输产品是什么呢?下面是本书作者于1998年在期刊《城市轨道交通研究》上发表的题为"城市地下铁道运输有关经济问题的探讨"的文章的节录。此处之所以呈献文章的原貌是为了强调如下的事实:此文早在1998年指出"运输产品是空间的位移,而不是乘客的位移或货物的位移"。但时隔多年,把乘客位移和货物位移当成运输产品的出版物仍普遍存在。

正确理解运输产品定义的关键在于:产品是生产的结果而不是销售的结果,且看下面的例子。

众所周知,两个人乘坐出租车和一个人乘坐出租车,在路程相同、时间相同的情况下,付费额是一样的。究其根本是因为占用的空间位移完全一样。城市出租车的收费和乘客的数量无关,而只和空间的位移(车公里数)有关。这一事实生动地说明了出租车司机生产的是载客空间(出租车)的位移,和乘客的多少无关。产品的购买者(乘客)可能是一个人或一组人(不超过出租车的载客能力)。不管是一个人还是一组人,价格是一样的。

城市地下铁道运输有关经济问题的探讨

颜景林

摘 要 探讨了地铁运输产品的定义问题,提出地铁运输产品不应定义为乘客的位移,而应定义为客位的位移;计量单位不应是人公里,而应是客位公里。并在此概念下分析了地铁客运量统计、线路负荷程度及票务等有关地铁运输经济问题。

关键词 地下铁道,运输产品,经济指标

随着国内城市地下铁道(以下简称地铁)的发展,越来越多的人们开始认识地铁不单是个技术问题,更是个社会问题和经济问题。地铁的社会性在于它通过日常与城市居民频繁、深入的接触已经成为城市社会文化的一部分,并时时作用于社会文化,对此已有不少的文章专门探讨过,此处不再赘述。本文将要讨论的是地铁经济性方面的问题。关于地铁的经济性,又有工程经济与运输经济之分。这里重点谈谈运输经济方面的几个问题。

1 地铁运输产品

不少文章,甚至包括正规教材,都把交通运输行业的产品定义为人或货物的位移(客运周转量或货运周转量),计量单位是人公里、吨公里或换算吨公里。笔者以为,对于这样一个已经被定论的问题,有必要以市场经济的眼光再来审视一番。

马克思在《资本论》第二卷第一篇第一章中论述到:"运输业所出售的东西,就是场所的变动"。可见,运输业生产的是空间的位移,而不是乘客的位移或货物的位移。乘客的位移或货物的位移是通过乘客或货主出钱购买运输业生产的空间位移才形成的。换言之,乘客位移或货物位移只是销售的直接结果,而非生产的直接结果。客运周转量或货运周转量也只是运输业产品中销售掉的那一部分。运输业的产品有"不可储存"的特性。事实上,不能储存的恰恰就是客位或货位的位移,而非乘客或货物的位移。谁也不会想着要去储存乘客或货物的位移,因为储存乘客或货物的位移没有任何用处。

因此,笔者认为:运输业的产品应该定义为客位或货位的位移,计量单位应该是客位公里或货位公里。弄清这个问题,对我们提高地铁运输企业总体经济效益有着十分重要和现实的指导意义。

(1)弄清了地铁运输产品是客位位移,就可以把成本控制的注意力集中在客位位移上。通过广泛调查研究,定出恰当的产品成本目标,并把它进行合理的分解,与各相关运营生产部门的分项成本控制责任挂钩,通过有效的管理手段加以实现。由于地铁每节车厢的客位数是相对稳定的,所以为方便起见,可以用"车公里"来代替"客位公里"作为我们的产品。

(2)弄清了乘客位移(客运周转量)只是我们所有产品中销售掉的那一部分这一事实,我们就可以一方面合理控制产品的产量(车公里数,即行车量),另一方面加大促销力度,争取客流,提高产品销售率(即列车平均满载率)。

通过上述两方面有意识的、有针对性的努力,地铁的运营管理必定会走上健康发展的道路。反之,如果不弄清这个问题,就会发现实际工作中有些问题无法得到解决。

比如要比较A、B两市地铁的运营生产管理水平。A市地铁1号线首期段,由于线路短、位置偏,乘客很少,但为保持一定的服务水平,又要坚持每天有一定的行车量,结果按客运周转量算下来的成

文中所引用的《资本论》由中共中央马克思、恩格斯、列宁、斯大林著作编译局翻译,于1975年由人民出版社在北京出版。

二、票价政策

票价政策像所有其他政策一样,都是指对做事的方式方法的界定,是为一定的目的服务的。比如人口政策,有的国家为了控制人口的自然增长,采取限制生育的政策,而另有一些国家为了刺激人口的增长,采取的是鼓励生育的政策。对于城轨票价,不同的国家、地区为达到不同的目的,可能会采用不同的票价政策。即使在同一地区,在不同的历史时期,其票价政策也可能不同,就像一个国家在不同的历史时期可能采取不同的人口政策一样。

票价政策包含两个方面:票价水平和票价结构。

1. 票价水平

票价水平的高低是用票价率来体现的。票价率即每单位运输产品（一个客位移动一公里的距离）的价格。城市出租车的例子最能说明票价率的概念："起步价6元，涵盖一公里，之后每公里6元"中的"每公里6元"就是起步里程后的票价率。起步价6元是最低消费。如果不设最低消费，即不满一公里，仍以每公里6元的"票价率"按实际里程计费，就更能体现票价率的含义了。票价是一种价格，价格具有经济杠杆的作用，会对消费者的消费行为产生直接的影响。所以在确定票价水平时要考虑如下原则：

（1）票价水平不可以太低，否则会有太多乘客使用城轨系统，可能导致城轨系统超负荷运作、服务质量下降，甚至影响到安全。2010年11月广州地铁为亚运会而实行免费乘车，但在一周后不得不恢复收费的例子最能说明问题（具体案例43）。同时票价过低可能会使运营成本无法得到有效的弥补，使得城轨运营难以为继。

（2）票价水平不可以太高，否则只有很少数负担得起的人来使用城轨系统，会使城轨成为"富人俱乐部"，城轨列车大量空载，有悖于建设城轨解决城市交通问题的初衷。同时，由于大量的"运输产品"未能销售（列车空载），运营成本也无法得到有效弥补，同样会影响城轨自身的可持续发展。

不能太低又不能太高，那么多少为合适呢？

答案是：能吸引到与城轨运输生产能力相适应的客流量的票价是最合适的票价。这样的票价使得城轨这一社会资源得到最充分有效的利用，符合全社会的利益，而不只是一部分人的利益。

在这样的票价水平及客流水平上，如果城轨运营企业出现经营上的亏损（即收入无法完全弥补支出）该怎么办？

第一是内部挖潜，设法通过技术的和管理的措施降低成本。

第二是寻求外部的支持，包括政府的和社会的。城轨交通是环保型、高效公共交通，它在减少环境污染、减少交通事故、节约出行时间、提高社会的整体生产率方面做出的贡献，理应得到全社会的认可，相应地也应得到一定的回报。比如政府可以把对私人小汽车征收的税费全部或部分地用来资助城轨交通。城轨沿线商铺因交通便利而获得较高的租金，可以把其中的一部分用来资助城轨交通。

以上所讲是制定城轨票价的宏观指导思想：在保证安全和服务质量的前提下最大限度地发挥城轨的作用。在实际操作上，城轨票价会经历初次票价制定及之后不断调整的过程。

（1）初次票价水平的制定。分析人口构成（按经济收入）、可支配收入、交通支出比例、现状其他公共交通方式承担的客运量，其他公共交通方式的票价率、出行总量、城轨交通的运输能力、其他城轨系统运力饱和的城市各种公交服务水平（时间）及票价率之间的比例关系、平均乘距、线路平均客流强度、货币兑换率，客流规划阶段对票价率的参数取值等。

综合上述所有因素后，确定初次票价率。值得指出的是：不论怎么的详尽、仔细，也不论用什么的算法、模型、参数，这样定出的票价率都不太可能刚好使客运量和客运能力完全匹配。不过一方面必须要一个票价率作为开头，另一方面实施后可以视"市场反应"做调整，所以上述做法是必要的，也是可以接受的。这就像运筹学中先给出一个初始可行解，然后反复迭代逐步求最优解一样。

（2）票价水平的调整。

在初次票价实施后，注意全面收集资料（数据），在一段时期过后做出一些调整，并通过新数据来判断乘客对票价的敏感度。这个敏感度本身也是复杂的事，不同的人群，在不同的票价阶段，对票价改变的反应都会不一样。

调整的频繁程度和调整的幅度都要掌握好。

票价水平的调整往往要结合票价结构的调整同步进行，以获得更好的效果。

2. 票价结构

最简单的票价结构是"单一票价"，即不论远近，不管时段、乘客的年龄等，每人一票，同样的票价。这是人工售检票时代普遍采用的方式。现在有自动收费设备（AFC）的帮助，使更合理也更复杂的票价结构成为可能。

之所以更合理，是因为票价是运输产品的价格，运输产品在质和量等方面存在的差异，应在价格上反映出来。除此以外，价格具有经济杠杆作用，单一票价限制了票价的杠杆作用的发挥，合理、完善的票价结构应对下述方面的不同做出一定程度的反映。

（1）不同乘距票价不同，多坐多付费。在这个基础上为了鼓励长途乘客（因为城轨的优势之一是快捷，只有远距离时才能充分体现），可以把"票价率"定成随运距加大而稍微递减。"多坐多付费"符合"产品数量增加、收费增加"的原则。

（2）不同时段。城轨运输为了保证一定的服务水平，即便在乘客不多的时段，也要开行一定数量的列车，否则乘客的候车时间可能会过长。这样一来就会出现列车的空载。为了减少因空载而造成的浪费，可以把非客流高峰时段的票价率定得低一些，吸引乘客"错峰出行"，也有助于减轻高峰时段的压力。这相似于其他商品的淡季、旺季的概念。

（3）不同地段。在城轨交通网络中有些线路区段可能处于繁忙（人多）地区，为了减少不必要的进入这些地区的出行，可以考虑对这些地区的出行加收额外的费用。

（4）不同乘客人群。这主要是体现社会对特殊人群的照顾。特殊人群的例子有：年龄方面：小孩和老人。职业方面：军人等。

（5）不同的车型。目前城轨交通通常并不把车型因素反映在票价里，虽然在其他交通领域确有不少车型不同，因而票价不同的例子。因为车型及车内环境体现了"运输产品"的质的一个方面，所以"不同车型，不同票价"有一定的道理。城轨交通的收费多不考虑车型主要是因为：① 车型的差别不明显，再加上乘距不算太长，运输产品在这方面质的差别不大。② 目前的自动收费系统尚无法把车型因素纳入车费计算。

（6）新线与旧线的区别。由于建设年代的不同，新线的标准可能会比旧线高。新加坡地铁新线的收费略高于旧线，参见案例44。

3. 票务政策

与政策有关的还有一个"票务政策"。票务政策涉及的是如下一些问题：

（1）退票。什么情况下可以退票，退票手续费收不收，收多少。

（2）有效期。车票能用多久。

（3）处罚。在什么情况下会有处罚，处罚多少，如何实行。

- 逃票与处罚

这里逃票泛指一切故意没按规定支付相应车费的情况,包括完全不交费及没有足额交费。

虽然 AFC 系统的运用大大减少了逃票的行为,但由于逃票所获利益对逃票者的巨大诱惑,多种多样的逃票行为仍然存在,有如下一些例子:

① 在存在优惠票的情况下,不该享受优惠的乘客使用优惠票(如小童票、学生票、老人票等)。

② 跟脚。即两人脚跟脚地使用同一张票进出站。

③ 换票出站。两个对向出行的乘客在中途交换车票。

逃票的危害不仅是经济方面的,还有对社会道德风气的损害,因此必须严肃对待。一方面对确实存在经济困难的社会人群给予补助。如经特定机构确认确有经济困难的,可以定期对其所持有的储值票免费加值一定的金额。另一方面对逃票行为进行重罚,以起到威慑作用。当然为了实施上述措施,特别是对逃票行为的处罚,必须经过立法。在立法后,授予城轨公司票务人员相应的执法权。处罚所得的款项应归于国有,可以用于对经济困难人群的交通补助或交通设施的建设和改善。

(4)押金及其返还。

(5)刚进站就出站,是否要扣费。在系统内超过一定的时限,要加收,加收多少。

有关政策的事都需要一定的立法,这主要是为了保证政策的合理性及法律效应。

政策的一个最大的关键是其合理性,而合理性是指各方能理解并接受。虽然票价制定的科学性有助于增加其合理性,但最后的落脚点是认同和接受。所以工作时不能只注意"科学性",还要注意大众的"话语权","知情权"。这也是为什么在票价政策的制定和调整时要广泛征求意见,充分做好宣传;**否则再"科学"的票价也未必能成功。**

【案例 43】

广州地铁亚运会期间提前恢复收费

广州是中国南方一个有上千万人口的经济文化重镇,2010 年的亚运会就在这里举行。为了庆祝这一盛事,广州市政府在 9 月 27 日公布包括亚运期间(工作日)地铁免费在内的十大惠民项目。

以下是新闻媒体对地铁免费政策实施情况及一周后提前恢复收费的相关报道的节录。

1. 免费政策

在亚运会、亚残运会机动车单双号限行 46 天期间(11 月 1 日至 29 日、12 月 5 日至 21 日),剔除 13 天双休日和 3 天新增假期后的 30 个工作日,全体市民免费享受公共交通服务。

2. 实施情况

新华网广州 11 月 1 日电

1 日早晨,搭乘地铁上班的广州市民发现地铁闸门全部敞开着,只要通过安检,不用买票或刷卡就可以乘车。同样,全市的公交车也全部免费供市民乘坐。

在广州最大的地铁枢纽公园前站,地铁站内的玻璃护栏旁挤满了等待上车的人群。每一趟列车上都人头攒集,列车的走道和门口几乎没有插脚的地方。

图 9.1　站台上的拥挤情况

乘客未到站高呼"我要下车"

在传播公司工作的古小姐每天都要出入体育西路站,她说这几天坐地铁根本不用扶,也没得扶,前后左右前胸贴后背的各位乘客会让你自动保持平衡。这两天,她还看见有乘客把宝宝举到头顶上车,想是怕抱在怀里会被挤伤。有阿姨没到站就开始大叫"我要下车",动手拨开旁边的人墙;有彪悍的男乘客为了挤上车,使劲儿推车门口的乘客,她站在旁边几乎跌倒。

11月1日地铁运客781万超过上海最高纪录

据地铁公司统计,亚运免费公交首日,地铁全天运客781万人次,是正常运营时期的两倍,超过上海地铁客流的最高纪录(754.8万人次),全天几乎都处于高峰状态。地铁公司呼吁广大市民合理使用公共资源、理性出行、错峰出行,以更好地享受亚运惠民政策。

地铁公司称,前日除了是免费出行实施首日,还是广州机动车单双号限行首日、第108届广交会三期展览期,恰逢新线三号线北延段开通,四个因素叠加造成了前所未有的客流压力。

据地铁公司人工抽点统计换算,11月1日全天共运客781万人次,创出历史新高(此前最高纪录出现在今年10月1日,513万人次)。客流量最大的车站分别是:公园前、体育西站、客村、杨箕、珠江新城站。全天有62个车站实行三级客流控制(包括换乘客流控制)104次。

如果再遇到爆棚客流将如何应对?相关人士表示,有了这两日的经验,包括地铁警方在内的相关部门已在进一步细化预案,同时对管制设施进行调整。必要时会实施暂停进客、地铁飞站等较高规格的分流措施。

3. 一周后决定提前恢复收费

下周一开始全市地铁(包含广佛线)、公交线路及轮渡恢复收费

大洋网讯:公共交通免费一周来,受到市民热捧。由于广州市十年一大变迎亚运城市环境变靓,市民选择免费地铁和公交出行到广州各新景点参观感受广州新变化,参观客流和上下班出行客流叠加，公交地铁的总客流高达1754万人次，地铁日客流量更是近800万人次，大大超出地铁运输能力，地铁一直超负荷运行，一周来启动三级客流控制高达144次，严重影响地铁正常安检和亚运安保工作进行，同时对市民上下班正常出行造成极大不便。

市交通部门分析，预计下周随着亚运会开幕，地铁客流仍将大幅增长。为了保证亚运期间我市交通正常运作，确保亚运安全，经多种渠道征求各方意见后，市交通部门重新修订优惠方案报市政府批准，决定从11月8日0时起转变亚运期间公共交通优惠方式，将全民免费改为发放现金交通补贴。

四大原因导致公交地铁不再免费

市交委表示，此次与地铁公司经过慎重研究，并报经市政府批准，取消公交地铁全免费乘车，改为发放公共交通现金补贴向市民赠送亚运公交大礼包，主要是基于4个方面的考虑。

（1）出于确保地铁营运安全的考虑。

（2）为了维护地铁线网良好的乘车秩序。

（3）尽量让市民上下班交通出行的刚性需求不受影响。

（4）免费以来的地铁客流情况已经远远超出了地铁运输能力承受范围。

具体措施如下：

（1）从11月8日0时起，广州市公共交通（含公交、地铁、轮渡）及地铁广佛线恢复实施付费乘坐。

（2）广州10区、2个县级市的户籍家庭及在广州居住半年以上的外来人士家庭按每户150元发放，集体户口的市民按每人50元发放公共交通现金补贴。

（3）亚运会亚残运会期间，亚运注册人员、志愿者和持票观众仍按照原有相关政策继续实施免费乘坐公共交通。

（4）广州市原有的公共交通票务有关政策维持不变。

下面是某国家公务员考试网站分享的一道面试真题及参考答案，作为对此案例的总结。

面试真题：广州亚运会期间实行地铁免费政策，实行后造成地铁人满为患，四天后取消这项政策，改为发交通费补贴，对此谈谈你的看法。

【试题类型】综合分析类

【出题思路】本题重点考查考生对特定社会现象的理解及综合分析能力。

【参考答案】各位考官，大家好。首先，很荣幸能够进入到面试阶段，接受各位考官的考查。下面我将就此问题进行具体回答。

众所周知，在广州亚运会开始的几天时间里，广州市实行了地铁免费政策。但是实行后造成地铁人满为患，于是，四天后取消这项政策，改为发交通费补贴，有效地缓解了交通压力，保障了亚运会期间广州市交通畅通，为亚运会的开展创造了良好的周边环境。

可以说，地铁免费政策的制定，首先体现出了广州市政府以人为本，为民造福的工作主旨；但是明显地，政府在前期的政策制定阶段，没能够做好充分的调研，现实与预期存在较大的差距，因此，新政实施四天后便夭折，不得不采取新的措施。但是，广州市政府在应急应变工作方面做得还是很出色的，能够及时根据现实情况调整政策、基本实现了预期的政策效果。

当然了，通过这次事件我认为，如果政府在制定每项政策的调研初期都能够更加深入地开展研究，做到一步到位，没有出现政策的反复，那就更好了。以上便是我的一些想法，回答完毕，谢谢。

【案例44】

新加坡地铁、轻轨票价表

这个票价表已经实施多年,这个案例说明:

(1)票价可以是按所搭乘的公里数来计算,而不一定是按所搭乘的车站数计算。

(2)同一路网中的不同线路可以有不同的票价率。如此案例中地铁3号线和4号线的票价率略微高于1号线、2号线及轻轨线的票价率。这主要是因为地铁3号线和4号线较新,服务水平较高。它的启示是:有的城市为了对乘用机场城轨线路的乘客收取较高的票价而把机场线的票价及收费系统独立出来。而有的城市把机场线的收费纳入整个城轨网络,也一样能收较高的票价。

票价表
第一部分

表9.1 地铁1号线和2号线及轻轨线票价

序号	乘距/km	单程票的票价(新加坡元,简称新元)	
		使用单程票时	使用储值票时
1	3.2以下	1.10	0.73
2	3.3~4.2	1.30	0.83
3	4.3~5.2	1.30	0.93
4	5.3~6.2	1.30	1.03
5	6.3~7.2	1.50	1.11
6	7.3~8.2	1.50	1.17
7	8.3~9.2	1.70	1.23
8	9.3~10.2	1.70	1.27
9	10.3~11.2	1.70	1.31
10	11.3~12.2	1.90	1.35
11	12.3~13.2	1.90	1.39
12	13.3~14.2	1.90	1.43
13	14.3~15.2	1.90	1.47
14	15.3~16.2	2.00	1.51
15	16.3~17.2	2.00	1.55
16	17.3~18.2	2.00	1.59
17	18.3~19.2	2.00	1.63
18	19.3~20.2	2.10	1.66
19	20.3~21.2	2.10	1.69

续表 9.1

序号	乘距/km	单程票的票价（新加坡元，简称新元）	
		使用单程票时	使用储值票时
20	21.3~22.2	2.10	1.72
21	22.3~23.2	2.10	1.75
22	23.3~24.2	2.10	1.77
23	24.3~25.2	2.20	1.79
24	25.3~26.2	2.20	1.81
25	26.3~27.2	2.20	1.82
26	27.3~28.2	2.20	1.83
27	28.3~29.2	2.20	1.84
28	29.3~30.2	2.20	1.85
29	30.3~31.2	2.20	1.86
30	31.3~32.2	2.20	1.87
31	32.3~33.2	2.20	1.88
32	33.3~34.2	2.20	1.89
33	34.3~35.2	2.20	1.90
34	35.3~36.2	2.20	1.91
35	36.3~37.2	2.20	1.92
36	37.3~38.2	2.20	1.93
37	38.3~39.2	2.20	1.94
38	39.3~40.2	2.20	1.95
39	40.2 以上	2.20	1.96

第二部分

表 9.2 地铁 3 号线和 4 号线的票价

序号	乘距/km	单程票的票价/新元	
		使用单程票时	使用储值票时
1	1.0 以下	1.20	0.78
2	1.1~2.0	1.20	0.83
3	2.1~3.2	1.20	0.88
4	3.3~4.2	1.50	0.98
5	4.3~5.2	1.50	1.08
6	5.3~6.2	1.50	1.18
7	6.3~7.2	1.70	1.26

续表 9.2

序号	乘距/km	单程票的票价/新元	
		使用单程票时	使用储值票时
8	7.3~8.2	1.70	1.42
9	8.3~9.2	1.90	1.48
10	9.3~10.2	1.90	1.52
11	10.3~11.2	1.90	1.56
12	11.3~12.2	2.10	1.60
13	12.3~13.2	2.10	1.64
14	13.3~14.2	2.10	1.68
15	14.3~15.2	2.10	1.72
16	15.3~16.2	2.20	1.76
17	16.3~17.2	2.20	1.80
18	17.3~18.2	2.20	1.84
19	18.3~19.2	2.20	1.88
20	19.3~20.2	2.30	1.91
21	20.3~21.2	2.30	1.94
22	21.3~22.2	2.30	1.97
23	22.3~23.2	2.30	2.00
24	23.3~24.2	2.40	2.02
25	24.3~25.2	2.40	2.04
26	25.3~26.2	2.40	2.06
27	26.3~27.2	2.40	2.07
28	27.3~28.2	2.40	2.08
29	28.3~29.2	2.40	2.09
30	29.3~30.2	2.40	2.10
31	30.3~31.2	2.40	2.11
32	31.3~32.2	2.40	2.12
33	32.3~33.2	2.40	2.13
34	33.3~34.2	2.40	2.14
35	34.3~35.2	2.40	2.15
36	35.3~36.2	2.40	2.16
37	36.3~37.2	2.40	2.17
38	37.3~38.2	2.40	2.18
39	38.3~39.2	2.40	2.19
40	39.3~40.2	2.40	2.20
41	40.2 以上	2.40	2.21

第三部分　持优惠票的乘客

（1）合法持有优惠票的小童及小学生、中学生、全日制中专生在搭乘地铁和轻轨时：

表9.3　学生优惠票价

序号	乘距/km	优惠票的票价/新元
1	3.2以下	0.36
2	3.2~4.2	0.41
3	4.2~5.2	0.46
4	5.2~6.2	0.51
5	6.2~7.2	0.55
6	7.2以上	0.58

（2）合法持有老人票的乘客在地铁公司规定的优惠时段内乘搭地铁1号线和2号线时：

表9.4　地铁1号线和2号线的老人票价

序号	乘距/km	优惠票的票价/新元
1	3.2以下	0.54
2	3.2~4.2	0.62
3	4.2~5.2	0.69
4	5.2~6.2	0.77
5	6.2~7.2	0.82
6	7.2以上	0.87

表9.5　地铁3号线和4号线的老人票价

序号	乘距/km	优惠票的票价/新元
1	3.2以下	0.58
2	3.2~4.2	0.66
3	4.2~5.2	0.73
4	5.2~6.2	0.81
5	6.2~7.2	0.86
6	7.2以上	0.91

第四部分

表 9.6 月票票价

序号	持月票的乘客	月票票价/新元
1	小学生	20
2	中学生及全日制中专生	25
3	大专、大学生	45
4	全职国民服役人员	50

第二节 票务运作

票务运作的终极目的是有效地、妥善地完成交易：作为交易一方的乘客通过购票获得对运输产品的消费权，作为交易另一方的城轨交通企业在乘客对运输产品进行消费之前（进站时）或消费后（出站时），对乘客收取相应的费用。乘客在车站非付费区内逗留、问询等都是免费的，也说明城轨出售的只是位移而已。

上述交易过程中涉及两样关键东西：钱和票。 钱是乘客为消费运输产品所需付出的代价，而票是乘客在付出代价后所取得的对运输产品的消费权。

一、票务工作的内容

票务运作的核心是对钱和票的有效、妥善管理。

1. 票

票的最初来源是车票生产商。票进入城轨系统后（在采用一卡通概念的城市，是在票进入流通之前），会经过如下环节：

（1）加值。

生产厂家提供的车票是不能直接用来进站上车的，因为车票内没有"值"。

加值工作可以是由人工（票务人员）进行的，票务人员可以是城轨公司的员工，也可以是第三方（如专业票务公司或其他经授权的机构）的员工。

为了方便乘客并减少工作人员的工作量，甚至工作人员的数量，新的城轨系统都设有允许乘客自己加值的设备。

这里的"加值"，包括对储值票的加值和对单程票的赋值。

（2）出售。

即加了值的车票到乘客的手上。作为交换，乘客需要支付相应的钱款。这钱款可以是现金，也可以是通过银行卡转账。

（3）使用。

乘客使用加了值的车票进站、乘车、出站。在出站时，储值票内的值会按一定的票价政策被扣减，单程票则通常在出站时被闸机自动回收。

（4）回收。

回收的目的是对车票反复多次使用，因为车票有制造成本，使用次数越多就越经济。对于一次性（单程）车票：

——一些会退出系统，如外地乘客保留，或因损坏而报废；

——重新进入系统，再度使用。回收方式可以是自动由出站闸机完成。这适用于没有预收押金的情况。对于有预收押金的城轨系统，单程票的回收需要乘客在出站后投入回收设备，回收设备把押金退回乘客。某城轨系统最近启用新的单程票，这种单程票能够使用多次（最多6次）。在第一次使用时，乘客需在车费之外支付额外的1毛钱，相当于"押金"。为了鼓励乘客多次使用此单程票，在第三次使用时，乘客只需支付比正常票价少1毛的车费，这相当于拿回了押金。在第六次使用时，乘客还会享受10%的票价优惠。这种单程票是纸质的，不回收，免去了车票回收带来的成本。

对于储值票：

——一些会退出系统，如外地乘客保留，或因损坏而报废；

——重新进入系统。

2. 钱

钱的最初来源是银行。钱又分为两种：一是乘客的钱，二是城轨公司的钱。在使用一卡通的城市，除城轨公司外，还会有其他机构向乘客出售车票。因本书是《城轨交通运输管理》，所以这里只讲城轨公司。

（1）乘客的钱。

乘客通过任何的合法手段获得钱以后，可以用它来购买所需的商品或服务，包括购买乘搭城轨列车所需的车票。

乘客的钱（用于乘搭城轨列车的那部分）在城轨系统内会经过如下的环节：

——乘客使用自动售票机买单程票或为储值票加值，或在票务处由票务人员协助对储值票加值。在这个过程中，乘客是拿钱换取对城轨运输产品的使用权（以车票的形式体现）。

——票务人员对上述过程中产生的票款进行收集清点，封装后交银行存入城轨公司的账户。

可见乘客的钱从银行出来，最后流回银行。

因补票、罚款而从乘客收取的钱另计。

（2）城轨公司的钱 这些钱是城轨公司从银行领取，分发给各票务点的备用金。在做交易时，票务人员需一定额度的备用金用来支付给乘客。比如：

① 找零。第一个乘客前来票务处购票，交给票务员100元面值的钞票，但只需要买50元的票，那么票务员就要找回50元给乘客。自动售票机的找零也需备用金。

② 退票。乘客把以前购买的票退回给城轨公司，相应地票务员就要把一定额度的钱退回给乘客。退单程票的押金，也需要备用金。备用金来自银行，流向乘客。乘客可以用它进行其他消费，也可以存回银行账户。从上述的讨论可以看到如图9.2的关系。

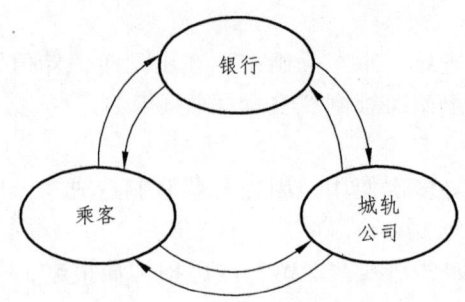

图 9.2 现金在银行、乘客和城轨公司之间的流动

一种最为理想而且已在个别城轨系统施行的做法是：每人（乘客）有一张银行卡，此卡可以被城轨站的入、出闸机自动读写。乘客每次乘搭城轨，消费多少就扣多少。这样一来搭乘城轨就不需要车票了，也不需要现金了。票务运作也就极大地简化。

二、怎么做好票务运作

票务运作涉及票、钱，特别是钱，因为钱具有直接支付能力，所以成为大家追逐的对象。为了防止票、钱落入不该落入的人的手中，需建立严格/严密的作业程序（软件）并配备相应的设备（硬件）。

1. 软　件

软件的核心是制度。下面是一些例子。

票务人员在处理乘客的票务问题时，现金、车票要当面点清，应有闭路电视记录。

票务人员之间的交接班要清清楚楚，并有记录。

关键票务作业，如票款的清点与结算，要由两人在闭路电视监视下共同完成，并保存大量的现金不可以在车站过夜。

大量的现金在车站与银行之间运送时，应有保安措施。

报表和台账应按规定按时准确填写上报。涉及设备操作需要密码的情况，工作人员应对密码保密，并在完成工作后及时从设备操作状态退出。

对违反作业程序的工作人员，视情节及影响给予相应处罚、处分。

票务员在当班期不得携带个人现金和除员工票以外的自己的车票，以免混淆。

2. 硬　件

除了作为核心收费设备的 AFC（自动收费系统）外（可参阅本系列教材的《城市轨道交通设备》一书），其他的票务相关硬件设备还包括：

① 保险箱；
② 点票机；
③ 点钞机、点币机；
④ 验钞机；
⑤ 票务手推车专用钱箱、票箱票务钥匙。

三、特殊情况下的票务运作

现代城轨交通利用 AFC 进行票务运作属于正常情况，此处特殊情况是指当 AFC 系统出现大面积的故障（即不只是单个设备不能操作）或虽然 AFC 系统正常，但大量客流的密集到达致使 AFC 系统无法应对时，需要完全靠人工实现票务运作的情况。实践证明，这时最有效的办法是实行单一票价的纸票。这实质上是退回到若干年前没有 AFC 情况下的手工检票作业模式。

四、小　结

（1）票务收入是城轨系统得以持续运作的生命线之一，票务工作的疏漏，特别是逃票问题，可能导致城轨票务收入的严重流失。

（2）城轨交通的乘客数量巨大，票务交易的次数也多，交易过程中出现的差错会直接影响乘客及公司的利益。实际工作中许多的乘客投诉与票务有关。票务工作质量的提高有助于改进城轨公司与乘客的关系。

虽然票务工作不涉及人身安全，但由于涉及经济和顾客服务，所以需要给予足够的重视。

◆　思考题

（1）城轨票价的制定本质上是在城轨公司和乘客之间进行利益分配的问题，讨论其对票价政策制定的影响。

（2）"城轨票价的制订不能以城轨企业的经济效益为准"，你对此有何看法？

（3）下面是 2007 年、2013 年关于北京地铁票价的报道。认真阅读后，展开讨论，并写出你的看法。

【案例 45】

北京市民出行又"长出了一口气"
——北京市财政支持公共交通全面提速报道（上）

地铁实行新票制客流增长 30%

10 月 7 日下午一点半，北京地铁 5 号线开通的半小时前，雍和宫站外已排起了数百米的长队。从这天开始，北京市的轨道交通票价降至 2 元，当天发行的纪念票也成为市民的抢手货，雍和宫地铁站准备的 2 万张新线开通纪念票，在地铁站开门 40 分钟后即被抢购一空。

"地铁 2 元单一票价是政府送给我们老百姓的一份厚礼，这张纪念票我要永远保存，作为党和政府实实在在为民办事的见证！"市民张大爷家住雍和宫附近，为了坐上 5 号线地铁的头班车，他在外面等了半个多小时。

据地铁运营公司客运营销部介绍，10 月 7 日，开通仅半天的 5 号线，客流量就达到了 34 万人次，接近运营部门预计的全天客流 39.6 万人次。而地铁全路网的载客量为 198 万人次。

据最新统计，地铁实行新票制后，客流量增长了 30%，日均达到 237 万人。如果联系起北京市日均增加车辆约 1 000 辆，这个数字无疑让人备感振奋。数字的背后，凝聚的是北京在建设国际化都市进程中，为解决交通拥挤这个世界性难题进行的不懈努力。新加坡《联合早报》评价说，地铁票价降了1元，看似微不足道，却能深深印到人们心里。英国《金融时报》认为，这条价值达120亿元线路的开通和地铁票的降价突出表明，北京终于再次把公共交通奉为确保这个快速扩张城市有效运行的重要方法。

公共财政向民生倾斜

北京城市道路交通拥堵，一直是北京人的一块心病，相当多的路段处于拥堵状态，经常发生严重拥堵的地方多达65处。道路越修越宽广，交通越来越拥堵，北京也被人戏称为"世界上最大的停车场"。

道路拥堵很大程度上起因于车辆增多。据报道，目前北京市机动车已突破310万辆大关，私人小汽车出行比例增幅为公共交通的两倍。车辆增多一方面是由于人民的物质生活水平的提高，另一方面则是公共交通发展的相对滞后。资料显示，2003年初，公交在北京交通中发挥的作用从20世纪80年代的35%下降到了26.5%。

为了解决这一日益严峻的问题，保证城市化进程中公共交通的健康发展，2005年北京市颁布了《北京交通发展纲要》，明确提出优先发展公共交通战略，力争2010年公交出行比例达到40%。

2006年12月18日，北京市财政局会同有关部门联合下发了《关于优先发展公共交通的意见》，明确了在加快轨道建设的同时，对地面公交系统进行全面提升改造，对公共交通施行设施用地、投资安排、路权分配、财税扶持的"四优先"政策。

2006年底，北京市发出《关于公交票制票价调整的通告》规定，从2007年1月1日开始，包括空调车在内公交线路的基础价为1元，公交普通IC卡乘公交4折优惠，学生卡2折优惠。北京市财政为此每年增加13亿元的补贴，每年对公交的财政投入累计达到40亿元。

从10月7日，5号线试运营开始，北京市的地铁全部实行2元单一票价。为鼓励市民选择公共交通工具出行，方便市民驻车换乘，降低中心城区的交通压力，自地铁5号线开通试运营之日起，5号线天通苑北驻车换乘停车场（简称P+R停车场）对驻车换乘车辆停放试行计次收费2元的优惠政策。

一线带动了一片

5号线投入试运营后，北京市轨道交通总里程达到142公里。2008年10号线、奥运支线、机场线投入运营后，总里程将达到200公里，公共财政用于轨道交通运营的支出也将达到10亿元左右。

"地铁一响，黄金万两"。地铁八通线开工建设前，在通州区，即使是靠近东三环这边的楼盘，售价亦不过每平方米2 000余元。随着工程的进展，房价很快直线跳过3 000元、4 000元、5 000元的标尺，开通后房价即迅速向6 000元靠拢。新的地铁派生出新的居住区，地铁沿线居民的大量入住，也引来很多大型商场、大型卖场、娱乐健身等与居民生活密切相关的消费场所的集中涌入。

地铁的开通在一定程度上推动了城市化进程，带动了沿线经济的发展。分析表明，目前，依照地铁5号线沿线各大站点位置，由北向南依次可以划分出6个商圈，串起了纵贯京城南北的这几大商业明珠。

根据北京交通规划，"十一五"期间北京市将继续加大对公共交通的投资力度，投资总额将达到715亿元，占全市交通基础设施投资的45%。2015年轨道交通总里程将达到561 km，形成三环四横五纵七放射的轨道交通网络，公共交通的出行比例将提高到45%以上。

（2007年10月20日刊登）

公交补贴还有"三问"
——北京市财政支持公共交通全面提速报道（下）

今年以来北京市进行的两次公共交通改革，在全国得到了广泛关注。北京市财政大力支持公共交通的做法也被专家学者称作"北京模式"。

在"北京模式"的带动下，浙江绍兴大幅下调市区公交车票价，取消了空调车和普通车的票价差别，无人售票车从原来的2元起步价降为1元，高档有人售票车起步价在原基础上每人次下调0.5元。西安从9月16日开始推行低票价政策，市民刷卡乘车享受五折优惠，学生三折，分别是5毛钱和3毛钱，并不富裕的西安财政每年将为此拿出2亿元左右的专项补贴。深圳市也已经通过公交降价方案，深圳市民12月1日后乘车会节省25%的费用。广州市地票价正在由市发改委牵头做方案，鼓励市民乘坐公交出行……

然而，单一票价是不是存在公平问题呢？仅靠低票价能否提高公共交通的吸引力？如何更好地处理增加财政补贴与提高运营企业经营效率的关系？带着这些问题，记者展开了进一步的采访。

单一票价是否有违公平

北京公交低票价受到市民热情追捧，人们纷纷对北京财政的惠民政策表示赞赏。国家发展和改革委员会综合运输研究所研究人员认为，低票价是为了给老百姓提供更优惠的公共服务，鼓励老百姓选择公交出行。统一票制是国际通用的做法。从乘客的便利性来说，刷一次卡也省事。政府把大头都拿出来了，没必要再去计较坐多远多近。"

然而也有学者专家对地铁实行2元单一票价提出质疑。北京大学社会学系教授认为应该实行差额票价，因为财政的钱属于所有纳税人，要对所有人公平，对乘客来说，坐一站地和坐十站地的价钱不能一样。

"实施统一票价制度，的确存在一个公平问题，因为如果不分乘坐距离远近收取同样的价格，事实上是由近途乘客补贴远途乘客，这对近途乘客是不公平的。这就是所谓的交叉补贴，即让低成本用户补贴高成本用户。"上海财经大学政治经济学教研室一位学者也持同样看法。据他介绍，上海现在实施的是公交换乘优惠政策，其中也包括公交巴士与轨道交通之间的换乘优惠。这个办法的好处在于能真正区分不同消费者，并对不同消费者征收不同的价格。

"当然，对于北京来说，单一票制有一个好处就是，鼓励了更多的乘客搭乘地铁。北京的私家车数目惊人，对交通造成了很大的压力，如果能够通过价格低廉的公共交通体系引导人们减少对私家车的使用，也是一个可行的方案。"他认为，差额的阶梯票价制度可能对短途乘客更为有利，但是远途乘客可能最终由于高票价而放弃地铁，选择其他交通方式。就北京而言，多数准备购买或拥有私家车的人都是潜在的远途乘客，所以阶梯票价制度虽然更加公平，但也许无法很好地发挥地铁对缓解地面交通的功效。因此，有些事情应该从更为广阔的角度考虑，不能单纯从某一个角度，即使是像促进社会公平这样的事情。"

公交低价如何与便捷并行

"我不会坐公交上班",家住北京东五环外的刘先生买了汽车不到两个月,"每天坐地铁需要保安往车里使劲推,人快挤成照片了。"

"价格只是影响人们选择私家车或是公共交通的因素之一,公共交通覆盖面的扩展是必不可少的前提,低价必须与方便并行。"上海财经大学政治经济学教研室的那位学者非常理解刘先生的感受。他认为,要想更有效地引导市民选择地铁,四通八达的地铁线路和方便快捷的换乘是必不可少的。如果需要乘客走很远的路或换乘几部公交车才能搭乘地铁,即使价格再便宜,乘客还是会放弃的。因此,财政补贴也应面向公共交通线路的建设上,而不是仅限于价格补贴。在便捷、快速、低价的地铁与拥堵、昂贵的私家车之间,会有更多的人选择前者。

"我同意这种说法,这也是政府正在努力解决的问题",国家发改委的那位研究人员说,"在政府不能为老百姓提供更好的公共交通之前,我们没有理由限制私家车。不过我们将来会采取措施,一方面发展公共交通,另一方面也合理引导私家车使用。"

事实上,北京实行地面和地铁低票价以来客流的井喷已经使得地铁的拥挤程度增加不少。如何让乘客不仅走得了,而且走得好,正在成为北京发展公共交通的新挑战。

未来5年,北京市政府将投入资金715亿元进行轨道和地面交通的建设,这个数字占交通基础设施投资的45%,较"十五"期间提高了18个百分点,争取在2010年,公共交通承担全日出行量的40%。

财政补贴如何与经营效率并重

今年,北京市财政安排了116.7亿元支持优化公共交通及轨道交通投资。这种把公交作为公益事业的定位也是一些专家学者认为"北京模式"最值得其他城市借鉴的地方。但是,"对包括地铁公司在内的公交企业进行补贴与通过市场化提高其经营效率之间一直存在着较大的矛盾。"上海财大的那位学者说。

公开招标被很多学者认为是解决上述矛盾的有效途径。据报道,巴西的库里蒂巴市每年都会招标10家企业负责全市的公交运营,政府在确保各公司的利润水平的同时,还会给予相应的补贴。如果遇到油价上涨或者通货膨胀,公司利润率下降或者百姓难以承担票价时,政府就会加大补贴力度。各中标公司需要做的就是提供优质服务,以确保自己能够长久地在这个市场中生存下去。北京大学的那位教授认为,无论由私人还是国企运营,都要考虑成本和收益,尽量少亏损。对此,国家发改委的那位研究人员表示赞同:"理论上当然是可取的,但是目前我们的一些监管措施还不太完善,从现在情况上来说还很难做到。"

事实上,北京也已经开始探索在公平和效率之间求得平衡。正在建设的地铁四号线就是采取了政府和私人公司合作的模式,即政府出资建设地铁工程,企业按照合同运营。

(2007年11月3日刊登)

北京地铁高峰时段票价或上涨 最高票价或达10元

2013-12-15 新京报 原标题:北京地铁高峰时段票价或上涨

表 9.7 北京地铁票价变更史

票价/元	时间
0.1	1971年1月15日，一期工程线路试运营，凭单位介绍信购票
0.2	1987年12月19日，环线建成通车后，一线及环线两线统一票价
0.5	1991年1月1日
2	1996年1月1日
3	1999年12月10日
2	2007年10月7日

新京报讯：无论何时、无论多远距离，花2元就可以坐遍北京地铁，这种局面未来将会改变。日前，市政府办公厅印发《进一步加强轨道交通运营安全的工作方案》，提出将制定高峰时段票价差别化方案，并择机出台。

昨日，负责价格制定的市发改委对此并未表态。但按照规定，地铁如果调价，需要召开听证会，并制定一套以上的调价方案供听证会上大家讨论。

拟通过调价分散高峰时段客流量

方案明确提出，北京将加快票制研究和轨道交通运营安全立法。其中，将制定高峰时段票价差别化方案并择机出台，通过价格杠杆分散高峰时段客流压力，降低大客流风险。同时将推进轨道交通运营安全立法工作。这意味着，2元钱全天候的地铁"通票"制将被打破。

地铁客流量大，为了保证乘客安全，地铁方采取过增加车辆运力、缩短发车间隔、加快新线路建设及增加早晚高峰限流车站等措施。据了解，目前地铁常规限流车站已从41个调整为44个，但仍无法解决高峰时段拥挤现象。

某市人大代表曾提交关于调整完善北京轨道交通票价的建议。他认为，地铁财政补贴需求不断扩大，不仅给企业和政府财政带来较大负担，更重要的是会给地铁运营安全带来较大影响。北京地铁票价在国内处于较低水平。

另一位市人大代表认为，当前大额的公共交通的财政补贴既没有持续性，也不合理。

代表建议2元起步，超6站加价

代表认为，考虑到优先发展公共交通的需求，北京市的城市轨道交通票价改革方案应以现实为基础，实行按里程计价方式，相应票价水平可以比照广州与上海的水平来确定。目前国内广州、天津、武汉等不少城市均以2元为起步价。综合考量北京目前基本票价水平，可以考虑以2元作为起步价。

同时，根据北京地铁目前的平均运输距离、运营线路数量、车站数、运营总长度及与既有的公交优先策略对接等因素，他认为，按每人每公里平均运价率0.342元推算，2元起步价大致应可乘坐6 km，考虑到市区内站间距较短，线路起步价2元乘坐站数可确定为6站。6站以后，可以根据一定的距离进行加价，最高票价为10元或8元。

■ 背景：北京地铁票价全国最低

目前，国内只有北京地铁采取2元票价的一票制。各地起步价2元、3元不等，封顶价5元到10元不等。

该代表表示，票价过低，刺激了出行需求向地铁的转移，北京地铁部分线路的运营处于超负荷水平。

3月8日，地铁路网客运量首次突破1 000万人次大关，再创新高，并成为常态。市交通委相关负责人表示，地铁客流量潮汐性是地铁运行中的一个突出特点，早晚两小时的运送量是当天客流量的40%，最拥挤。

铁科院（北京）工程咨询公司一位专家称，高峰时段可能存在的安全问题包括踩踏等。而拥挤的车厢内如果发生意外事件，伤害面也会较大，逃生也会受到影响。

北京2元票价制自2007年实施。2010年年初，一位市政协委员建议早晚高峰时段地铁单程票价涨至五六元。

年初，另一位市政协委员表示，2011年地面公交出行每人次票价亏损约1.7元，轨道交通出行每人次票价亏损约为5元，并呈逐年增长趋势，财政补贴压力较大。

■ 追问

1. 终结2元票制能否缓解拥挤？调价对"刚需族"意义不大

通过价格杠杆能否真正分散高峰时段客流压力？记者发现，在北京高峰时段非常拥挤的13号线、5号线、4号线、八通线等线路，上下班的潮汐性客流特征非常明显。这种相对"刚性"的客流能否通过价格杠杆调节？记者采访发现，很多北京市民都认为票价调整不会解决地铁拥堵问题。

一位交通专家也认为，制定高峰时段票价差别化方案，通过价格杠杆分散高峰时段客流压力，是未来"可选项"之一，但对于"刚性"需要乘坐地铁的上班族来说意义不是很大。他介绍，目前国外一些城市为了鼓励错峰出行，采取的措施是在正常票价基础上，在非高峰期时段降低票价。他认为，北京地铁如果在高峰期调价，应该和整体价格调整方案一起出台。"

2. 为何地铁新线增加不少，客流却依然很大？根本原因是中心区集中

北京市统计局统计，2012年北京市常住人口突破2 100万人。在人口不断上升的情况下，公共交通特别是地铁运输压力如何缓解仍是一道难题。尽管北京近年来新线路建设力度不减，列车运行间隔不断缩短，但高峰期客流压力依然较大。目前，在北京有7条地铁线路的实际运营间隔小于3 min，其中1号线全天开行列数超过700列。

另一位交通专家表示，北京市中心城区功能过于集中，不论是金融、商业，包括政府单位多集中于这一区域，而居住区则多集中于城市外围，这就形成了这种潮汐式的巨大交通流量。北京地铁虽然建设速度很快，但新建线路与原有线路之间的客流不是互相承担的关系，而是建一条就把更多的人吸引到地铁上来。所以，根本性解决问题还要从城市规划方面考量。

还有专家认为，北京地铁多条线路开通不久就已经达到设计最高客流，表明在规划和设计上没能考虑到北京城市和人口发展会这么快。

■ 建议：专家建议同步建设地面交通

北京交通大学一位经济管理学专家认为，利用票价调整会对消减北京地铁高峰客流起到一定作用。调节地铁客流的手段比较多，从经济角度看，价格是最直接效果也是最明显的，但地铁票价调整要根据综合性的一些实践数据核算。该专家介绍，在国外一些城市，地铁票价也不是一成不变的，而是科学地建出数学模型，根据本地经济发展，适时调整。

而铁科院（北京）工程咨询公司那位专家指出，实施高峰时段调价可以让一些没有很紧急事情的人选择非高峰时段出行，但该措施也可能会导致高峰期拉长。

北京工业大学交通研究中心的一位教授分析称，地铁调价目的不是增加出行成本，最有可能只在高峰时间实施票价调整，调价的重要作用是分流同一时段的集中客流。

她认为，调整地铁票价的同时，交通部门应该同步建设地面交通系统，目前政府也在做，比如增加公交专用道、线路调整、定制公交、增加公交运力等。地铁提价以后改变的是出行方式和结构配比。

第十章 运营培训管理

在《城市轨道交通运营管理》一书中为什么要讲培训管理？这得从运营管理的本质讲起。负责建设城轨系统的单位在系统建成后交给运营管理单位的是技术设备、设施、系统。运营管理所需的人员、规章等要运营管理单位自己负责组织。招收到的人员和接管的城轨系统及新系统对应的规章之间不可避免地存在着一定的距离。消除这一距离，使人员、设备、规章无缝对接的是培训。另外，随着时间的推移，人员会更换，即便是同一个人，因为设备的改变、规章的更改等，会出现新的距离。消除这一新距离的也还是培训。人在运营管理过程中起着决定性的作用，统计数据也证明铁路事故中人为因素的比重超过75%。虽然不是每次事故的人为因素都是因为培训不足，但有效的培训确实可以避免许多铁路事故的发生，如下文Docklands Light Rail案例所显示的那样。

【案例46】

道克兰轻轨 Docklands Light Rail 案例（参见案例39）

此案例在前面讲轧道车时介绍过。这里重点讲和培训有关的调查结论。道克兰轻轨的拥有者是 Docklands Light Railway Ltd（道克兰轻轨有限公司），而运营管理者是 Serco Docklands，列车司机和控制中心调度员都是它的雇员。

事故调查报告指出，当事司机没有接受足够的培训是使得事故后果加重的原因之一，并指出培训不足的原因是：

（1）Serco Docklands 没有一个专门负责培训的部门。员工的培训由员工各自所属部门的有培训资格证的员工（即培训师）负责。这些培训师是兼职做培训的。为了开展培训，会把培训工作编排进他们的工作计划时间表内。

（2）管理层对培训的质量没有监督，对培训师也没有审计考核。对培训的内容及质量，管理层也没做检查。

（3）当事司机接受了为期7周的基础培训，之后是2周的"跟班"实习。跟班实习是指学员司机和有经验的司机一道值班。虽然出勤表上对跟班实习做了记录，但在实习期间学员具体做了些什么并没有记录。道克兰轻轨是按无人驾驶设计的，所以通常司机并不开车，因而实习期间不大会学到所有要学的运作知识和技能。

（4）当事司机虽然有乘车售票经过出事所在区段的经历，但他从未在该区段"驾驶"过轧道车，这包括培训期间以及培训结束后到出事前的7个月内。（注：这里的"驾驶"指司机位于列车前部人工驾驶台处，而列车以自动模式运行）。之所以会如此，是因为当时受训期间，学员人数太多，且延伸线施工作业的占用使得不是每个学员都有机会在该区段体验轧道车。

第一节　培训管理

这一节讲的是培训部要做的工作。

前面讲过，培训是要消除员工和设备及规章之间的距离，使员工、设备和规章真正形成三位一体，即运营。

图 10.1 反映了员工工作能力的变化规律。

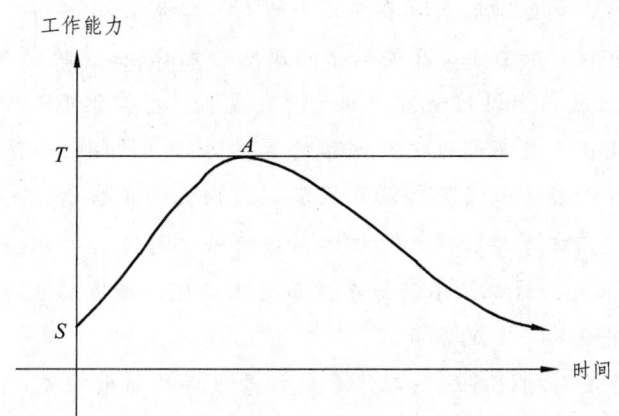

图 10.1　员工工作能力的变化规律

图中 S 代表员工刚进入公司时的能力水平，T 代表胜任工作要求所需的最低能力水平。A 代表经过一段时间的学习、培训，该员工的能力水平达标了。当然不同员工的学习能力不尽相同，有些达标所需的时间较短，或在规定的时间内其能力超过最低水平要求，而另一些可能在规定的时间内没能达标，甚至在延长培训期后仍无法达标。

达标之后的员工在上岗工作后，那些不常运用的能力（如应对火灾事故的能力，连挂救援列车的能力等）可能会发生退化。也就是图中 A 点过后的下降曲线。换言之，员工和设备及规章之间又出现了距离，这就需要再培训来加以消除。

由此可以看出培训有两个基本类别：初期培训（首次培训）和再培训。二者在培训内容、形式、时间长短等方面均有些不同，下文会进一步展开讨论。

一、培训什么？

答案是，员工为了很好地完成工作任务需要什么就培训什么，共有三个方面：态度、技能、知识，在英文里简记为 ASK——A（Attitude）、S（Skills）、K（Knowledge）。

（一）态度方面

最重要的有两个，一是对安全的态度，另一个是对服务的态度。在中文里也常用安全意识和服务意识来表达。

1. 安全意识

因为安全在城轨运营中的重要性,每位入职员工必须接受安全培训,树立安全第一的观念。安全第一不能成为一个空洞的口号,而必须赋予实在的内容。下面的例子有助于说明安全第一的实际所指。

【案例 47】

是选择冒险还是选择保守?(参见案例 8)

在客运服务时段内,承包商的员工在对设备进行维修时,引起信号设备的供电缺失,受影响的区段沿线信号按设计转红显,速度码也相应地转为 0。在控制中心大屏上对应区段"黑屏",即无任何显示,区段内车站控制室的显示屏也是如此。控制中心授权相关车站实施"站间行车"法,列车以 URM 及不超过 60 km/h 的速度运行。站间行车法实施不久,由于在控制中心授权前未把因信号设备缺失而停滞在区间隧道内的列车告诉相关车站,也未设法先让该列车的司机把车驾到前方车站,再加上该车后方有一个弯道,所以当另一列车从后方站以高速(60 km/h)开过来时,司机来不及停车,而发生追尾,造成约 300 名乘客受伤。这个案例中有两处有悖于"安全第一"的宗旨。

(1)在客运服务时段内对设备进行维修导致信号设备的供电缺失。信号设备是安全设备,任何可能影响其正常工作的维修必须在停运后进行,除非信号设备本身发生故障而需要抢修。

(2)在技术设计上 RM 限速 20 km/h 行驶是出于安全考虑:因为在前方有车时,RM 仍然可以前进,所以有撞车的危险。以低速(20 km/h)运行有助于司机在短距离内停车。另外,即使未能及时把车停下而发生撞车,由于车速较低,撞车所造成的后果也不至于非常严重。URM 也有撞车的危险,按道理应在制定行车规则时设同样的限速,即 20 km/h,而不是 60 km/h,虽然在技术上 URM 是能够按高速行驶的。高速(60 km/h)是可以带来高的效率,但在安全面前,效率应给安全"让路",而不是反过来。

【案例 48】

"服务"给"安全"让路

一条地铁线和一条轻轨线相交,地铁在地下,而轻轨是高架。地下地铁站和高架轻轨站同处在一个综合商业建筑内,如图 10.2 所示。

地铁车发生火灾,地铁站紧急疏散,一种意见认为可以维持轻轨线路的服务,只需让轻轨车在该站不停车通过;另一种意见认为应暂停轻轨服务,因为万一轻轨车在到站后不能直接通过(比如火灾导致轻轨的牵引供电故障,轻轨车无法动弹),而需要轻轨车内的乘客疏散,就会有危险。按照安全第一的原则,应暂停相关轻轨的服务。

安全意识的培训就是要教育员工时刻想着潜在的危险,即在没有把握的情况下,不要贸然行事,养成"不冒险"的习惯。

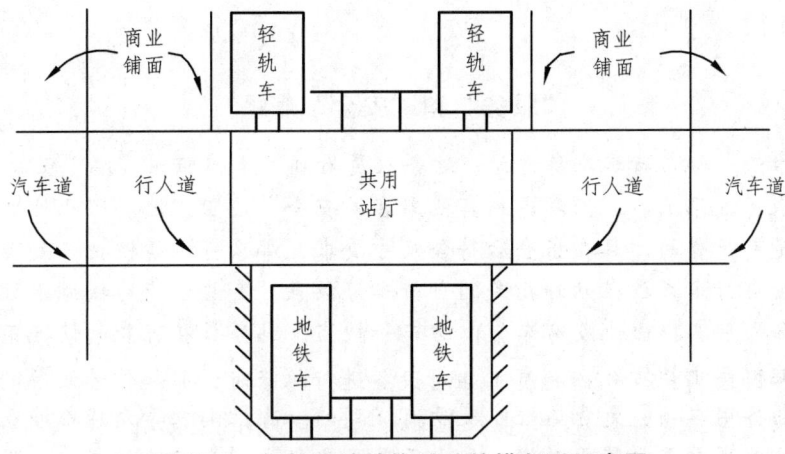

图 10.2 轻轨和地铁换乘站的横断面示意图

2. 服务态度

城轨运营属于交通运输，同时也是服务行业，每天运送大量的乘客。乘客的需求是多种多样的，乘客本身也千差万别。处于乘客服务一线的司机、站务员等经常会有不愉快的工作经历。但城轨运营的性质决定了我们没有别的选择，只能是以"顾客至上"的态度，尽量满足乘客的合理要求，在有条件的情况下甚至超出乘客的期望值。

像"安全第一"一样，"顾客至上"也不可以停留在口号上。下面的案例（均假设有站台屏蔽门）有助于增进对"顾客至上"的理解。

【案例 49】

对个别顾客的服务和对大量顾客的服务

一位乘客下车时，不慎把地铁票掉到了车与站台边缘的缝隙里。当他来到客服中心向站务员说明情况，请求协助（直接放行出站）时，站务员可能会怀疑这位乘客想逃票。怎么办？出于顾客服务的宗旨，应协助他出站，（不应要求他再买一张新票出站）。另一方面，出于维护公司利益的考虑，应记下该乘客的姓名、证件号码及外部特征。如果发现他再次找借口免费出站，就应拒绝，甚至采取其他适当行动。利用站内摄像记录是更好的办法：事后把录像播放给其他车站的站务人员，以便共同应对。

一位乘客下车时，不慎把一只鞋子掉到了车与站台边缘的缝隙里，当他来到客服中心向站务员求助时，站务员应提供免费的拖鞋，以使该乘客能继续他的下一段行程。

一位乘客下车时，不慎把手提电话掉到了车与站台边缘的缝隙里，当他来到客服中心向站务员求助时，站务员是否应该送他一个免费手提电话？当然不是。是否应该马上安排把他的手提电话从轨旁捡起来？也不是。因为下轨道捡电话会影响更多乘客。怎么办？把这个道理解释给那位掉电话的乘客，同时记下他的联络方式以便在夜间停运期间下轨道捡回电话后让他来取。当然也要让他知道他的电话也可能有损坏。

一个是"安全第一"，一个是"顾客至上"，在这两者之间到底哪一个更为重要呢？当然是前者。除了前面的案例 45 和案例 46 外，还有如下案例。

【案例 50】

"服务"和"安全"兼顾

一位乘客推着一辆自行车准备进站。站务人员看到了上前阻止。按"顾客至上"的宗旨，本应允许这位乘客进站上车。但考虑到其他乘客的安全，应阻止他。阻止他之后怎么办？如果他的自行车是可折叠的，且在折叠后符合尺寸要求，那么可以请他把车处理好之后进站。否则，应请他把自行车存放在站外指定的自行车停放点。有些城市地铁站附近的自行车停放点是免费的。如果乘客提出他没有车锁以防车子被盗，站务员在可能的情况下，使用车站的备用链子锁帮他把车子锁好。

上面提到的备用车锁、免费拖鞋以及没有提到的一次性雨衣等无疑都涉及成本费用，而且站务人员做这些事也需要花费时间，但由于是服务行业，我们的任务就是服务，所以不能回避，而应以积极的态度来看待。这积极的态度不能只是靠"顾客是运营收入的来源，因而是我们的衣食父母"来支撑，而需要用下面的信念来强化：我们的工作伟大而光荣，因为城轨使成千上万的人们能便捷地完成出行，促进社会、经济的进步；还因为城轨是"绿色"交通，有利于促进环境保护，造福子孙后代。

（二）技能方面

城轨运营涉及的技能有如下几个方面：

1. 语言沟通能力

运营生产过程涉及多个工作岗位，如车站员工、司机、控制中心调度。一方面，他们之间常常需要沟通以共同完成任务。另一方面，在顾客服务过程中，员工和乘客之间也有语言沟通发生。

对语言沟通能力的最基本要求是能清楚、准确、快速地传达信息。例如，在前文关于纽约地铁火灾案例（案例 34）的介绍中，#3 列车的司机有必要向控制中心清楚、准确、快速地报告现场的情况，包括他的列车所在的位置、火及烟的严重程度、车上乘客的状况，而且还要清楚、准确、快速地向控制中心讲明所需要的帮助，如请求允许反向开往上一站，请求派人到那一站接应。为了做到这一点，不仅要求司机的语言表达能力要足够好，而且还要求他熟悉公司的相关规定，如对火灾严重程度、车上拥挤程度的等级划分。直接引用等级可以使通话变得更为准确、简洁。

2. 设备操作技能

最典型的例子是对列车速度的控制技能。水平高的司机可以把车开得十分稳当，停站也非常准确到位。

3. 计划、策划、判断能力（思维能力）

这方面的典型例子有控制中心行调对列车运行的计划调整等。

4. 综合协调能力

这方面的例子有前文关于伦敦地铁列车需要后退以便重新排进路的案例（案例 3），其中控制中心需要调派车站人员前去隧道帮助司机实施反向行车。当然在处理重大事故时，负责现场指挥的"事故主任"更是要有极强的协调能力。

（三）知识方面

知识又可细分为技术知识和管理知识两类。

（1）技术知识指对技术设备性能、功能的了解。这在本系列教材的《城市轨道交通设备》一书中。

（2）管理知识指运营生产及管理过程中什么人负责，在什么时候做什么事，如何做，即运营的规则、程序和计划等。这些是本书要包括的。

上面讲了培训应包括 A、S、K 三个方面。这三个方面之间的相对重要性又怎样呢？

A 是最重要的方面，因为即使一个人具有足够的技能和知识，如果态度不正确，工作是做不好的。不是不会做好，而是不想做好。因为 A 是最重要的方面，所以应给予足够的重视。但另一方面，在 A、S、K 三者之间 A 的培训又是最难的，所谓"江山易改，本性难移"的说法正是有力的佐证。但"困难"并不意味着"不可能"。"一朝被蛇咬，十年怕井绳"说明一些经历，特别是痛苦的经历会改变一个人的态度。在英文里"If it's not hurting, it's not working"，意思是"没有切肤之痛，就不会有效果"。所以，为了在难以培训的 A 方面真正收到效果，需要一些非同寻常的培训手段和形式，如向学员展示一些过往事故中血淋淋的画面来造成感官的刺激。

在 S 和 K 之间，有人说 S 更重要，认为归根结底把工作完成的是 S。另有些人说 K 更重要，认为没有相关的知识，就不可能拥有一些技能，而且所拥有的技能有可能不会正确地运用，比如在不正确的场合下运用。两种说法都有道理，其实 S 和 K 二者的关系就如同子弹和枪之间的关系。不应把二者对立起来。实际工作中常常遇到学员表示：我是个实际操作型的人，不喜欢空谈理论，所以理论课对我来说没有用。乍一听好像很有道理，仔细分析一下，其中的问题是他把理论知识和操作技能分割开，对立起来。下面的例子有助于说明注重能力而忽视知识的局限性及其可能带来的危害。

【例 1】 在法国巴黎里昂车站的列车相撞（1988 年）案例中，司机很熟练地把制动风缸中的压缩空气排掉了，车闸得以缓解，列车得以重新起动。但这一举措其实是一个严重的错误，致使之后列车失控，最终导致 56 人死亡，多人受伤。

【例 2】 一位医生很熟练地帮一位病人把一颗肾脏切除了，手术十分成功，但事后发现被切除的那颗是健康的，而不健康的那颗仍在病人体内。

【例 3】 一个小朋友一口气可以背诵 50 首唐诗，但当被问到诗的意境时，却一脸的茫然。这些都说明，在学习技能时，不可忽视支持技能的知识。在英文中把这样的知识称为 Underpinning Knowledge，即用以支撑（技能）的知识。

二、如何培训？

培训工作四部曲：第一步是做培训方案设计；第二步是实施；第三步是检查效果；第四步是修订原设计以改进培训方案。

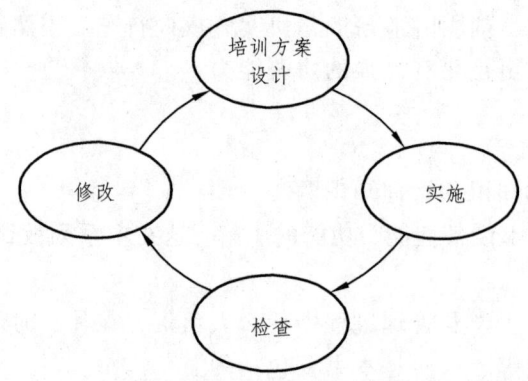

图 10.3 培训工作四部曲

（一）培训方案设计

方案设计包括的内容很广泛。
（1）培训的内容是什么？
（2）以什么方式进行培训？如传统的课堂教学，现场演示还是指导下的自修、跟班等。
（3）各项内容的时间长短、各项之间的先后顺序。有些也可能没有特别的顺序要求。
下面是一个为控制中心行调设计的培训方案的例子。该培训方案包括三个类别的培训：
（1）岗前理论培训。
（2）岗前实操培训。
（3）岗上定期再培训。

【案例 51】

城轨控制中心行调培训方案

假设学员不具有城轨交通的工作经验，为了使其能胜任城轨控制中心行调所要做的如下四个方面的工作：
——计划
——轨道占用的控制，包括行车占用和轨区作业占用
——处理计划外事件及紧急情况/事故
——记录及报告
有必要先对其进行岗前培训。如前所述，培训会包括 A、S、K 三个方面。
1. 认真的调查、分析（英文中称 Training Needs Analysis）
确定了如表 10.1 所示的培训要求（Training needs）。共有五个模块：
模块 1：基本前提。它包括了安全意识、顾客服务意识、城轨及城轨公司基本情况等。
模块 2：行调进行计划工作所需的知识和技能。
模块 3：行调组织行车和控制轨区作业所需的知识和技能。
模块 4：行调处理意外及紧急情况所需的知识和技能。
模块 5：行调在做记录和写报告时所需的知识和技能。
可以看出，模块 1 中要解决态度的问题及一些其他的共性东西，其他四个模块解决行调四方面主要工作所需的技能和知识，这就涵盖了 A、S、K 三方面。

2. 编写培训教材,进行教学设计

对表 10.1 中的每一项,确定:

(1) 具体的教学内容。
(2) 要达到的目标。
(3) 教学形式。
(4) 教学所需的时间、设备、学员人数限制等。

表 10.1 控制中心行调培训大纲

票价/元		时 间	
模块 1 前提	1.1	安全意识	
	1.2	顾客服务意识	
	1.3	城轨公司组织架构及行调在其中的位置、作用	
	1.4	部分常用术语(其他术语有待后续课程涵盖)	
	1.5	规则和程序的架构及重要性	
	1.6	调度工作通话规范	
	1.7	一般工作纪律规范(准时、饮酒政策、工作时限等)	
	1.8	行调工作班制及交接班制度	
模块 2 计划	2.1	行车计划(列车时刻表)	
	2.2	每周行车通告	
	2.3	编制运行图的设备及其使用	
	2.4	不同工作的重要程度及优先顺序	
模块 3 调控	3.1	设备相关知识	3.1.1 线路
			3.1.2 列车及其他车辆
			3.1.3 牵引供电
			3.1.4 列控(信号),包括人机接口
			3.1.5 紧急设备、设施
	3.2	相关规程知识(行车、轨区作业)	
	3.3	有关上述知识的文件存放位置	
	3.4	以常速或常用限速在两点间行驶所需时间的大致估算	
模块 4	4.1	意外及事故的机理	
	4.2	意外及事故时的紧急预案	
模块 5	5.1	收集并保存有关记录	
	5.2	起草有关报告	

比如，对第1.6项"调度工作通话规范"的教学设计：

（1）教学内容要包括公司规程中关于通话的规定、条例、标准用语，若干实际例子（正确的、不正确的），强调按规范通话的重要性。

（2）教学目标：

让学员认识到按规范通话的重要性；

让学员知道怎么样通话才算规范的通话；

使学员能熟练使用通信工具进行有效的沟通；

让学员知道遇到通话对方没按规定通话，应怎么办。

（3）教学形式包括：课堂讲解、示范，学员实际练习，培训师给予指导。

（4）在学员和培训师的比例为4:1的情况下，课时为一天。所需设备包括通话涉及的通信设备（无线对讲机）5台，录音、放音设备，及常规的电脑、投影仪等教学设备。

一天内各项活动的时间分配、先后顺序也事先订好计划以保证教学活动的顺利完成。

再比如对第3.1.1项"线路"的教学设计。

（1）教学内容：

包括线路的种类（如上下行正线、渡线、折返线、临时存车线、出入段线等）及其有效长，特别是临时存车线的有效长。沿线的坡度、弯道情况、站间距、站间标准运行时分，道岔到最近站的距离（参见案例50），线路速度限制等。

【案例52】

道岔更靠近哪个车站？

某城轨系统的正线线路布置图如图10.4所示，某日在运营时段内道岔P1发生故障（道岔失表）。

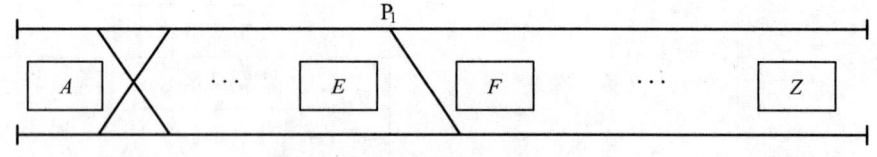

图10.4 正线线路布置示意图

控制中心行调指派E站的行车值班员前去检查并在必要时对P1进行手操。

E站的行车值班员在接受指令、带备所需工器具、采取了轨区安全防护措施后于11:07进入轨区。5 min过去了，行调通过对讲机联络该行车值班员，询问进展情况。行车值班员回复说还在前往P1的路上。又3 min过去了，行调再次通过对讲机询问，行车值班员回复说尚未到达P1。

事后调查发现，P1更靠近F站。如果从F站步行前往P1，只需2 min时间。这是一条新线，行调对现场情况不熟悉，而控制中心显示屏对线路的显示并不成比例，只显示各设施的空间顺序，并不代表相对距离。

（2）教学目标：

让学员熟悉他所要管辖的线路情况，以便灵活充分利用。

（3）教学形式：

课堂讲解，显示线路图，各线路之间的位置关系，车站和沿线设备（道岔、信号机等）的相对位置和距离，讲解弯道对速度的影响，存车线有效长带来的限制。现场参观：包括夜间停运期间步行参观典型及特殊线路区段和在正常运行期间随培训师登乘，一方面熟悉线路，另一方面感受司机沿线驾驶遇到的挑战。在实地参观受限制的情况下，相应录像资料可以起一定的弥补作用。

（4）课堂教学可以容纳较多学员，但现场参观（如列车登乘），就可能有人数限制。时间方面，课堂教学可以是半天，再安排半天实地参观。

★ 培训设计采用"模块组合式"，以为下一步的实施创造一定的灵活性。

★ 对时间跨度较大的实操培训，比如行调的岗上实操培训可能需要一个月或更长的时间。因为培训是在岗上进行，培训会受到实际运行情况的影响，培训师对培训项目的先后次序没有完全的控制，不像课堂教学那样。所以岗上培训需要一个培训项目清单做辅助。

（二）实　施

在正式实施培训方案之前，需要对方案进行审查、测试。这包括组织相关人员（用人单位管理人员代表、相应工种工作人员代表等）对方案进行书面讨论以及组织一个"试验班"实际做一次培训。经验表明新设计的方案在审查、测试过程中会得到改善和提高。

方案实施的关键是培训师，名师出高徒。为了获得培训效果，一定要先保证培训师的质量。在培训师质量高的情况下，培训方案中的不足或培训条件的不足可能会得到弥补。但反过来即方案很完善，培训条件很优越，如果培训师的质量欠缺，好条件也未必能得到有效的利用，歪嘴和尚念经可能会把正经念歪。

高质量的培训师应：

（1）对所教的科目十分熟悉。比如培训司机的培训师最好自己有多年的司机任职经验。

（2）有教学经验，知道如何有效地传授知识和技巧，并同时潜移默化地把正确的企业文化灌输到学员身上。

（三）检查和修订

检查和修订是精益求精的体现，有时也是保持培训方案正确性的需要。

1. 正确性

随着时间的推移，过去正确的，现在未必仍然正确，比如设备更新了，规程改了。所以有必要及时检查修订。

2. 精益求精

即便方案内容全部正确，为了取得更好的教学效果，也应该对方案进行改善，比如采用更好的图片资料，引用更新的、更恰当的案例等。

第二节 考 核

培训很重要，但考核更重要，因为由于员工个体的差异性，不管培训工作做得如何扎实，总有一些学员可能达不到要求的标准。考核工作就是要衡量教学（教和学）是否达到了预期的目标。

一、培训和考核的关系

（1）培训和考核是一脉相承的，这一脉是指"标准"。负责培训的培训师和负责考核的考官要执行同样的标准。

（2）在培训过程中，为了及时掌握教学效果，培训师有必要进行小的、局部的测验，以便尽早发现问题并及时补救。这种考核是融合在培训过程中的。

（3）最终与"合格证"、"上岗证"对应的考核应同培训分开，特别是要同有关的培训师分开：即负责培训的那个人不应是自己学员的考官。在这个意义上，考核与培训分开得越远越好。最好是由用人单位来考核。道理很简单：用人单位考核就相当于"验货"，如果不合格，那么就拒收。因为不合格的员工日后造成的问题是用人单位的问题。当然在现实工作中，由于多种因素的限制，常见的做法是用人单位把"验货权"托付给培训部。有一些则是把"安全相关工种"的验货权保留，而把"非安全相关工种"的验货权托付给培训部。还有用人单位和培训部联手验货的。

二、考核工作的做法

前面提到考核有两类，一是针对每个培训单元进行的阶段测验，这相当于车间内部的质量控制，二是最终由用人单位做的检验，相当于验货。

阶段性测验由于可利用的时间较充裕，所以应做得细致。而最终考核由于时间限制，在做法上一方面是有选择地"抽查"验证学员某些方面的水平，另一方面侧重在学员综合能力的测试及态度方面的检查。

1. 阶段性测试

对于知识方面的测试，比较适当的是书面笔试。这是因为：
（1）可以达到测试的目的，即对知识的掌握、理解。
（2）成本较低，即所需要的人力、物力相对较少。
（3）有据可查，书面测试结果自然地形成了书面证据。

对于操作技能，最理想的是通过实际操作来评定水平。但有些时候不便进行实际操作，如：
（1）设备在线运行，如果操作不当，会影响生产。
（2）设备很昂贵，为了考核而配备，不划算。
（3）非正常情况不便于模拟。

在这种情况下，只好设法通过：
（1）设计适当的书面测试题。
（2）面试/口试。
（3）模拟设备。
来进行测试，即退而求其次。

书面试题的类型多种多样，如判断题、多项选择题、简答题、应用题、配对、填空等。重要的是要针对工作的要求适当涵盖：

① 学员对知识的记忆。如司机需要知道某个断路器到底在车上哪个位置，以便在有需要的时候快速处理车上的设备故障。

② 学员对知识的理解。如司机在理解闯红灯可能带来的严重后果的情况下，才会更主动地注意瞭望。

③ 学员对知识的运用能力。比如问学员：在牵引供电突然断电的情况下，列车会不会自动施加紧急制动。这要求学员运用列车制动系统、牵引供电，甚至列控（信号）系统的知识来做出判断。

④ 学员的分析能力。比如问学员：当把主操作杆推到牵引位，列车却不起动时，分析可能是什么原因。

⑤ 学员的综合归纳能力。当陆续有 4 列车在同一个区段停滞不前时，问题可能出在哪里？

⑥ 学员对情况的评估判断能力。在早高峰时段，停在站台的列车尾部车厢有制动器故障，不能缓解，是否应该让位于车头的司机到尾部车厢操作该车厢的"制动切除开关"？

上述 6 项能力由①到⑥难度越来越高，在设计测试题目时，要兼顾到所有层次，一方面是因为要把握好测试的总体难度，既不要太难，也不要太容易；另一方面也是因为容易的并不意味着不重要。

美国教育心理学家 Benjamin Samuel Bloom（1913 年—1999 年）于 1956 年提出的上述 6 个层次学习成果的划分一直是教育界的指导。

2. 最终的总结性测试

这一测试的最大特点是综合性。比较实际的做法是像毕业论文答辩那样由一个评审委员会，利用一个或多个有代表性的综合性案例来测试学员的综合能力（不包括实操能力，实操能力的测试可以另外单独安排）。评审委员会应有用人单位的代表，以见证测试的可靠性。

三、再考核

多数铁路（包括城轨）运营机构会对在岗员工（特别是从事安全相关工作的在岗员工）进行再培训，并对岗位任职资格进行再考核。这一过程大约是初期培训及考核所需时间的 10% 左右。

四、对工作表现的考核

对工作表现的考核可分为以下两类：

（1）被动的。当员工涉及意外事件，被发现有问题时，会自动直接反映到工作表现考核里。

（2）主动的。没有发生意外事件，如何确定员工的表现？没发生意外事件，多数时候是因为员工工作做得好。但也有些时候员工没做好，只是其他因素消除了其影响，避免了意外事件的发生。比如司机在列车停站作业过程中过早关门，夹伤了一名乘客，但乘客没有投诉，所以就好像什么事也没发生一样。

这种情况下的考核可以是：

① 借助记录仪的记载。比如车载黑匣子、驾驶室摄像头的录像材料、录音笔记录的售票员和乘客之间的对话等。

② 在工作岗位上的抽查。比如列车登乘、对血液内酒精含量的抽查、面试提问。对不常执行的操作需要利用提问或专门的安排来确定员工是否仍胜任。对不再胜任的员工，要视其情况来做出相应的安排。

③ 健康状况下降（记忆力下降，体能下降等）不再胜任现在的工作。看能否调整工作岗位。

④ 工作态度变差。找出原因，如果是员工自身原因，且不能改善，则需及时辞退。

⑤ 需要再培训的，安排再培训。（注：正常的员工也需要定期的再培训）。

◆ 思考题

（1）在现实生活中，把"老弱病残"塞进培训部的现象时有发生。讨论这种做法的思想根源及其危害性。

（2）对经过考核发现不合格的员工该怎么办？

（3）讨论本书案例7对培训工作的启示。

第十一章 运营计划管理

"人无远虑,必有近忧。"凡事要有计划,任何活动都涉及时间和空间:时间上的顺序和空间上的位置。城规交通运营管理活动也不例外,运营管理的顺利开展要求计划工作要到位。

运营管理的内容很广泛,因此所需的计划也有很多种。如人员招聘和培训计划,设备采购和维护计划,资金计划等。本书是为运输专业编写的,重点讲两方面的计划:行车计划和沿线施工作业计划。这两方面(行车和沿线轨区作业)的共同之处是对线路的占用。而对线路使用进行管理的是运输专业的人员。

做计划的指导思想是:用最少的资源,在最短的时间内完成所要完成的工作;或用最少的资源,在给定的时间里完成尽量多的工作。

第一节 行车计划

行车计划的实质是对列车的运行做出安排,包括在每天的行车时段内共开行多少趟车,每趟车从哪里、什么时候开始,什么时候在什么地方结束,沿途经过什么车站,每个沿途站的到发时间等。

一、行车计划的表现形式

行车计划的具体表现形式包括时刻表和运行图。如对应图 11.1 所示的线路,1000—1100(即 10:00—11:00)期间的行车计划可以用如表 11.1 所示的时刻表来表现。

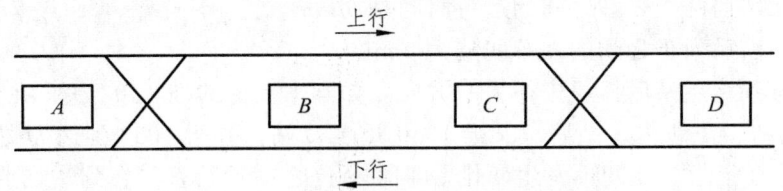

图 11.1 正线线路布置示意图

表 11.1 上行方向行车时刻表

车次号		07	08	09	10	11	12	13	14	15	16	07
上行行程号		1011	1012	1013	1014	1015	1016	1017	1018	1019	1020	1021
A	到达	0957	1001	1005	1009	1013	1017	1021	1025	1029	1032	1037
	出发	1000	1004	1008	1012	1016	1020	1024	1028	1032	1036	1040

续表 11.1

车次号		07	08	09	10	11	12	13	14	15	16	07
上行行程号		1011	1012	1013	1014	1015	1016	1017	1018	1019	1020	1021
B	到达	1005	1009									1045
B	出发	1006	1010									1046
C	到达	1011	1015									1051
C	出发	1012	1016									1052
D	到达	1017	1021									1057
D	出发	1020	1024									1100

表 11.2 下行方向时刻表（部分）

车次号		07	08	09	10	11	12	13	14	15	16	07
上行行程号		2011	2012	2013	2014	2015	2016	2017	2018	209	2020	2021
D	到达	1017	1021	1025	1029	1033	1037	1041	1045	1049	1053	1057
D	出发	1020	1024	1028	1032	1036	1040	1044	1048	1052	1056	1100
C	到达	1025	1029									
C	出发	1026	1030									
B	到达	1031	1035									
B	出发	1032	1036									
A	到达	1037	1041									
A	出发	1040	1044									

看懂这个时刻表的关键是：

（1）列车在终点站（A，D）的停站时间都是 3 min。

（2）列车在中间站（B，C）的停站时间是 1 min。

（3）列车在任何两相邻站之间的运行时间是 5 min。

（4）同方向前后列车之间的发车间隔为 4 min。

（5）每列车到终点站后折返去往另一方向。如本来上行的列车 07 次，在到达 D 站后，于 1020 开往 A 站。在到达 A 站后，又于 1040 开往 D 站，并于 1057 到达 D 站。

（6）车次号在上下行之间不发生变化（即保持不变）。而行程号在到达终点站后，开往另一方向时，发生改变。本例中假设上行行程号的第一位是 1，下行行程号的第一位是 2，以示区别。例中的 1011 和 2011 是一个来回（11）的两部分。所以也可以说每个来回也有个号码，在此例中该号码为 11。

车次号相当于"日任务号"，即在列车运用上，把此号码分配给一个车底后，该车底在正线上往返运行时，此号码不变，直到日任务完成退出服务。

需要说明的是，上述时刻表只作示意，表中只给出了部分时刻。

上述行车计划还可以用运行图表现，如图 11.2 所示。

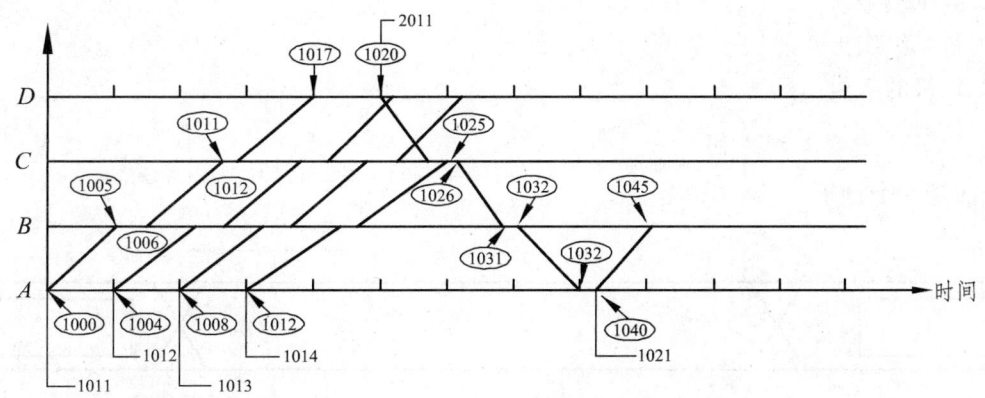

图 11.2 运行图

图 11.2 中以 07 号车次为例标出了该车次于 1000 从 A 站出发到 D 站折返，又回到 A 站，并于 1040 再次从 A 站出发的一个周期/循环。在本例中一个循环所需时间为 40 min，单程时间为 17 min。

一个循环等于 2 个单程加上 2 个终点站的停车时间。

运行图是时刻表的直观图形表现形式，其优点是形象化、易看、易懂。

二、行车计划的编制

1. 行车计划的编制依据

行车计划是生产计划，生产计划取决于需求和生产条件的限制。如果需求小，即使有能力多做，也不应多做。在生产条件受到限制的情况下，需要多做也未必能做到。这里的需求是客流量，而生产条件包括线路的情况、列车的性能、列车的数目，需要人工驾驶时司机的数目也是限制因素之一。

1）需求

本书第一篇中曾讲过客流的数量有着时、空分布规律。

（1）时间方面：

① 宏观的：学期中间和学校假期，夏季和冬季之间可能有不同。

② 中观的：工作日和非工作日（包括周末、节假日）之间可能有不同。

③ 微观的：一天之内的不同时段之间可能有不同。

（2）空间方面：有些线路区段较多乘客，而另一些区段较少乘客。

上述两个方面的因素的组合使得需求呈现多样性。

2）生产条件

① 线路条件（比如站间距、折返线的布置）、列车的牵引制动性能会影响站间运行时间、折返时间。

② 列车车门及站台隔离门的性能会影响停站时分。

③ 列控（信号）系统会影响最小行车间隔。

④ 列车载客能力会影响为满足客运量所需的行车间隔。

⑤ 列车数量。

⑥ 行车组织形式。

⑦ 司机的数量。

2. 行车计划的编制方法

下面是一个例子。

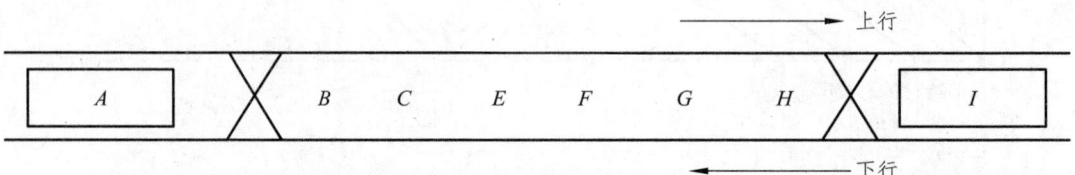

图 11.3 正线线路布置示意图

表 11.3 早高峰小时的 OD（上行方向）表

		1	2	3	4	5	6	7	8	9	合计
		A	B	C	D	E	F	G	H	I	
1	A	0	1 000	800	300	600	1 200	300	800	1 000	6 000
2	B		0	1 200	800	400	1 400	400	400	1 400	6 000
3	C			0	900	400	2 200	600	500	1 400	6 000
4	D				0	600	2 000	3 000	800	1 600	8 000
5	E					0	1 200	500	300	2 000	4 000
6	F						0	400	600	1 000	2 000
7	G							0	1 400	600	2 000
8	H								0	2 000	2 000
9	I									0	0
	合计	0	1 000	2 000	2 000	2 000	8 000	5 200	4 800	11 000	

为了简化，只考虑上行方向。上行方向早高峰最大断面流量为 23000 人，出现在 E 和 F 站之间，详见表 11.4。

表 11.4 上行方向断面流量

进站↓	断面客流↓	出站↑	车站
6 000		0	A
	6 000		↓
6 000		1 000	B
	11 000		↓
6 000		2 000	C
	15 000		↓

续表 11.4

进站↓	断面客流↓	出站↑	车站
8 000		2 000	D
	21 000		↓
4 000		2 000	E
	23 000		↓
2 000		8 000	F
	17 000		↓
2 000		5 200	G
	13 800		↓
2 000		4 800	H
	11 000		↓
0		11 000	I

这些客流量数据来自客流预测。

表 11.5 车站停站时间、站间运行时间和单程及双程运转时

上行（A—I）站间列车运行时间/s	上行列车在站（折返）停站时间/s	车站	下行列车在站（折返）停站时间/s	下行（I—A）站间列车运行时间/s
	240	A	0	
183				185
	40	B	40	
160				158
	40	C	40	
160				161
	40	D	40	
153				153
	40	E	40	
160				158
	40	F	40	
157				154
	40	G	40	
171				176
	40	H	40	
177				174
	0	I	240	
1321	520		520	1 319
小计	1 841		1 839	
合计		3 680		
		61.333		

表中1321、1319分别是上、下行列车运行时间。520是上、下行列车停站时间。1841、1839分别是上、下行运行与停站的总时间。3680是上下行全周转时间，换算成分钟是61.33 min。

站间运行时分数据来自牵引计算，与线路、列车性能有关。中间停站时间与上下车客流量及车门数量、密度、开关门速度等有关。终点站折返时间和线路布置、列车控制系统性能、折返作业组织形式有关。

表11.6 列车区间运行时间及车站停车时间汇总

上行（A—I）站间列车运行时间/s	上行列车在站（折返）停站时间/s	车站	下行列车在站（折返）停站时间/s	下行（I—A）站间列车运行时间/s
	200	A	0	
183				185
	40	B	40	
160				158
	40	C	40	
160				161
	40	D	40	
153				153
	40	E	40	
160				158
	40	F	40	
157				154
	40	G	40	
171				176
	40	H	40	
177				174
	0	I	200	
1321	480		480	1 319
小计	1 801			1 799
合计		3 600		
		60		

在压缩了终点站列车折返停站时间（从240减至200）后，全周转时间从61.33 min减少到60 min。

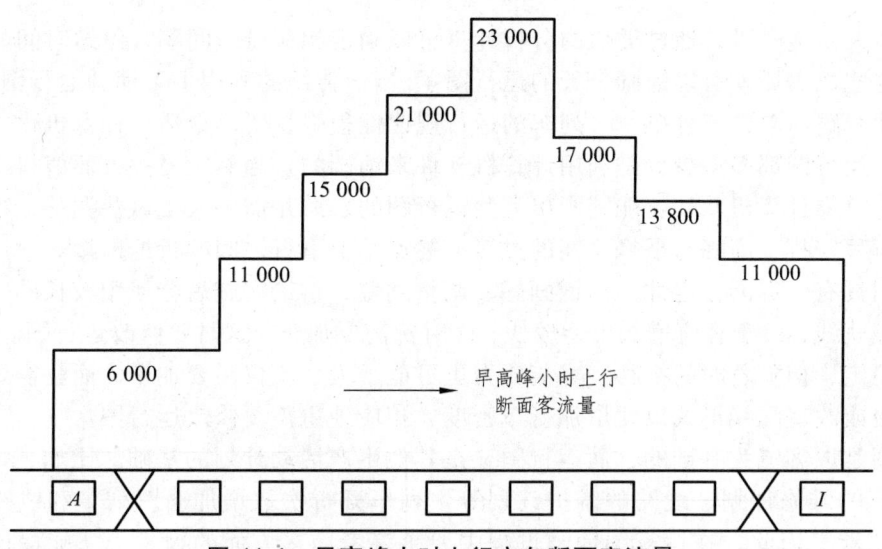

图 11.4　早高峰小时上行方向断面客流量

假设列车为 6 节编组，最大载客能力为 1 400 人/列。

假设列车载客能力的平均利用率为 85%，即车内载客空间在最大客流断面处平均只有 85% 得到利用。那么为了满足 23 000 人/单向·小时的客流断面对运能的要求，需要开行：

$$\frac{23\ 000}{1\ 400 \times 85\%} = 19.32（列/单向·小时）\approx 20（列/单向·小时）$$

对应地，行车间隔为 3 min，即每 3 min 就要从 A 站向 I 站方向发一班车。

在全周转时间为 61.33 min 的情况下，共需 21 列车：

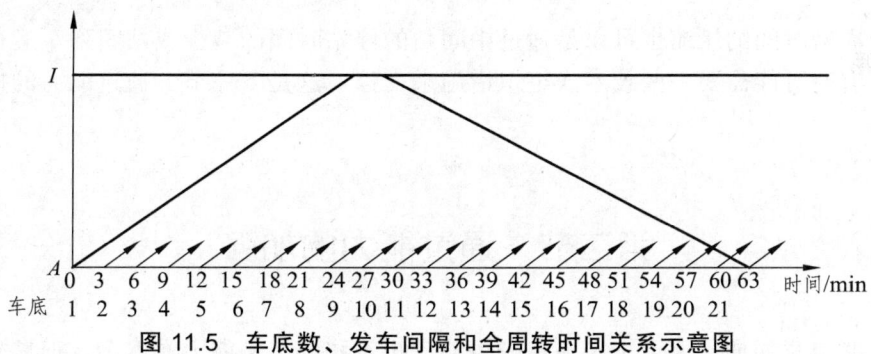

图 11.5　车底数、发车间隔和全周转时间关系示意图

第一列车从 A 站于 0 时出发，经 61.33 min 才可以再从 A 站出发。所以如果要在第 60 分时间点再发出一班车的话，不可以由第一列车担当，而要另安排一列，即第 21 列车。

上面是用图解法表示所需的车底数与行车间隔及全周转时间的关系。用数学等式可以表示如下：

$$\text{所需的车底数} = \frac{\text{全周转时间}}{\text{行车间隔}} = \frac{61.33}{3} = 20.44 \approx 21$$

注：在做行车计划时所需的计算只涉及 +、−、×、÷。所以关键在懂得计算的道理，而不是算法。

对于每天其他时段，通过类似的分析计算可以确定相应行车间隔、停站时间的要求。

有了这些数据后就可以铺画全天的运行图了。当然传统的利用手工铺画运行图是可行的，但由于城轨线路简单，车种单一，列车的运行规律性很强，所以很适合计算机化。现在几乎所有的城轨运行图都多多少少是利用计算机软件来铺画的。当然，另一方面值得指出的是，目前还没有单靠计算机软件就能铺画出完美运行图的，总是需要人工做些调整，特别是列车出入段的行程安排、高峰与平峰之间的过渡、终点站上下行之间的折返衔接。

运行图具有一定的稳定性，即铺画好、调整到位、付诸实施后会使用较长的一段时间。对于新开城轨线，由于客流增长可能较快，而时常需要加车，这时要修改运行图。对于老线，客流比较稳定，但随着时间推移，客流压力也可能增大，不仅需要加车，而且需要对列控系统进行升级或改变配线形式以便增加行车密度，相应地也需要修改运行图。

运行图是以客流为基础的，而运行图又是其他生产活动计划的基础。比如，司机的排班计划、列车的维修计划、线路的维护计划等。列车开行次数增加会对列车和线路的维修提出更高的要求。因此，在运行图铺画过程中要统筹考虑多方面的因素，才能保证运行图切实可行。

有些城轨系统列车的运行并不依据列车运行图，特别是对于环形线路，列车以等间隔追踪运行，周而复始。虽然没有运行图，但仍有所谓的运行计划。这时的运行计划主要包括首末班车的时间、早晚高峰时段及平峰时段的行车间隔、停站时间等。

对客流的空间分布明显不均衡的线路，可以考虑多个交路的行车方案，相应地就有多个交路的行车计划。另外还有其他一些行车组织形式，如大站快车（即小站不停车）、跨线运行（两条城轨线合在一个交路里）等。前面通过压缩终点站的折返停站时间，使全周转时间减少到 60 min。那么所需要的车底相应地减少到 20 列，即 $\frac{60}{3} = 20$。

当然全周转时间的压缩也可以是通过中间站的停站时间的减少或站间列车运行时分的减少来实现。有时可能需要一些技术或组织措施来支撑。这是下一节"通过能力的加强"要讲的内容。

第二节 通过能力的加强

城轨线路建成初期往往由于客流量较少而显得系统的运输能力有富余，但城轨交通的可靠性、便捷性很快会引起商业及居住格局的变化：大量的商家及居民选择向城轨沿线迁移。随之而来的是客流量的增加。为了应对这样的形势，就必须设法扩大运输能力。扩大运输能力的做法有两种：一是技术手段，即设备改造。如对列控系统进行升级换代从而加大行车密度，又如延长站后折返线以允许列车以较高速度进入折返线，进而压缩列车折返时间等。二是组织手段。即在不改变硬件条件的前提下，单单通过改变工作方法来提高运输能力。上述两种做法可以形象地称作硬办法和软办法。当然有时需要"软硬兼施"以达到预期的效果。

因为本书是讲"运营管理"，所以接下来通过例子着重讲解利用组织手段提高运输能力的软办法。

一、列车在站作业时间是影响线路通过能力的关键

下面通过自行车链条的比喻来讨论列车停站时间及折返作业时间对线路通过能力的影响。之所以用自行车链条做比喻,是看中了其各环节是同步运行的。而交通流理论指出:当交通流中所有的车辆同步行进时,系统具有最大的通行能力,且该能力随行进速度的加大而增加。

在这个比喻中,先假设链条上一共有 60 个环节,而每个环节对应一列城轨车,如图 11.6 所示。这 60 列车首尾相连同步运行。在链条运行轨迹的最左和最右端各有一个车站 A 和 B。这样一来,链条运行轨迹对应的是一条环形的城轨线路。沿线除了 A 和 B 站外,还有另外 8 个站,编号分别为 1 到 8,并假设站间距都一样。A 站为观测线路通过能力的观测点,即站在 A 站站台看单位时间(1 h)内有多少列车通过。

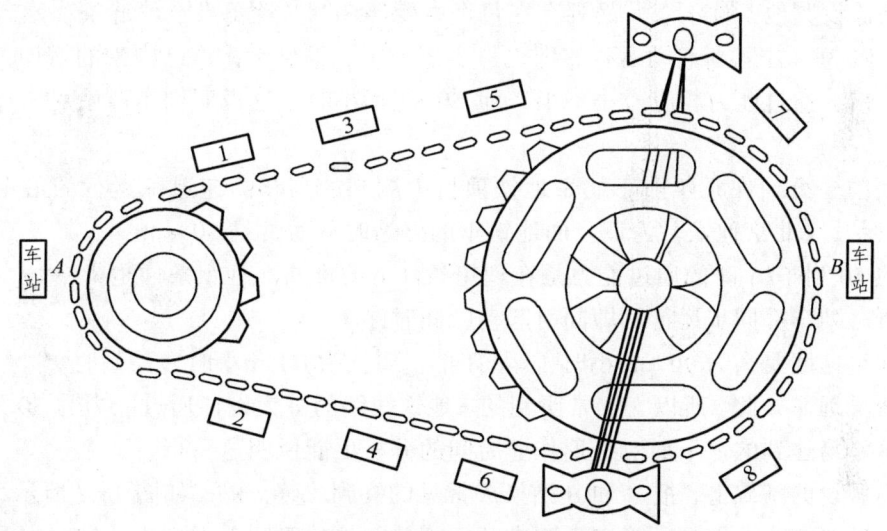

图 11.6 自行车链条及其寓意的城轨交通线路

(1)如果骑车人用脚以每小时转一周的匀速运作的话,那么 1 h 内在 A 站会看到有 60 个环节(列车)通过,即相对应的通过能力为每小时 60 列车。当骑车人加快速度,把一圈所需要的时间缩短一半时,通过能力则会提高一倍,即每小时有 120 个环节经过 A 站。这说明通过能力与速度有关。

(2)假设速度不变(即仍然是每小时转一周),再假设每 3 个环节组成一组,只有位于最前面(以运行方向为参照)的那个是真正的列车,而后面两个环节当作列车之间要保持的间隔或间距(这个间距会随着列车速度的提高而加大)。这时测得的通过能力是 60/3 = 20(列车/小时)。

(3)如果速度提高,那么就需要把间距加大。假设速度加快一倍,而间距从原来的 2 个环节加到 5 个环节,即相当于每 6 个环节组成一组,同样地只有前面第一个是列车,而后面 5 个作为追踪间隔。这时测得的通过能力是 120/6 = 30(列车/小时)。

总结以上三点,可以看出:在连挂运行时(相对应于(1)的情况),速度越高,通行能

力越大;在非连挂运行时(相当于(2)和(3)的情况),由于速度越高,追踪间距要求也越大,所以加快速度未必能同比例地提高通过能力。以上均假设列车同步持续运行,沿线均不停车。接下来加入列车在站停留以便上下客的因素。

(1)仍假设链条共有60个环节,每个环节相当于一列车长度。一列车的长度假设为150 m。城轨线路呈现环形,沿线有10个站:1到8号站及A和B站。站间距相等,均为5个列车的长度,即750 m(从站台头端墙到下一站的站台尾端墙),全线共长9 000 m。仍假设列车追踪间距为750 m,且同步运行。这样60个环节中只有10个是真正的列车,其余都作为列车之间的追踪间距。如果10列车同步不停车运行,假设每小时转十周,对应的列车运行时速为9 000 m*10周 = 90(km/h),则在A站观测的通过能力为10×10 = 100(列车/小时),行车间隔为60/100 = 0.6 min(即36 s),也就是站间运行时间(750 m + 150 m)/90(km/h) = 60/100 = 0.6(min),每0.6 min看到一列车经过A站。

(2)现假设其他条件不变,而列车在每个站要停36 s,就相当于"链条"每运行36 s到下一站后,停36 s才重新起动运行,即走一步停一步。很显然,停站因素的增加,使周转时间增加了一倍,通过能力相应减小一半,即50列车/小时。这说明列车停站对通过能力有极大的影响。

注:西门子公司在几年前于北京地铁项目中测到的列车高速追踪运行的最小间隔约为35 s,有纪录片《北京地铁》为证。而地铁车的停站时分通常是30~40 s。

上述的50列车/小时的通过能力是在理想条件下的推断。理想条件是指:

(1)所有列车都同步运行,即同时起动,同时停车。

(2)列车速度要么为90 km/小时(运行时),要么为0 km/小时(停站时)。

实际情况远非如此。所以大家常听到的"地铁线路的最大设计通过能力为30列车/小时"实际上也是不易达到的。下面对折返作业时间的分析更能说明这一点。

在前面假设的基础上,把A和B站换成常见的终到式终点站,如图11.7所示,即列车进站停车后,还要调头(即列车换向,其本身也需要额外的时间)退出来。这使得列车占用终点站的时间比单纯的停站时间更长。所以不难想象,终点站折返能力往往是全线能力的瓶颈,因而要把加强终点站的折返能力放在首位。

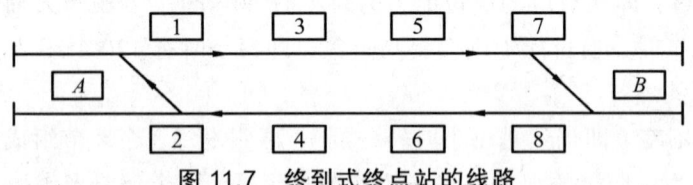

图11.7 终到式终点站的线路

停站时间对能力的影响还可以通过如图11.8所示的图解法来分析。

假设列车1、2、3沿线不停车,而列车4需要站站停;列车2、3、4可以在其前行车出发后36 s离开A站,而列车5为了保持36 s的安全间隔,必须等到列车4离开B站后才可以离开A站。于是列车5和4之间的间隔就明显比1、2、3、4之间的间隔要大(大1个停站时间),而且停站时间越长,追踪间隔就会越大。其中带箭头的竖线代表前后车之间为保证安全所需的追踪间距,而带箭头的横线表示追踪时间间隔。

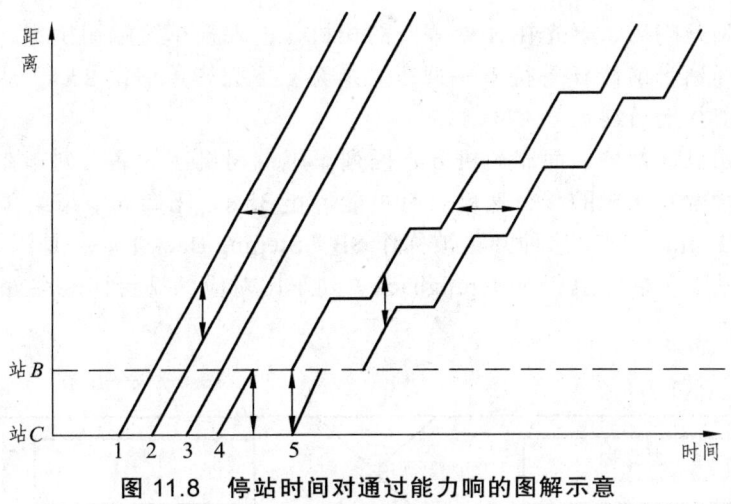

图 11.8　停站时间对通过能力响的图解示意

虽然上述分析都是大为简化了的，但道理是一样的。

二、提高线路通过能力的组织办法

上文的分析表明，列车在车站的停站时间及在折返站进行折返作业所需的时间是影响线路通过能力的关键。如何减少它们的影响呢？

1. 能减少列车停站的措施

下述组织乘客乘降的方法在理论上可以加速上下车进程进而减少列车停站时间：规定单号（即 1、3、5、…号）车门为下车车门，而双号（即 2、4、6、…号）车门为上车车门。需要下车的乘客提前到单号车门等候，而在站台准备上车的乘客排在双号车门对应的地方。列车到站、车门打开后，上下车的乘客分别同时上下车，没有客流的对冲，因而能够加快上下车进程。这和许多城市的公交车已经采取的"前门上车，后门下车"的做法是同样的道理。当然这需要把标示及宣传工作做好以及乘客的自觉配合。公共交通（包括城轨）的一大特点是乘客直接介入到运输生产的过程中。乘客的作用是不能忽视的。运营管理的任务就是制定规则、广泛宣传、组织实施，以达到整体最优。这包括对乘客行为进行管理。关于对乘客的管理，参见第八章。

2. 减少折返停站时间

下面所介绍的组织方法已经在某些城轨系统成功运用，效果良好。

（1）SB 法。

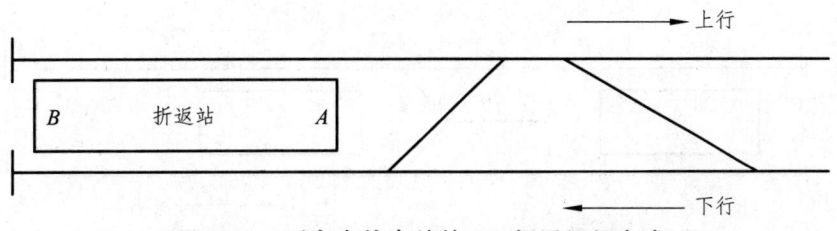

图 11.9　列车在终点站的 SB 折返组织方式

下行列车到站开门后，事先在 A 处等待的司机 a 进入列车尾端司机室。原本负责驾驶的司机 b 离开列车经站台前往 A 等待下一列车。乘客上下完毕（假设 35 s）后，司机 a 驾车离开，经站前渡线前往上行线。

如果不是有司机 a 帮忙，而靠司机 b 走回列车尾端司机室的话，列车在该站的停站时间将取决于列车的长度及司机的步行速度，有可能不止 35 s。比如 6 节编组 140 m 长的列车，从头走到尾约需 2 min 时间。这种办法被称作 SB（Steping Back）法，是因为在作业过程中，列车司机在折返站下车后需退行（stepingback）到车尾对应的站台尾端墙处等下一列车。

（2）DE 法。

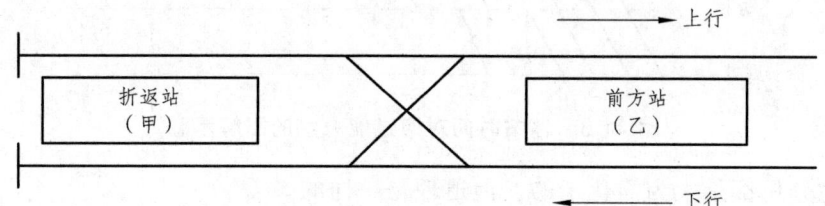

图 11.10　列车在终点站的 DE 折返组织方式（站前折返）

列车在到达折返站的前一站（乙）时，后备司机 c 进入列车尾端司机室，随车前往折返站（甲）。列车到达甲后，司机 c 接替驾车离站，而原本负责驾车的司机随车前往乙站，在乙站下车后接另一班车。注：这另一班车可能是他原本负责驾驶的列车后面的第二列车，也可能是第三甚至第四列车。这取决于甲乙两站之间的运行时间及当时的追踪行车间隔）。

这种作业办法也能减少列车在折返站的停站时间，但会比前面的 SB 法多至少一名司机。所以这种办法通常更适合下面有站后折返线的情况：

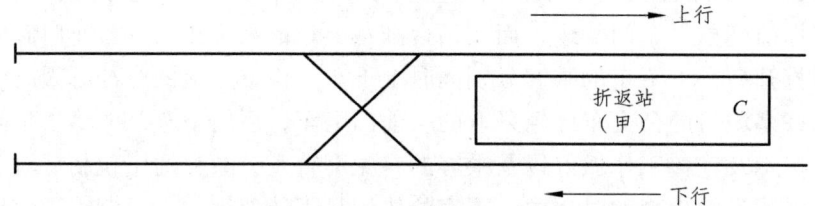

图 11.11　列车在终点站的 DE 折返组织方式（站后折返）

列车到甲站开门后，后备司机 c 进入列车尾端驾驶室。之后随车进入站后折返线负责把车开回甲站上行站台。原本负责驾车的司机随车回到甲站，下车后等待另一班车。这种作业办法在实施过程中会出现运行中的一列车同时有两个司机在车上，一个在车头，一个在车尾，所以被称为 DE（Double Ending）法。

这种方法也适合有站后折返线的中间折返站，如图 11.12 所示的辛站。

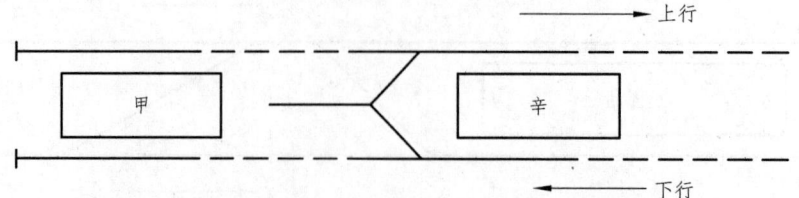

图 11.12　列车在中间折返站（辛站）的 DE 折返组织方式（站后折返）

上述 SB 和 DE 实质上是通过压缩在折返过程中列车换向所需的时间来提高线路的通过能力。对于无人驾驶的先进城轨系统而言，列车换向很快，不需要 SB 或 DE。这也是无人驾驶列车的主要优点之一。

第三节　每周行车通告

一、为什么要有《每周行车通告》

除客运服务列车的开行需要用到线路以外，还有其他活动涉及对线路的占用。这包括轨区作业（主要在夜间非运营时间内，有些还会用到工程列车）、列车在正线上的试车（通常也是在夜间非运营时间内。虽然城轨普遍有试车线，但很多时候由于场地的限制，试车线的长度偏短，达不到列车高速试车的要求）、应急演练（比如在区间内对载客列车上的乘客进行疏散），甚至驾驶训练有时也是在正线上进行。这些活动通常不是反映在列车运行图中，而是用所谓的"每周行车通告"来管理。这是因为，和客运列车的开行相比，轨区作业、正线试车、应急演练这类活动的规律性很差，每周都不一样。而运行图稳定性强，可能几个月都不会改一次，所以轨区作业这类活动应和日间客车运行分开计划。本节主要讲夜间停运后轨区作业的计划管理。

轨区作业的种类很多，如线路/轨道的养护，沿线信号设备、供电设备、通信设备等的维修保养，甚至对隧道区段的清洗除尘，因为列车运行产生的金属粉尘可能会造成轨旁电器设备的短路。

轨区作业本身是由工程人员进行的，但对轨区占用的管理由运营人员（通常是控制中心）负责。所以在轨区作业当日，作业负责人要在进入轨区前向控制中心"请点"，并在作业结束、轨区出清后向控制中心"销点"。

客运列车的运行需要占用的是整个正线，而轨区作业通常只占用某一段线路。所以在对轨区作业进行管理前，先要把线路划分成小的区段，并给每个区段分配一个号码。轨区作业计划的第一步是"竞投"，即由各作业单位对线路区段的占用提出申请。经"计划员"协调后，以《每周行车通告》的形式公布结果。

一种简单的区段划分方法是把本站台头端墙与本站台尾端墙之间的线路划分为一个区段，而把从一站头端墙到下一站尾端墙之间的线路另划为一个区段。总体上每个区段最好只有一个作业单位，但在不危及安全的情况下，为了使效率最大化，允许多个作业组在同一区段内同时开展作业。当然这对"计划员"的协调能力和其对各种作业特点的了解程度要求较高。

为了提高工作效率，减轻"计划员"的工作强度，"竞投"可以借助计算机网络，采取"先到先得"的方式，再配以"计划员"的人工判断和介入。竞投结果也借助计算机网络来公布。

因为轨区作业计划是以周为单位的，而且规律性较差，所以和编制行车计划相比，其工作量更大，要由专人全职负责，才能保证质量。

二、《每周行车通告》的主要内容

1. 除运行图图定列车以外的所有其他列车的运行计划

这些车包括施工用车、测试车、培训用车、综合演练用车等。

施工用车的例子有轨道维修需要使用工程车运送钢轨；测试车的例子有经过大修而需要进行高速运行测试的列车、为测试轨旁列控系统新版软件而需开行的列车；培训用车主要是为了提高驾驶技术，而综合演练的例子有夜间在正线隧道内模拟载客列车发生火灾，需要消防人员到场救助。

2. 轨区作业的时间及空间安排

这部分内容主要是明确在什么地段、什么时段，哪些人员会开展什么样的轨区作业，需要什么样的防护安排等。

3. 对上述列车及轨区作业进行管理所涉及的人员及其联络电话

4. 行车条件的变化

例子包括：某段线路因天气（冬天下雪）变化需限速行车；某车站因故需临时关闭一段时间，所以路过客运列车不再停靠；新行车相关设备（站后折返线的延长线、新增加的信号机等）的投入使用。

◆ 思考题

（1）指出书中介绍的两种折返作业组织方式（SB 和 DE）之间的根本区别。

（2）对 2003 年 1 月 31 日在澳大利亚 Waterfall 附近发生的列车脱轨事故（参见第四章的案例 10）进行的调查有不少意外的发现。其中之一是列车时刻表对时间定得太紧，司机常常不得不通过超速来实现准时。无独有偶，2005 年 4 月 25 日发生在日铁福知山线上的列车因超速而脱轨的事故（参见第七章的案例 31）也表明没有余地的时刻表会带来隐患。讨论编制运行图/时刻表时需要听取哪些人的意见。

第十二章 运营规程管理

国有国法,家有家规。对于管理城市轨道交通这样点多、线长、面广,涉及人员众多的系统而言,**没有一套规则和程序显然是不行的**。本章对规则和程序的重要性不再累述,而只重点讨论以下几个非常现实的问题:

规则和程序很重要,但为什么时常有违规作业的情况发生?怎样才能减少违规作业的情况?

规则和程序很重要,那么什么样的规则和程序才算是好的规则和程序?怎样才能制定出好的规则和程序?

规则和程序很重要,是不是有了好的规则与程序就天下太平、万事大吉了?

第一节 违 规

简单地说违规是没有按照规定的那样去做。为了方便讨论,本书把违规划分成两大类,一是明知故犯,二是非明知故犯,即除了明知故犯以外的情况。

明知故犯的例子如:列车司机故意把列车驾驶台上的"死人装置"用胶纸和主控手柄粘贴在一起,不让它触发紧急制动。死人装置"本来是在司机因故失去控制力时用来迫停列车以策安全的,但有的司机为了自己的方便把它用胶纸粘住使它不能起到应有的作用。对于需要用脚踩压的"死人装置",有的司机用手信号旗的旗杆顶住以便自己的脚可以自由移动。参见第五章的图 5.16。

非明知故犯的例子:某段线路由于道床条件变化而设了临时限速。工务人员在轨旁放置了红闪灯以提醒司机,司机接班时也被告知相关区段有限速。但当司机驾驶列车经过时,并未看见红闪灯,因为红闪灯由于电池耗尽而熄灭了,所以未按规定放慢速度而导致列车出轨。

一、违规举例

大量铁路行车事故的调查分析表明,最常见、最容易导致事故的违规有两个:**一个是冲红灯,另一个是超速**。下面重点讲冲红灯。"见到红灯要停车"是城轨普遍采用的行车规范,但经常有"冲红灯"的事件发生。

在英语国家,铁路行业对"冲红灯"有个专用术语:SPAD(Signal Passed At Danger),正是因为冒进红色信号是轨道交通中最常造成事故的原因之一。

虽然现代的城轨交通系统常配有先进的列车防护系统,最常见的要数 ATP(Automatic

Train Protection，列车自动防护系统），但绝大多数城轨交通系统保有轨旁信号。这主要是因为在 ATP 系统因故障（另外国内不少城轨系统的车场/车辆段内没有配轨旁 ATP）而缺失的情况下需要轨旁信号这样一个能向司机反映前方线路行车条件的预警系统以协助保证安全。

当轨旁信号显示红色时，表示前方线路尚不具备安全行车的条件，比如前方进路尚未排列，或前方进路虽然已经排列，但前方线路有车占用等。这要求司机在红灯前停车。

由于多数司机了解冲红灯的后果，特别是冲红灯对自己造成的伤害，所以大多数冲红灯属于非明知故犯，即肇事司机并不真的想冲红灯。但为什么冲红灯的事故仍时有发生？怎么做才能减少这类事故发生呢？

（一）冲红灯的原因

列车冲红灯的原因有多种，可以归为以下两大类。

1. 人为原因

人的原因又可以分为两种情况，一是负责驾驶的司机（见下文中的案例 53~56）；二是负责操控信号的控制员（有些地方控制员是控制中心的行调，另一些地方比较旧一些的城轨系统，控制员是信号楼的 signaller 信号员）。

在第一种情况下，信号正确显示红灯，司机本应停车，但由于如下种种原因而未能按要求停车：

（1）驾驶时，不专注，没有注意瞭望信号。

（2）由于疲劳精力不济，或因病身体不适，或因服用药物（包括违禁药品）而不能看清楚瞭望信号，或虽看到停车信号但不能做出及时反应。

（3）误判断，包括：

① 误把邻线"行进信号"当作本线信号。

② 误把停车信号当作行进信号（由于光线等因素）。

③ 对距离判断失误以至于刹车不及时或刹车不足。

④ 对信号设备动作判断失误。

在第二种情况下，信号原本正常显示"行进"信号，但是由于控制员的操作而突然改变成红色"停车"信号，司机因来不及刹车而冲红灯。

2. 设备原因

这方面的例子包括：

（1）信号或其相关设备突然改变状态导致原本显示"行进"的信号改为显示"停车"红灯；

（2）列车制动系统失效；

（3）钢轨表面湿滑，导致制动距离增加。

（二）如何减少冲红灯事件的发生

虽然从设备方面有许多措施可以考虑，但这里只讨论与人为因素有关的措施，因为本书是《运营管理》而不是《运营设备》。

1. 培 训

（1）通过培训使司机、信号控制员对冲红灯可能带来的严重后果有充分的认识，以促使他们对本职工作高度重视，这是态度方面的培训；

（2）通过培训使司机提高判断能力，减少失误。这是能力与技巧方面的培训。

2. 定期的体检和不定期的药检抽查

定期的体检又包括定期在专门的医疗机构进行专业检查以及每天上班前的简单例行检查，如通过呼气测酒精水平。

不定期的药检抽查主要是指在当班过程中临时替换下岗进行突击检查。

当然对检查结果有问题的人员要视情况给予相应的处理。

注：由于设备故障等原因不能开放信号，但又要让列车通过，这时需要严格的管理措施来确保线路条件允许后，才放行列车，并要求司机加强瞭望，随时准备停车。这个不算是 SPAD。

【案例 53】

波士顿轻轨列车追尾事故

2009 年 5 月 8 日下午 7:14 美国马萨诸塞州波士顿海湾交通局管理的绿线轻轨列车 3612 号在市府中心站附近与 3808 号列车追尾相撞，虽未造成人员死亡，但造成约 960 万美元的经济财产损失及 68 人受伤。

一、背景情况

波士顿海湾交通局是美国仅有的两家同时管理五种交通方式（市郊通勤铁路、地铁、轻轨、电车、公共汽车）的机构之一。另一家是费城的东西宾州交通局。

这次发生撞车事故的轻轨线路于 1897 年开张，出事时有 66 个车站和 36.4 km 营运线路（包括地下段和地面段线路，采用标准轨距）。日均客运量约 23.2 万人次。

牵引供电为接触网 750 V 直流。列车由 4 节车厢编组而成（列车长度约 $72 \times 4 = 288$ ft），乘务人员包括司机和车长，司机负责驾驶，位于列车头部，车长位于列车尾部。列车运行闭塞方式为基于轨旁信号的三显示自动闭塞，要求司机按信号显示行车。事故发生的地段位于市政府中心站和公园街站之间的上行线，是地下线路。

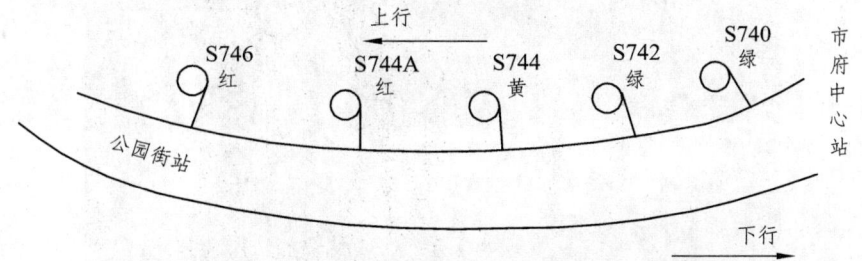

图 12.1 出事地段线路及车站、信号及其显示示意图

二、事故经过

大约下午 7:07，3808 号列车（列车号是由位于列车前部的车厢号决定）离开市府中心站，

行驶到信号 S746 时，遇红色信号而停车（车尾距 S744A 约 80 ft）。续行列车 3612 号于大约下午 7:12 由市府中心站出发，沿途经过 S740、S742、S744，其显示分别为绿、绿、黄。随后的 S744A 当时显示红灯。3612 号列车于下午 7:14 冲红灯（S744A）后撞上 3808 号列车。

三、调查结论

事故调查证实事故发生时，信号、列车及线路情况正常（只是隧道内有几盏隧道照明灯由于灯泡故障而不亮）。撞车事故的原因是 3612 号列车的司机在市府中心站折返时曾用手提电话联系女友。在无人接听的情况下，他留言让女友打回给他。后来在由市府中心站出发时，他又试图发手机短信给女友。波士顿交通局的警察在 3612 号列车司机的手机中找到了尚未发出的短信草稿。

四、事后措施

针对该撞车事故的原因，波士顿海湾交通局于 2009 年 5 月 18 日发出特别通知。该通知规定：列车、电车和巴士司机在驾驶时不许带有手机，更不准使用手机。如被发现带手机值勤，将被停职 10 天，如被发现使用手机，将被开除。

在 2009 年 5 月到 2010 年 6 月这段时间里，共有 9 名司机因被发现在值勤时使用手机而被开除，另有 8 名司机因被发现在执勤时带有手机而被停职。

另一措施是引入 PTC（Positive Train Control）——安全列车控制系统。

被撞坏的车的照片见图 12.2 和图 12.3。

图 12.2　被撞坏的车（追尾列车 3612）

图 12.3　被撞坏的车（被追尾的列车 3808）

【案例54】

加拿大多伦多地铁列车追尾事故

1995年8月11日傍晚6:02在加拿大多伦多地铁的Yonge线发生了一起列车追尾撞车事故，3人死亡，30人受伤，该线列车停运5天，是加拿大地铁有史以来最严重的事故。

一、背景情况

多伦多Yonge地铁是加拿大第一条地铁线，于1954年3月30日建成通车。轨距为1 495 mm，第三轨供电（600 V直流电），由多伦多捷运局管理。该线有地下段，也有地面线。该线的信号系统以轨道电路为基础，在有岔区段设联锁信号机；在无岔区段设闭塞信号机；在长大下坡道区段为了对列车速度进行控制，在区段开始处的闭塞或联锁信号灯下方加设月白灯；在部分有联锁信号机的车站头端墙处的出站信号机具有时间功能，即在第一列列车离站后信号机将保持一段时间的红色显示。这是为了使全线列车之间保持均衡的间隔。另外，为了对冲红灯的列车施加自动的紧急制动，在轨旁设置了和信号机配套的机械式地面紧急停车触手。在信号机显示"行进"信号时，该机械触手处于躺倒状态，而当信号机显示"禁行"信号时，触手将立起。如果接近的列车没有按"禁行"指令停车而是继续行驶，那么触手将打击车底下的一个手柄而触发紧急制动。这套信号系统是自1954年开通就采用的，将被先进的ATC所取代。

二、事件经过

由St.Chair West站上行出发前往下一站Dupont是长大下坡（进城方向），出站信号机SP77/X38是一个联锁信号机。

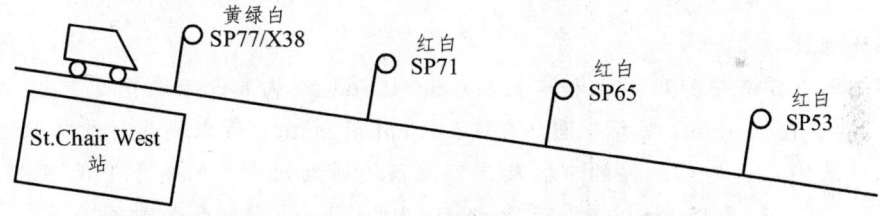

图12.4 出事地段车站、信号及其显示示意图（前方无车时）

在前方线路空闲时，各相关信号机的显示如上图。"红白"的作用是告诉司机下一个信号会是红色，而且这个红色仅仅是由于它处在下坡道上。当列车从车站出发进入区间时，SP71的红灯开始闪烁。如果列车没有超速，当列车接近SP71时，SP71会自动按时间改为黄+白，允许列车行进（相应的地面紧急停车触手也会躺下）。下一个信号SP65开始显示红闪+白。依此类推。

事故那晚，有一列车因SP53显示红色而停在区间，各信号的显示如图12.5所示。各信号机都没有"白"灯，即相应的红灯是由于其他原因造成的，并不是因为处于下坡道上。

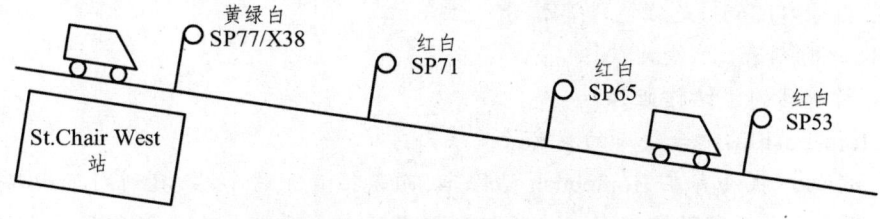

图12.5 出事地段车站、信号及其显示示意图（前方有车时）

三、事故调查

撞车事故的两个主要直接原因是：

（1）司机未按当时的信号显示正确停车，而是按他每次驶过这段路的常规做法一路行进，指望着（并以为）他的车接近红灯时，红灯会自动转换成黄色。

（2）本来用于迫停冲红灯的列车的地面紧急停车触手未能按预想的那样起作用。这是因为触手的设计没有考虑列车车轮由于磨损而变小，并且列车在过弯道时，车的内侧会下沉这种特殊情况。结果触手因车内侧的下沉先被车底下的一个螺栓击倒，而当触手再次立起时，车底下用于启动列车紧急制动的手柄已经经过了这个位置。

【案例 55】

澳大利亚通勤列车脱轨事故

2009 年 1 月 7 日下午 4:43，一列由澳大利亚 City Rail 管理的载客通勤列车在 Homebush 站出站方向冲红灯，被脱轨道岔脱轨掉道，虽造成路轨和列车的局部损毁，但未有人员伤亡。

一、背景情况

出事列车由 8 节车编组而成，车上有两名乘务人员，司机在车头，车长在车尾。列车运行受轨旁信号控制，司机需注意瞭望，并按信号行驶。当信号显示红色时，设在轨旁的紧急停车触手会立起来。假如列车未在红灯前停下，该触手会通过打击车底下的紧急制动手柄来启动紧急制动。另外在部分信号的下游方向设有脱轨道岔，以使冲红灯的列车不致妨碍邻线列车的通行。

二、事故经过

2009 年 1 月 7 日下午 3:59 司机和车长在 Central Station 从另一组乘务员手上接管列车后，先在城市环线（City Circle）服务一圈。在回到 Central Station 后出城西行开往 Regents Park。这是一列编号为 37-K 的站站停的市区及市郊兼顾的通勤列车。列车于下午 4:41 正点到达 Strathfield 站。下一站是 Homebush，距 Strathfield 约 1 km，计划到站时间为下午 4:43。

从 Strathfield 站到 Homebush 站，最高限速为 50 km/h，在接近 Homebush 站时限速为 25 km/h。沿途有三个信号机 ST133L，ST233L 和 ST241L。列车 37-K 离站时 ST133L 显示绿+黄，意味着下一个信号不是一个全绿信号。列车行至 ST233L 时，该信号显示绿+红。接下来到 ST241L 时，信号显示红+红+绿，这意味着 37-K 列车应在下一个信号处停车。另外在 ST241L 处还有一个限速牌，显示限速 25 km/h。

37-K 列车司机本应该把车停在 Homebush 站内，而且有许多迹象提醒他这样做，如：

① 沿途一系列的信号显示。
② 前方信号 ST265L 是红色停车信号：红+红。
③ 37-K 的时刻表。
④ 之前所有站的停站作业。
⑤ 在 Homebush 站站台候车的乘客。

但是 37-K 的司机没有在 Homebush 站停车，而是径直穿过车站，直到列车头部越过站台，看到前方的脱轨道岔开通脱轨方向，才意识到情况不对，于是马上采取制动。但这时设在轨旁的紧急停车触手已经触发了紧急制动。车载记录仪的数据显示，自动紧急停车触手引发的紧急制动比司机采取的制动早约 1.1 s。

由于列车当时的速度为 35 km/h，远高于限速（25 km/h），虽然紧急停车触手引发了紧急制动，但列车还是冲到了脱轨道岔，并脱轨，如图 12.6 所示。

图 12.6 列车脱轨后的位置

脱轨事件发生以后，37-K 列车的司机并未受伤。他先试图联系控制中心，但不成功，因为他当时受事故影响，未按要求在按压无线电按钮后保持足够长的时间就松手了。他后来通过车内对讲系统成功联系到位于车尾的车长。车长在用手机报告控制中心后，协助车上乘客下车、疏散。

三、事故调查

事故原因主要是司机由于对线路不熟悉、缺乏休息精力不济而误把邻线"行进"信号当作本线信号。另外信号 ST265L 和 ST261S 的设置方式及临线一条在建股道也增加了误判信号的可能性。

【案例 56】

城轨出段列车冲红灯挤岔事故

2010 年 5 月 10 日上午 9:15，某城轨线路的一列地铁车在出段去正线的过程中冲红灯脱轨掉道，相应的道岔被挤并有轻微损坏。事件中虽未有人员伤亡，但造成正线局部停运直至午后 12:30。

一、背景情况

出事线路是某城轨地铁线路的市郊段。该段线路示意图如图 12.7 所示。甲是终点站，车场出入线在丙站接轨。该线路市区段采用 6 节编组而市郊段采用 4 节编组。全线均采用上部接触网 1 500 V 直流供电。正线行车有完整的车载和轨旁 ATP 防护，而车场没有轨旁 ATP，所以车场的行车采用无码限速人工（RM）模式。信号机 X8 和 X9 之间的线路是正线和车场之间的过渡段，亦称转换轨。

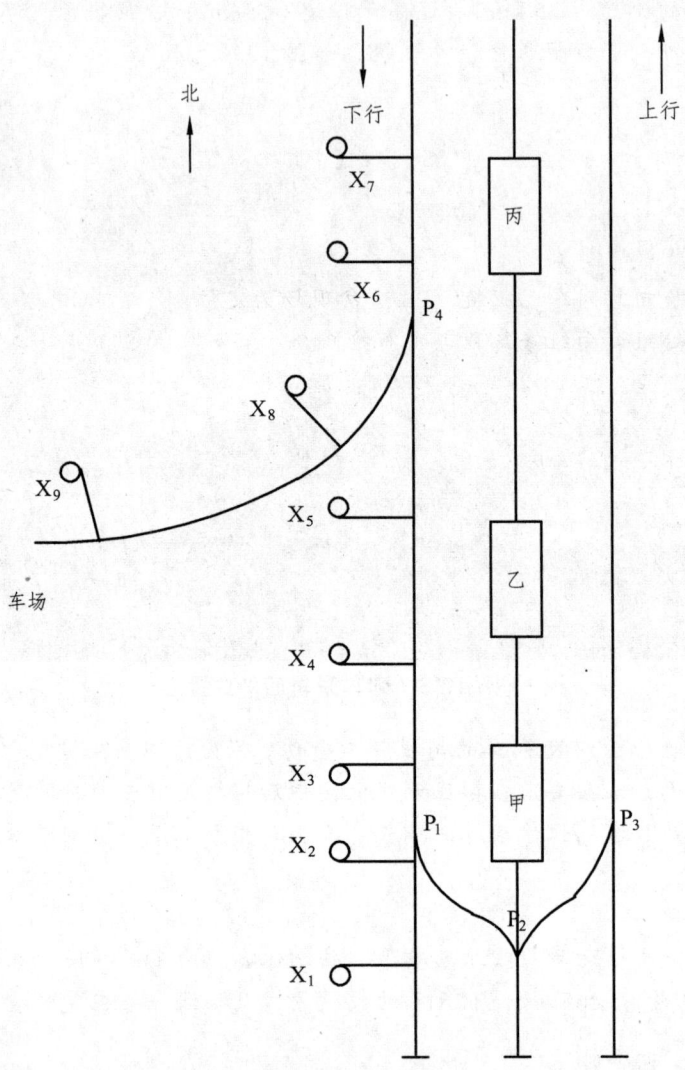

图 12.7　出入段线及有关正线的线路布置、车站位置示意图

二、事故经过

2010 年 5 月 10 日是星期一，按计划执行工作日列车运行图。图定投用列车数 10 列（9+1，其中 1 是备用车）。因为当时库内无司机，早上发车期间备车未出库到位。

8:40，行调与车场调度确认司机到位后，行调安排备车出场。

9:07，行调通知丙站库备列车在出场后，先到下行站台，然后换向，空车前往甲站。

9:13，备车行至转换轨停妥后，行调与司机确认车底号并通知其开行车次号（T07 次）及运行方向。

9:14，T13 次列车于丙站下行正线通过。因车站当时下行正线使用连续通过追踪进路 JL63（即从信号 X6 到信号 X3 的进路），故转换轨至下行站台进路（JL87）无法排列。

9:15,行调令司机等确认信号 X8 开放后行至丙站下行站台,然后调头空车至甲站折返线备用。

9:15,行调发现备用车在信号 X8 未开放情况下动车,立即令其停车。

9:15,行调再次令备用车停车。

9:15,司机回复已停车。

9:16,行调令丙站站长到现场确认 P4 道岔位置及列车状态。

9:16,行调询问司机是否发生挤岔,司机未回复。

9:16,行调全呼市郊全部列车在就近车站待命。

9:17,行调令备用车司机严禁动车。

9:17,丙站站长回复列车已脱轨,P4 道岔现场为定位。

9:18,控制中心维调向维修工程部发布抢修令。

9:22,行调通报全线车站"备用车在出场时在丙站车场接轨处脱轨",并告知预计晚点 15 min 以上,请车站做好客运组织。

9:27,行调对市郊段的列车运行进行运营调整:交路变更为丁站及以北各站以小交路运行;甲站至丁站上行安排 1 列车单线双向运行。

12:30,在脱轨车辆起覆、驶离现场后,维修工程部的工务、供电、信号部门对道岔、接触网及其他相关设备进行了检查及必要的现场抢险(道岔外锁闭装置轻微损坏、信号环线损坏),并确认具备通车条件(限速 45 km/h,待夜间进一步联合检修)。同时在道岔直股加装 2 副钩锁器,并安排两名人员在运营时段现场值守,确认设备状态。

三、事故调查

此次列车脱轨事故的直接原因是备车司机没有按信号行车(冲红灯)。

【案例 57】

芝加哥绿线城轨列车冲红灯脱轨事故

2008 年 5 月 28 日,美国芝加哥城轨绿线的 T003 号列车在靠近 Garheld 的高架区段上脱轨。当时车上有 24 位乘客,其中 14 位乘客受轻伤在医院接受治疗后当天出院。轨道、车辆及信号设备遭受不同程度的损坏,造成的经济损失约 33.8 万美元。

图 12.8 列车脱轨后的位置

一、背景情况

出事城轨线的线路如图 12.9 所示。出事的地段靠近 Garheld 站。由此站往南，线路分为两支：一支去 Ashland，另一支去 Cottage Grove。分支处的道岔可以由控制中心控制，也可以由司机使用位于轨旁信号机机柱上的"进路选择器"来控制。

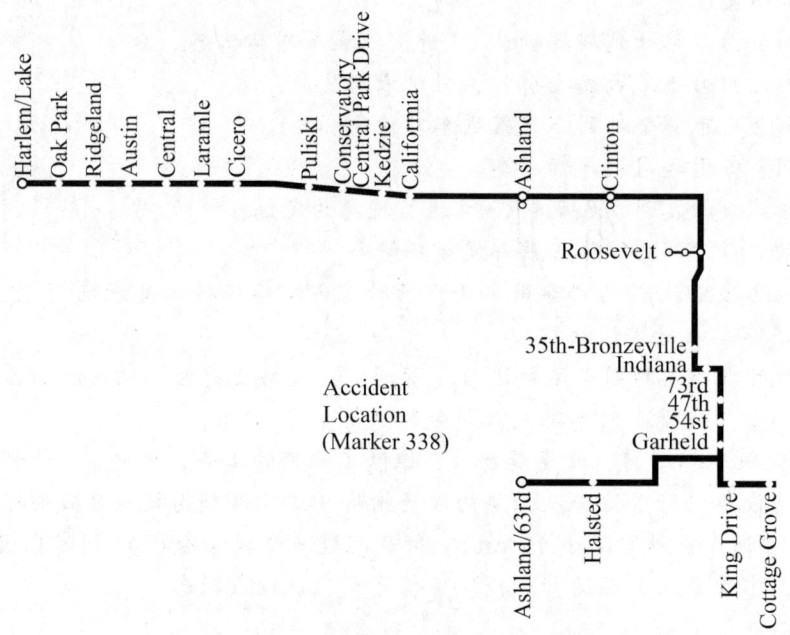

图 12.9　出事城轨线的线路示意图

该城轨线采用音频轨道电路，既用于检测线路的占用情况，又用来向列车发送速度指令。该速度指令以车载信号的形式反映在列车的驾驶台上。人工驾驶是正常的列车驾驶模式，司机按车载信号控制列车速度。如果列车实际速度超过线路条件所允许的最高速度，就会有听觉报警，此时司机就应施加制动。之后如果车速降到限速以下，司机可以把主控手柄放在惰行位或牵引位。如果在听觉报警响起后 2.5 s 内，司机没有施加制动，那么列车会自动施加最大制动力。为了防止列车冲红灯，在轨旁设有和信号机联动的紧急停车器。当信号灯显红色时，该停车器会立起。如果列车未能在停车器前停下，该立起的停车器会打击安装在车底的紧急制动柄，引发紧急制动。司机在列车被迫停后可以重新起动列车，但规程要求司机必须先完成一系列的步骤，包括向控制中心报告，对列车进行检查等。

二、事故经过

2008 年 5 月 28 上午 9:20，列车 T003 由 Harlem/Lake Avenue 站出发往南驶往 Cottage Grove 站方向。沿途遇到一系列的绿色信号灯，表明可以全速前进。

同一时间，一列工程列车（Work Train）由 Halsted 站经 Garheld 联锁区转线前往 Cottage Grove。在北向经过联锁区后（见图 12.10），工程列车调头，司机利用位于信号 82 机柱上的进路选择器排了从上行（北向）正线转到下行（南向）正线的进路。该进路使道岔 85A（其实道岔 85A 和道岔 85B 是同步道岔，分别位于渡线的两端）转换并锁定在反位。

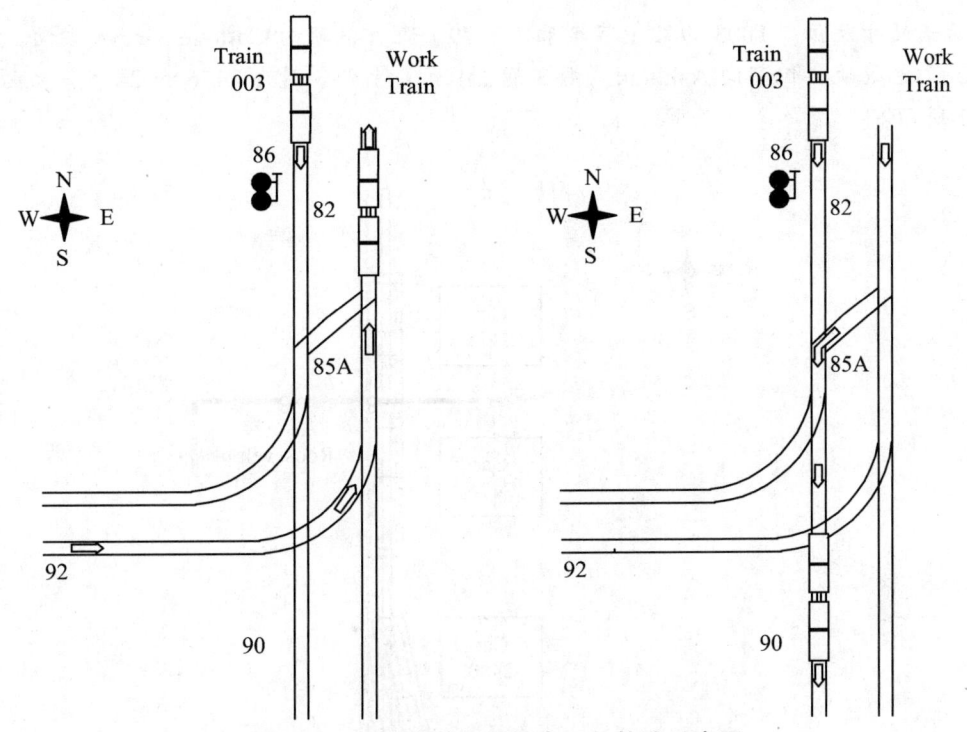

图 12.10　工程车的折返调车运行轨迹示意图

图中"Work Train"指工程列车，由信号 92 东行经过弯道后转向北，进入上行正线。此时信号 86 显红色，指示 T003 停车。

工程列车调头后过道岔 85A 对应的渡线后，向南进入下行正线。此时信号 86 显红色，指示 T003 停。

在工程车还未进入下行正线之前，T003 遇到红灯 86，与之相联的轨旁紧急停车器也处于立起状态。本应在遇到红灯把车停下的 T003 列车司机未施加制动力，结果列车第一个单元的第一节车厢（号码 2479）在行进中碰到紧急停车器而触发紧急制动。列车迫停后，司机本应按如下的公司规程行事：

● 当制动器本应处于缓解却处于制动状态时，司机应先进行检查，在确认安全后，可以缓解制动，然后继续前进。

● 当列车施加紧急制动而原因不明时，司机须：

——立刻向 OCC 报告。

——尝试查出问题并清除之。如果问题不在驾驶室，那么就要检查列车的其他部位，包括车上所有的与轨旁紧急停车器配合使用的紧急制动触发装置、车厢之间跳线连接器的开关、各车厢的紧急停车开关，并查看是否有其他故障。

——如果能查到问题，报告 OCC 并按 OCC 指令行事。

——如果未能查到问题，也报告 OCC 并按 OCC 指令行事。

但 T003 的司机未按上述规程要求行事，而是直接缓解制动并继续前进。当列车的第二个单元的第一节车厢（号码为 2476）在行进中碰到紧急停车器时，再次触发紧急制动。

列车迫停后，T003 的司机又重复之前的操作，继续把车往南开。由于道岔 85A 在工程车经过后仍处于反位，T003 的第 1 节车厢（2479）脱轨，朝向 Cottage Grove 方向。第 2 节车（2480）也脱轨，但朝向 Ashland。第 3 节、4 节（号码分别为 2476 和 2475）未脱轨，如图 12.11 所示。

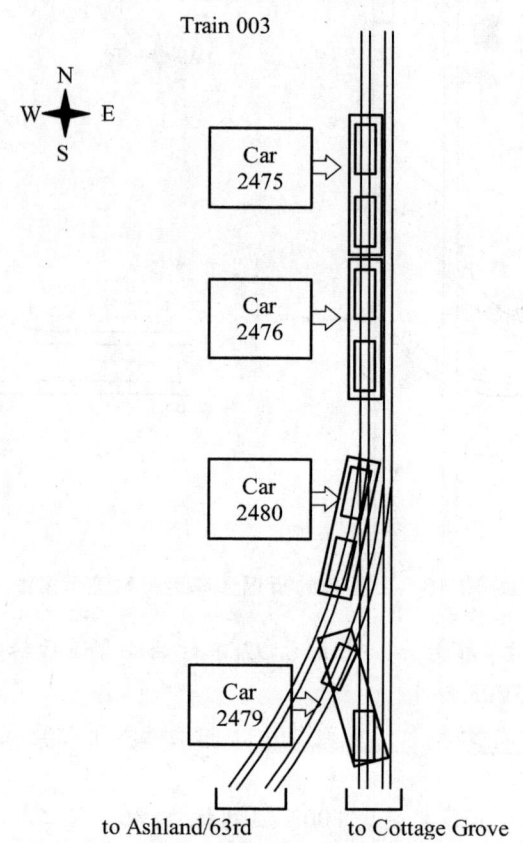

图 12.11　列车脱轨后各车厢的位置示意图

三、事故调查

调查表明事发当时，天气及各项设备均正常。

肇事司机于 1976 年 2 月 20 日加入公司，有长达 32 年的司龄，体检（包括视力）均达标。其培训记录表明他具有合格司机所需的各项技能和知识，包括对相关规程的了解。

事发前一天，即 5 月 27 日，他共工作 9.2 h。之前的 8 天他休假没上班。

事发当天，即 5 月 28 日，他于凌晨 4:20 上车值班，事发时他共工作了 5 h 45 min。

由于他于事发后不久从公司退休，所以到底为什么他没按规程要求而擅自闯红灯不得而知。

规则与程序的作用是规范人的行为。在城轨运营过程中，会涉及许多不同的人。不同的人来自不同的背景，有不同的做事风格。比如谈话，有的人不大爱多说话，而有的人非常健谈。在工作时，为了保证安全，需要对说话的方式做一些规定，特别是在用电话或对讲机等通话设备说话，交谈双方不是面对面，肢体语言不能起到辅助作用时。下面是两个由于通话不当造成意外的案例。

【案例 58】

通话误会导致追尾

控制中心调度通过无线对讲机向列车司机下达调度命令：现授权你用 RM 模式行进到下一站。司机在受令后驾车前行，不久与另一列车发生追尾。

问题出在哪里？

（1）调度命令说用 RM 模式，但司机听成 URM 模式，因为"用 RM"和"URM"发音相近，再加上行调说话带些地方口音，以及对讲机信号的问题和背景噪音的干扰。

（2）URM 时设备允许的行车速度远远高于 RM。

（3）途中有一个弯道，加上是地下隧道区段，不便瞭望。

（4）轨旁信号设备供电故障，信号灯无显示。这也是为什么需要人工调度命令以 RM（或 URM）行车的原因。

（5）调度命令说的"下一站"是下一个地铁站，而司机误以为是"下一个已经开通运营的地铁站"。巧合的是，紧接着的下一站因为周边开发尚未到位，没有客源，所以暂时没有开放。

从这个例子可以看出，虽然事故的发生并非单单因为通话有误，但通话却可能扮演重要角色，如上述的（1）和（5）。改进的办法是：

（1）要求通话时用全称而不是缩略语。在此例中，即把驾驶模式的全称讲出来。

（2）要求受话方进行复诵以便送话方确认。这种复诵要求并不是对所有的通话内容，而是针对那些和安全有关的，比如驾驶模式、列车速度、行驶方向、道岔位置等。

（3）与其说"下一站"，应该说出具体车站名称，甚至包括哪个具体的站台，因为有些站可能会有多个站台。

（4）受话方在接到可能有多个不同解释的信息时，如上例的"下一站"，应主动向送话方澄清，而不应自行决定信息的含义。

【案例 59】

通话不当导致列车开错方向

由于线路局部故障，列车服务改为小交路，即需要列车在中间站（C 站）折返。如图 12.12 所示，A 是原本的终点站，但现在列车需在 C 站折返，开往另一终点站（L 站）。

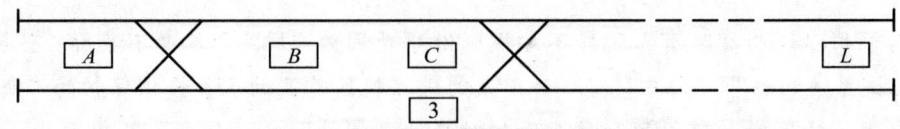

图 12.12　列车及有关车站位置示意图

控制中心行调用无线对讲机问 3 号车的司机：请确认你现在朝向 L 站吗？

司机回答：是。

行调下令：现授权你以人工模式前行到下一站。

结果司机把车开向了 B 站。

除了和案例 1 中类似的问题，如没有讲清驾驶模式和具体到站外，上述通话中的另一个问题出在行调问问题的方式。较安全的问法是：请报告你现在的朝向。即改"是非题"为"什么题"。这是因为回答"什么"和回答"是"或"否"相比，回答者需要做较多的思考，出错的几率会小一些。

现实工作中，由于时间压力，行调往往本能地倾向于"是非题"这种直截了当的快捷询问方式。但鉴于"是非题"的安全缺陷，应避免使用。

二、违规的原因

（1）明知故犯的违规基本上是违规人认为通过这样做可以得到好处（即利益驱使），虽然最后结果不一定如此。这里所说的好处包括时间的节省、费用的节省，或因完成更多的工作量而获得奖励等，即通过违规可以"增收"或"节支"。

具体例子有：

① 在日常的生活中，虽然有明显的提示牌"不要穿越草坪"，但还是有不少人为了节省时间照穿不误。

② 在城轨系统，通常有"持有效票乘车"的规定，但仍旧有人设法逃票，为的是节省费用。

③ 在人工驾驶时，司机应注意瞭望，但有的司机并不注意瞭望，而是发手机短信（如前面冒进红色信号中的案例 51）。

④ 故意把死人装置黏住，方便自己。

⑤ 在别人面前显示自己的能力（逞能）。

值得注意的是有些明知故犯的违规并非错在违规人，而是规定本身有问题，即规定本身不合理。比如前面提到的穿越草坪的例子，可能真的有必要在草坪中铺设一条正规的人行道。这样既方便了行人，也不再有违规的情况发生了。

再比如下面的例子。

【案例 60】

为什么有人选择违规

这个例子用以说明有时有人选择不按规则做事是因为"规定"本身不实际，可操作性差。

在某地铁系统的信号设计中，有一种用来为进入轨区作业的人员提供保护的"钥匙开关"。当有人需要进入轨区时，可以把和作业区相对应的"钥匙"从"钥匙"孔中取出（先旋转再取出）。这会把相应轨区的速度码固定在 0，并把相应轨区内的信号灯及防护该轨区的信号灯固定在红色显示。0 速度码使得处于 AM 或 CM 的列车无法行驶，而信号灯的红色显示会阻止 RM 及 URM 模式的列车的行驶，因为行车规则要求列车司机见到红灯必须停车。该地铁线路的正线和车辆段内均有这种防护钥匙，但每个防护钥匙对应的轨区大小并不相同，有些比较小，而有些就比较大。比如在车辆段内虽然有许多线路，但总共只划分了四个防护区，除了为洗车线所设定的防护区较小外，其他三个区都非常大，如图 12.13 所示。

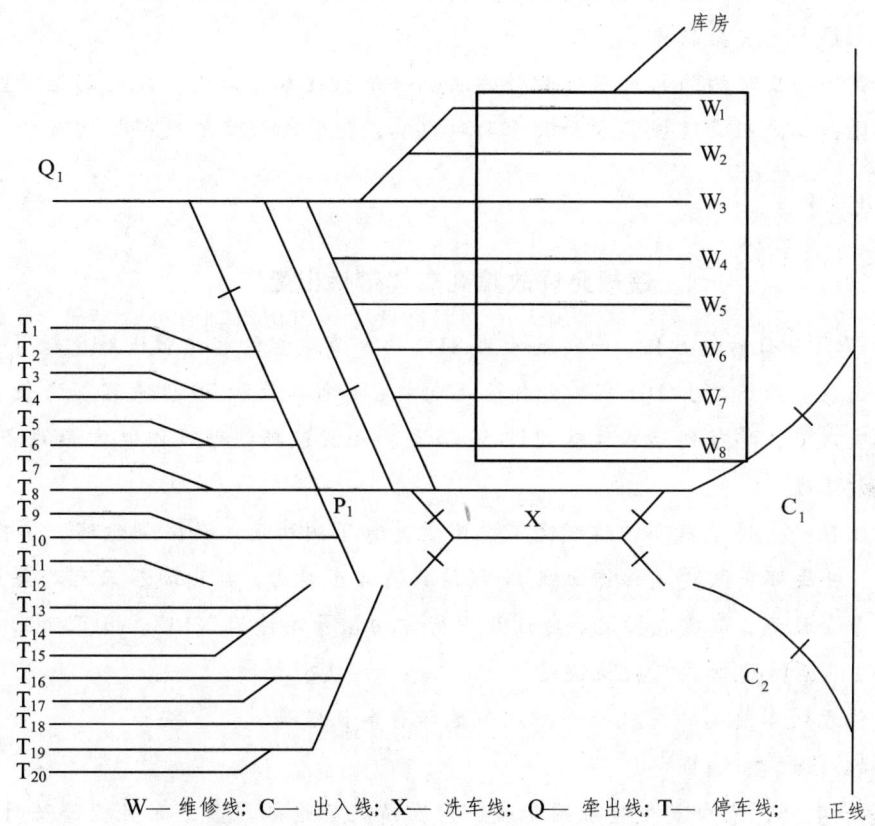

W—维修线；C—出入线；X—洗车线；Q—牵出线；T—停车线；　　正线

图 12.13　车辆段的线路布置及各钥匙开关对应的防护区划分示意图

1 号防护区包括 8 条维修线及牵出线。维修库房内线路无信号设备，防护区只防护到库房的门口。

2 号防护区包括 1 号出入段线及 1～10 号停车线。

3 号防护区包括 2 号出入段线及 11～20 号停车线。

4 号防护区只包括洗车线（当初在设计时把洗车线单独划为一个防护区主要是考虑到洗车线上的洗车设备需要经常性的维护保养，为了减少对其他线路的影响就把洗车线单独划区）。

防护区之间以及车辆段和正线之间的分界点在图中以小的短线表示。

以上是技术设计方面的情况。另外，在对轨区作业的管理方面，要求防护员在分界处放置红闪灯以表明防护范围。

对于在洗车线上进行的轨区作业而言，所需的红闪灯为四个，分别位于四个角，相距尚不算太远。但如果轨区作业在其他地方（比如图中的道岔 P1）情况就大不相同了。虽然红闪灯的总数只增加到 6 盏，但是这 6 盏灯的位置却相去甚远，放置红闪灯所需的时间将成倍增加。不仅放置红闪灯需要时间，作业完毕后，收回红闪灯也要时间！难怪在实际工作中，防护员普遍不是按规定把红闪灯置于防护区的分界点，而是就近放置在作业区的周围。

这样做虽然未必带来直接的安全隐患，但是形成了一种"不按规定办事"的风气。这种风气却会带来很大的安全隐患。

解决本案例所反映的问题可以有两种办法。一是在技术设计上，把大的防护区细分成多个小的防护区；二是在管理规定方面敢于面对现实，把管理规定修改得切实可行。

【案例61】

违规允许故障列车"带病出勤"

1999年7月9日傍晚6:12，一列编号为81D的8节编组的客车冒进红色信号，冲出会让线的末端而出轨。虽然车上101人（包括1名司机，1名车长和99位乘客）均未受重伤，但设备财产损失严重，单就列车修理就超过52万元，还没包括线路及供电方面的修理。

一、背景情况

事故发生在一个位于市郊的二线交汇站附近，如下图所示（为方便叙述，去东部市区的线称作东线，去西部市区的线称作西线）。该站共有4个站台，在出城后只有两条正线。在下行正线有一个会让线，刚建成投运。会让线下行方向信号编号为X133，而下行正线的信号编号为X5。X133后方道岔为"脱轨道岔"。

列车由位于列车前端的司机操作，列车尾部有车长跟车。

二、事故经过

当天下午1:55，东线发生接触网断线，好在情况不是很严重，而且抢修及时，大约1h后东线恢复运作，但多趟列车晚点，包括81D。它在从市区起点站出发时，晚点25 min。按照惯例，司机在出发时检查了车载无线电。虽发现无线电故障，但由于已经晚点，司机没有下车请求维修人员前来修理。

傍晚6:05，81D到达2号站台，此时晚点大约4 min。在差不多同一时刻，来自西线的N275号列车到达4号站台。这个N275是大站快车，而81D为站站停的慢车。按时刻表的安排，81D出站后应直接去下一站，但由于N275也晚点，本该在81D前面的N275比81D晚到站。6:09控制中心行调决定让81D先出站到会让线等候，然后让N275号列车出站后先行。这样N275就不会受81D的"压制"。但当行调试图用无线电把这个决定通知81D的司机时，却发现联系不到81D，于是就通过有线电话请站长设法通知81D的司机或车长。

站长尝试了无线电，也没有联系上司机。他本可以先扣发列车，再派人到站台直接通知司机或车长有关改变进路的决定的。但他没有这么做。

81D列车出站后经过交叉渡线，继而跨过下行正线进入会让线。当时X133显示红色，X5显示绿色。司机并没有施加制动，列车冲过X133以及脱轨道岔，又前行了大约80 m才停下。

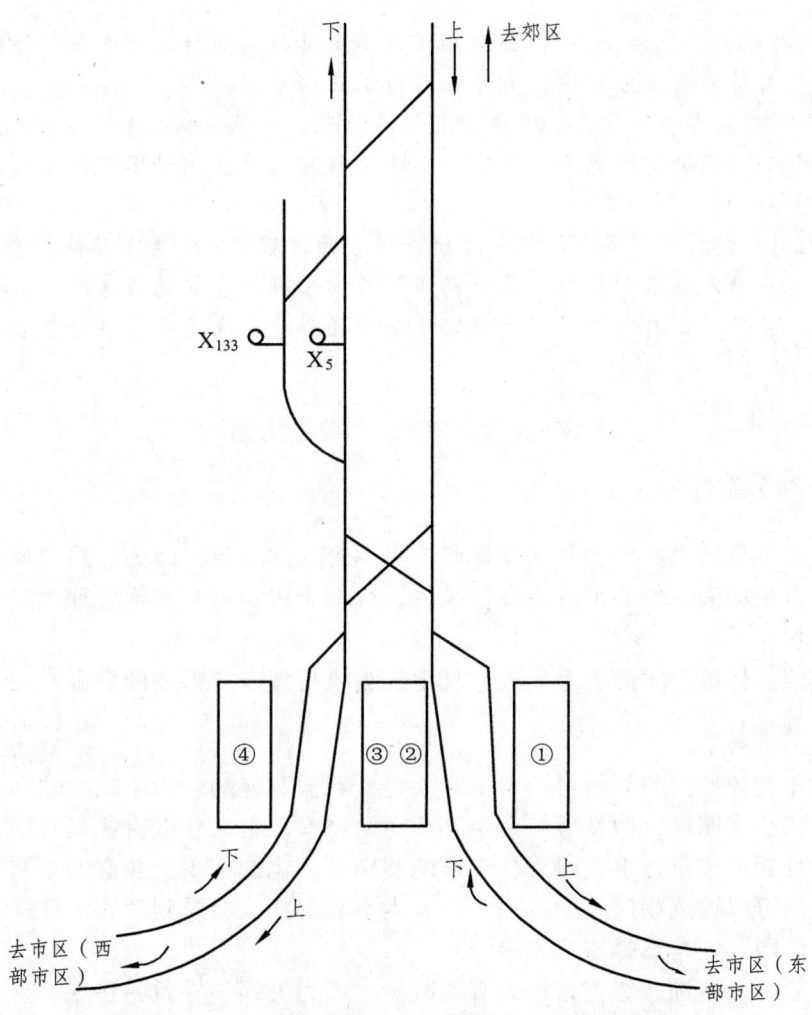

图 12.14 出事地段线路布置及车站位置示意图

三、调查结论

（1）81D 列车的司机未接到改变行车进路的通知，没想到自己的车会被安排去会让线。

（2）81D 列车晚点运行，司机想着赶点，未注意瞭望信号。

（3）会让线是新建线路，81D 列车的司机未被告知有新线投运。

（4）X133 和 X5 位置很靠近，容易引起误读信号。

（5）在车载无线电故障的情况下，应扣车修复，而不应该允许投入运营。

事故调查报告还特别指出，当站长被问及为何没有把改变进路的决定通知到司机或车长时，站长回答：试了，但无线电联系不上。再者说，司机应该注意瞭望的，这是司机的职责。我作为站长不应替失职的司机负责。"调查报告进一步评述说，安全行车，人人有责"。在安全问题上，不能"各人自扫门前雪"，"事不关己，高高挂起"。

（2）违规的主要原因包括：

① 当事人对规定不知情，具体表现在培训不到位，或新规定宣传不到位，比如新的限速规定。

② 当事人对规定"一知半解",虽然知道但不是真正的理解,因而在执行时出了偏差。就像小孩子能把唐诗背得滚瓜烂熟,却不知道诗真正的意思。

③ 当事人对规定非常地了解,但由于条件的局限,使得当事人无力按规定行事,比如因信号灯突然变红而导致的冒进信号。又比如,由于超时工作,精神不济,没能注意到信号的红色显示而冲红灯。

④ 当事人对规定非常了解,但由于在执行规程的过程中,发生了其他的事,转移了当事人的注意力。等当事人处理完这些"其他的事"后回来继续先前的程序时,记错了中断在何处,而漏做了一些项目,有时甚至完全忘记了先前的程序尚未完成(在安全管理一章有具体的例子)。

⑤ 当事人明知故犯。

三、减少违规

违规会导致不良后果,即便是违反那些本身不合理的规定。因为虽然违反不合理的规定本身未必带来直接损失,但会形成不良的风气,以至于影响到对其他合理规定的遵守。所以有必要减少违规。

减少违规应从如下三方面入手:人、规定、为执行规定所需要的资源。

1. "人"的因素

从前面对于违规原因的分析可以看出,人是受利益驱使的。为了减少"明知故犯"必须把利害关系讲得非常明确,包括万一发生事故会给当事人带来什么直接人身伤害,当事人会受到什么样的处罚,按章行事会得到什么样的奖励等。比如不少企业有安全奖,即如果不出事故,相关人员可以得到物质奖励;而一旦发生事故责任人会受到处罚。这样一来人们在做事之前通过"算账"主动选择按章办事。

加强安全教育、培训、练习,可以有效减少"人为失误"导致的违规。

2. 规定本身

有些规定本身不合理或表述不清楚,模棱两可,显然会影响到规定的执行。比如某城轨公司规定:在正常情况下,要用自动模式行车。人工手动模式只有在紧急情况下才可以使用。如果没有界定什么情况算是紧急情况,那么上述规定在执行时一定会出问题。因为不同的人对紧急情况会有不同的理解。

关于规定本身的质量问题,下文将进一步讨论。

3. 执行规定所需要的资源

举一个简单的例子,劳动法对连续工作时间有限制,比如最多不超过 12 h。但有时人手不够,为了维持运作,有些司机不得不超时工作。

再比如,按规定检修人员在对第三轨进行巡检时,要逐一检查用来固定供电轨的抓钩是否正常。这需要检修人员在每一个抓钩处蹲下来,一手用手电筒把抓钩照亮,另一只手检查抓钩是否有松脱现象。但是很多时候,检修人员只是一路走一路检查是否有抓钩已经掉落在地上。原因是夜间检修时间限定在 01:30—04:00,而且每个检修人员每夜要检查两公里线路,900 个抓钩。如果真的按规定的那样去检查,正常人根本做不到。

第二节 规程的制定

一、规程的质量

规程对城轨运营的安全和效率有重大的影响,因此必须重视规程的质量。
曾有调查报告指出,某铁路机构内员工对规程的看法为:
80%的人认为规程是用来在事故发生后对相关人员进行"定罪"的;
79%的人认为规程太多了,19%的人认为规程太少,2%的人对规程的多少没有表态;
77%的人认为规程中的规定相互矛盾;
95%的人认为如果真的按规程办事,工作就不能按时完成;
85%的人认为很难在规程中找到自己需要的内容;
70%的人认为找到自己需要的内容后很难读明白;
71%的人认为没有任何激励机制来鼓励按章行事。
没有人能回想起过去的半年内曾查阅过规程以解决工作中碰到的问题。

当然在做民意调查时,调查结果往往会受到被调查者主观因素的影响。这很正常,因为民意调查反映的正是人们的看法。不管是否真的像调查结果所说的那样规程主要被用于定罪,也不管是否真的有相互矛盾的规定,如果人们真的普遍有这种看法,那只能说明规程的失败。

为了保证规程的质量一定要由胜任的专职人员来负责规程的设计和起草,并对草案进行必要的验证。规程的起草和验证可以由公司内部的人员自己做,也可以委托公司外部人员来做。但重要的是这些人员必须是有经验的、胜任的,而且是专职的,即时间和精力要得到保障。这里的经验是指文本写作经验和运营管理经验。曾经有报告指出,不少城轨公司由于起草规程的人员是工程技术人员且缺乏对运营管理的了解,所以起草出来的规程脱离实际,结果是得不到操作人员的执行,如同一堆废纸。

为了确保规程最终得到有效的执行,把规程的执行者(用户)纳入规程的起草过程十分重要。这是因为:

(1)要从用户出发,为用户着想。不方便使用的东西,不可能得到广泛的应用。

(2)把执行者纳入规程起草的过程,使规程成为执行者的劳动成果,执行者会把规程视如己出,有认同感,因而消除了对立情绪,有利于规程的贯彻实施。

二、规程的结构和形式

1. 规程的结构

一般情况下,每家每户都会多少有些书籍。对这些书籍进行管理,通常无须设计特别的系统或结构。但对于图书馆来说,为了管理成千上万的图书,没有一个合理的结构是不行的。

同样的,为了对运作城轨系统所需的大量的条例、规则、程序进行有效管理,必须有一个合理的结构。

下面是一个例子。该体系把规程划分为三个层次:

第一层：规则。

第二层：程序。

第三层：设备操作步骤。

下面用四个例子说明三个层次之间的关系。

【例1】 牵引供电例行断电

（1）在规则层面有如下规定：

为了给夜间正线轨区作业创造一个安全的环境，在每天运营结束后，应停止向正线牵引供电网（接触网或接触轨）供电。

（2）在程序层面针对上述规则做如下规定：

行调先确定所有正线列车都已回段（车辆段），靠牵引供电行驶的工程车也都已经抵达正线上的预定位置，然后在"牵引供电断电通知单"上签字并交由总调复核。总调复核签字后交给电调。电调根据通知单的要求，使用电力调度终端对牵引供电网断电，并记录断电时间，签字，通知行调和总调已按通知断电。在程序文本中附"断电通知单"的样本。

（3）在设备操作层面描述电调断电所使用的设备及相应的操作步骤。

从这个例子可以看出：

① 规则是关于大原则的描述；

② 程序和设备操作步骤是讲如何实现和实施规则中的要求；

③ 程序和设备操作步骤的区别在于前者涉及多个角色，而设备只涉及单一角色。

【例2】 轧道车的开行

（1）在规则层面有如下规定：

为了确保乘客的安全，在每天早上开行载客列车之前，应先开轧道车，对载客列车运行所涉及的线路、供电、信号等设备进行检查。

（2）在程序层面针对上述规则有如下规定：

什么时间开行：如在当日运行图图定首班载客列车离开第一个车站前30分钟发出轧道车。

开行几列轧道车：是由一列车负责全部的轧道工作，还是同时派多列车进行轧道。

轧道车驾驶模式和速度要求：是自动驾驶模式还是人工驾驶模式，是常速还是限速。

在轧道车开行过程中遇到问题（比如发现轨道上有障碍物）怎么办。

轧道车司机完成轧道任务后如何向控制中心报告，轧道车是否直接转为运营车投入载客服务。

（3）在设备操作层面主要是讲轧道车的驾驶和进路的排列。

在执行轧道任务时司机应做怎样的准备，包括携带钥匙、对讲机、手电筒等。以及对列车做怎样的整备，如开哪些灯，不开哪些灯。

在驾驶轧道车的过程中，司机应注意哪些方面的问题。

在为轧道车排进路时，行调使用什么控制设备，先做什么，后做什么，要不要确认，如何确认。

从这个例子可以看出：

① 规则是关于大原则的描述。

② 程序和设备操作步骤是讲如何实现和实施规则中的要求。

③ 程序和设备操作步骤的区别在于前者涉及多个角色,而设备只涉及单一角色,列车驾驶的角色是司机,进路排列的角色是行调。

【例3】 列车的连挂救援

(1) 在规则层面有如下规定:

当列车由于车载设备故障而不能靠自身动力运行时,由控制中心总调下令对故障车进行连挂救援。救援车必须在前往救援前清客。故障车也必须在最近车站清客。如故障车发生故障时处在站内,那么在站内清客。如果故障车发生故障时处在区间,那么连挂运行到第一个车站后停车清客。

(2) 在程序层面针对上述规则做如下规定:

如何清客,是由司机一人负责还是由车站人员协助清客。

从故障车前面安排救援车,还是从故障车后面安排救援车。

救援车上只安排一名司机还是除了司机外,再安排一位站务人员一同随行前去帮忙。

两车连挂是只做机械连接还是除了做机械连接外,也做气路连接和电气连接。

连挂后列车应以什么模式驾驶,速度怎样,运行到何处,如何分解。

(3) 在操作步骤方面,主要是对如何操作列车进行描述,包括如何在连挂前确认车钩状态,怎么处理故障车以准备连挂,如何确认连挂是否成功,如何控制连挂后的列车等。

从这个例子可以看出:

① 规则是关于大原则的描述。

② 程序和设备操作步骤是讲如何实现和实施规则中的要求。

③ 程序和设备操作步骤的区别在于前者涉及多个角色,而设备只涉及单一角色。

【例4】 在接触网附近进行作业的安全防护

(1) 在规则层面有如下规定:

当工作人员或工作人员所持的工具需要接近接触网(2 m 内)并有可能碰到接触网时,需对接触网进行断电,并用短路器对接触网进行短路。

当工作人员或工作人员所持的工具需要频繁接触接触网时,除了上述断电和短路要求外,还必须把相关高速断路器从电路中撤出并加挂锁以防他人将高速断路器放回电路。

(2) 在程序层面,需要做相关规定:

谁负责对接触网进行断电,谁对接触网进行短路,谁负责将断路器从电路中撤出,这些角色间如何协同运作。在作业完毕后,如何对设备进行恢复。

(3) 在设备操作步骤层面需分别描述断电步骤,短路器的使用及断路器的撤出和上锁。

特别是短路器的使用,除了要描述如何使用短路器以确保安全可靠外,还要讲在连接短路器之前如何确认接触网已经断电。

从这个例子可以看出:

① 规则是关于大原则的描述。

② 程序和设备操作步骤是讲如何实现和实施规则中的要求。

③ 程序和设备操作步骤的区别在于前者涉及多个角色(电调、轨区作业防护主任、负责处理断路器的相关供电人员),而设备只涉及单一角色,每个角色单独完成相应设备的操作。

2. 规程的形式

规程的最终表现形式直接影响到读者的阅读效率。

基于前面所述的结构设计及目前的技术手段，用电子版加链接，把规程组织起来是最理想的做法。

以下是具体的实施例子：

假设有 100 个规则。先把它们分为三类：和正常运作相关的，如前面每日早晨轧道车的开行，每日晚上停运后断电的例子；和降级运作相关的，如前面关于连挂救援的例子；和处理紧急情况相关的（包括火灾、列车脱轨等危及人身安全）。然后将每一大类分为和行车相关的及和行车无关的两个子类，即形成如图 12.15 所示的局面。

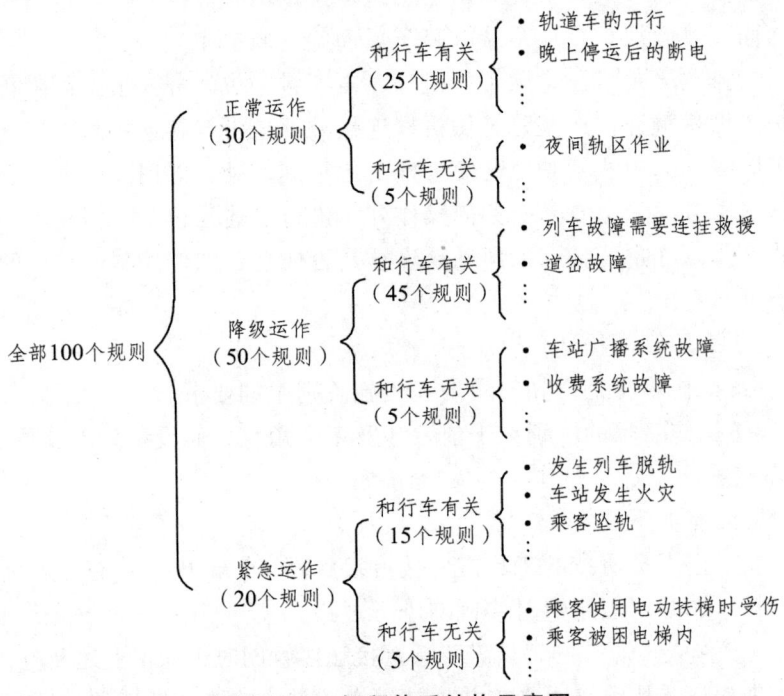

图 12.15 规程体系结构示意图

图中数字只是为了方便讨论。

每个规则有一个编号，如 1.1.1 对应轧道车的开行；3.1.1 对应发生列车脱轨。

对每个规则进行描述，在规则描述的结尾处设"程序"软键。点击"程序"会把相应的程序文件打开。在描述程序的文件中为涉及设备操作的内容设相应的"操作"软键，点击"操作"会打开相应的关于设备操作的文件。

对规则的描述基本上是以文字描述为主。对程序和操作的描述除了文字外，还需要运用流程图以说明行动的先后顺序（时间）；运用示意图来说明相互位置关系（空间）；运用照片表明所操作设备的样子。即所谓的图文并茂。

有了这样的体系后，对规程的维护、修改（删、增等）就会很容易，而且能保持体系的稳定。

在需要打印成硬拷贝时,把整本规程手册分为三篇,第一篇为规则,第二篇为程序,第三篇为设备操作步骤,用编号把规则、程序、设备操作步骤联系起来,以便查找。

除了上述规则、程序、设备操作步骤外,还有如下一些文件也非常重要:

(1)缩略语的定义、术语的定义。

(2)对规程的注解说明,特别要说明:

① 为什么要有此项条文。

② 此条文是否有使用限制,什么限制。

(3)因地制宜的规程。这主要是指与车站布局有关的大客流控制方案、车站紧急疏散方案。这些文件除了在"规程管理部"备案外,主要保存在相应车站。

三、关于规程的编写

在现实生活中,我们经常遇到这样的情况:很多正确的事,因为不易做或太麻烦,导致抵触或畏惧心理而不被做,又或者因为不易做而被做错。

所以管理者的责任不应是把简单的事弄复杂,而应是反过来,尽量把复杂的事通过合理的组织手段变得简单易行。

【案例 62】

列车连挂救援

某城轨列车位于列车两端的自动车钩在设计上允许在两列车之间实现三种联接:机械、电、气,如图 12.16 所示。

图 12.16 具有机械、电和气三种连接的自动车钩

在做连挂救援时可以视具体情况选用不同的组合。如:

(1)全连接,即三种连接同时实现。这种连挂最直接,也最快,只需救援车以低速(约 3 km/h 左右)与故障车对撞即可。适用这种连挂救援的故障情况如:故障车的故障出在受电弓——全部(该城轨的列车有两个受电弓)因遭受过度磨损而自动落弓。

（2）机械和气的联接。这适用于故障车的故障出在电方面（如电气短路）的情况。为了不让故障从坏车"传染"到救援车，需要在二车对撞连挂后，把救援车驾驶台上的"联接切除"旋钮转至"切除电联接"位，以把电联接断开。该旋钮实际上控制的是压缩空气的供应。当该旋钮被转至"全切除"位时，二车即完全解钩。

（3）单纯的机械联接。这是当故障车的故障和气路有关，即故障车漏气时需使用的连挂方式。具体做法是在对撞连挂之前，先下到轨道上在救援车的车底把主风管的一个风阀关闭。这样在二车对撞连挂时，二车之间的气路就不连通。由于电接头的防尘盖板及其相关机构是靠风压操作的，在主风管的风阀关闭后，车钩得不到压缩空气的供应，所以在对撞连挂时，电路也不会对接。

在上述三种方式中，第三种是"最基本"的方式，因为不管怎样，机械联接是一定要具备的。

在刚开通运营时，相应的操作规程列出了全部三种连挂救援的方式，及详细的适用范围和操作步骤。但是后来发生的两件事使得公司管理层决定只保留第三种连挂救援方式，即单纯的机械连挂。

第一件事：有一次一列车发生了电气故障，需要用"机械和气联接"方式进行连挂救援。在二车连挂后，按规定，故障车上的司机将车上位于车内转向架上方的"制动隔离"开关转到"隔离位"以缓解因气路故障而导致的紧急制动（6 节车共有 12 个转向架，相应的有 12 个制动隔离开关）。在将要起动列车之前，救援列车的司机本应把"联接切除"旋钮转至"切除电联接"位，但不知何故却误转至"全切除"位，导致二车解钩。故障车因制动被隔离及当时故障车处于坡道上，而发生下溜。尽管故障车司机马上行动，将 12 个"制动隔离"开关中的 3 个恢复到正常位，但故障车还是下溜，直到坡底才停下来。幸好当时前行载客列车已经驶远，没有发生撞车事故。

第二件事：一列车因气路故障，而导致紧急制动，需用"单纯的机械联接"方式进行连挂救援。本来"单纯的机械联接"方式需在二车对撞连挂前将救援车的主风管风阀先行关闭的，但不知何故，救援车的司机先做了对撞连挂。当他下到轨道关闭风阀时，救援车的主风管风压已大幅下降。只好回到车上，等了近 5 min 让主压缩机对主风管重新补风后才得以缓解因风压降低而导致的救援列车的紧急制动。

虽然上述两件事均出于人为失误，但规程/操作过程的复杂性也不是没有责任。经过这两起事件后，管理层决定只保留第三种救援方式，并决定事先把所有车的所有主风管风阀固定于"关闭"位。这样一来，以后的连挂救援只需救援车司机把救援车开向故障车，以低速对撞即可。

【案例 63】

轻轨的运作规程

某轻轨系统的正线和车辆段均配有完整的轨旁 ATP，均支持 AM、CM 的驾驶模式，但没有可以显示进路状态的轨旁信号机，只有表示道岔开通方向的"道岔位置表示器"，而且正线和车辆段所采用的道岔位置表示器也不同。在正线上，道岔位置表示器是色灯式的。当道岔开通直向时，显示一个向前的绿色箭头；当道岔开通左侧线路时，显示一个向左的绿色箭头；当开通右侧线路时，显示一个向右的绿色箭头；在道岔位置不明（比如道岔在转换过程中）时，显示一个红色的圆圈。

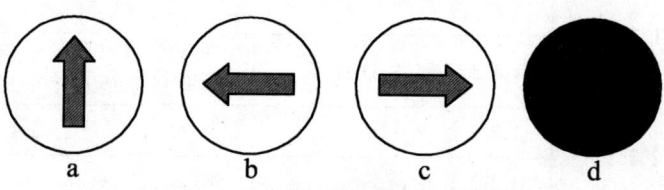

图 12.17 道岔位置表示器的四种显示

而在车辆段，道岔位置表示器是机械式的。当道岔从一个位置（比如定位）转到另一个位置（如反位）时，一个和道岔相连的机械手臂会随着转动，带动一个标有 D（代表定位）和 F（代表反应）的标牌转动。一开始显示的 D 会被一块固定的盖板挡住，而原来被挡住的 F 会显现出来。另一方面，该轻轨系统的列车有两种人工驾驶模式：CM 和 RM。在 CM 时，司机按车载信号的显示控制速度。在 RM 时，车载信号无显示，司机应按 OCC 或现场手信号员的调度命令，以不超过 10 km/h（这是车载设备限速）的速度运行。在运行到有岔区段时，需停车确认道岔位置表示。一旦发现道岔位置表示器的显示与调度命令的授权运行方向不符，应立即向 OCC 报告或与现场的手信号员重新确认。

下面是该轻轨公司在其运作规程中对人工驾驶和车载信号及道岔位置表示器显示之间关系的有关规定。

第 Z 节　人工驾驶时的信号原则

第 1 条　当人工驾驶接近一个道岔位置表示器，而该表示器显示红色或无显示，或显示的是不完整 D 或 F 时，驾驶人应把车停在距离该表示器至少 2 m 远的地方。

第 2 条　当红色显示被绿色箭头显示所取代，或完整的 D 或 F 被显示时，以 CM 模式驾驶的人可以在 OCC 授权后按车载信号指示谨慎驾驶。

第 3 条　如遇红色显示或无显示，以 RM 人工驾驶的人应在行驶前先向 OCC 或现场的手信号员申请授权。

第 4 条　当不完整的 D 或 F 显示被完整的 D 或 F 所取代时，以 RM 人工驾驶的人应在行驶前先向 OCC 或现场手信号员申请授权。

第 5 条　当机械式道岔位置表示器显示的是不完整的 D 或 F 时，以人工模式驾驶的人不得驾车前行。

上述规定存在如下三个方面的问题：

（1）条理不清。第 1 条和第 5 条都讲人工模式碰到不完整的 D 或 F 时该怎么办。

（2）有漏项。没有讲以 RM 模式驾驶、碰到"红色显示或无显示被绿色箭头显示所取代"时应怎么办。

（3）不专业。如规定中讲的"当……被……所取代时"是指情况的变化，而真正的信号原则与"变化"没有关系，只同当时的显示状态有关。

真正有条理的描述应是按如下的结构展开：

表 12.1 不同情况下的驾驶准则

驾驶模式	区域	道岔位置表示器的显示	驾驶人的反应
CM 驾驶模式	1.1 车辆段	1.1.1 不完整的 D 或 F	先停车,获得 OCC 或现场手信号员的指令后才可以动车
		1.1.2 完整的 D 或 F	在 OCC 或现场手信号员的授权下,按车载信号所示的速度驾驶
	1.2 正线	1.2.1 红色或无显示	同 1.1.1
		1.2.2 绿色箭头	同 1.1.2
RM 驾驶模式	2.1 车辆段	2.1.1 不完整的 D 或 F	同 1.1.1
		2.1.2 完整的 D 或 F	按 OCC 或现场手信号员的授权驾驶
	2.2 正线	2.2.1 红色或无显示	同 1.1.1
		2.2.2 绿色箭头	同 1.1.2

第三节 规程的五性

有了规程是否就天下太平、万事大吉了？显然不是。除了第一节所讲的违规（人为）因素外,还有规程本身的因素。本节将分别讲规程五个方面的特性：局限性、严肃性、灵活性、正确性、时效性。

一、规程的局限性

局限性具体表现为：规程无法涵盖实际可能发生的所有情况。这一方面是因为有些情况是事先没有预料到的,所以也就不可能事先准备好应对的规程；另一方面即便是能够事先预料到的情况,也未必准备相应的规程。因为那样的话会使规程本身过于庞大复杂,而不方便使用。前面我们说过不方便使用的东西,是不可能得到广泛应用的。

下面是两个关于规程局限性的例子。

【例 5】 2011 年 12 月某一天的傍晚,某地铁线路列车服务中断,持续 6 个多小时。其中一个启示是负责该地铁线路的地铁公司虽然有应对列车停顿在区间隧道的应急预案,但该预案只针对仅有一列车停顿在区间隧道的情况,而当时有 4 列车因第三轨下移、集电靴受损而停滞在区间隧道。

【例 6】 三国故事中诸葛亮神机妙算,使用火攻更是得心应手,前有火烧新野,后有火烧赤壁,但对司马懿火攻那一仗却没成功,只因当时突然天降大雨,火攻计划未能如愿,让司马懿得以逃脱。

如何解决上述规程本身局限性的问题？虽然一方面是可以相应增加规程的覆盖面,但由于前面所讲规程的"量"的问题,以及人的预见能力的限制,所以最终规程还是存在不完备的问题。这就需要发挥人的能动性了。

人不是机器。对于计算机我们要尽可能地设计出完美的程序,交由计算机去执行。但对于人，不应该像对计算机那样，在制定出一套规程后，就期望着人亦步亦趋地遵照执行，而应该充分利用人的思考判断能力，发挥人的创造性和能动性，以应对那些规程自身的"不完备性"带来的问题。

二、规程的严肃性

规程是对人们行为的一种规范，在很多情况下对人们的活动起到限制作用。限制和自由是对立的，即为了遵守规程，人们需要牺牲一些自由，这往往是很痛苦的，但却是必要的。

有首诗很多人都知道：生命诚可贵，爱情价更高，若为自由故，二者皆可抛。这首诗是写争取社会进步的革命者为打破阶级压迫得到解放不惜放弃生命及爱情的豪情壮志的。在城轨运营管理过程中，**个人的自由要服从规程的限制**。这是因为规程是为了保证城轨系统内人员及财产的安全而制定的行为规范，**代表了人们的共同利益**，包括当事人自己的利益。规程像法律一样有其严肃性，这种严肃性需要得到维护。

【例7】 某地铁系统规定，在需要进入轨区开展作业时，作业队必须有一名防护主任负责对作业区及作业人员进行防护。

有一次，某防护主任带领作业队前往某轨道区段准备开展轨区作业，在进入轨区前，该防护主任按规定用无线对讲机向控制中心"请点"（即请求控制中心授权允许进入轨区）。控制中心在按规定通过管理信息系统查验该防护主任的资格证有效期时发现他的"防护主任资格"已经过期。该防护主任听到这个结果后非常惊讶，因为这位防护主任不是一般的防护主任，而是负责培训轨区作业防护主任的培训师。按公司的规定，培训师的防护主任资格永远不会过期。控制中心也确认，管理信息系统当天曾出现故障。但为了维护规程的严肃性，且不妨碍轨区作业的进行，控制中心安排当地车站的助理站长（其具有有效的防护主任资格）担当该作业队的防护主任。

【例8】 美国加州三藩市捷运系统规定，在从配有轨旁 ATP 设备的地下线路区段进入无轨旁 ATP 防护的地面线路区段前，列车驾驶模式由"受 ATP 防护"向"ATP 保护切除"的转换必须在列车进入位于区段分界点的车站停车后才能进行。但40%的司机不等列车进站，而是列车一出隧道就切除 ATP。这种大面积的违规操作最终导致了列车追尾事故的发生，详情参见案例29。这个案例说明了该城轨公司没能有效地维护规程的严肃性。

三、规程的灵活性

现实情况是千变万化的。为了对付不同的情况，特别是特殊情况（包括未能预测到）的情况，有必要在制定规程时考虑一定的灵活性，即在确保人们共同利益不受损害的前提条件下，在一般规则外，列出例外情况或允许当事人根据具体情况自行判断或请示上级以寻求使工作得以进行的变通做法。

【例9】 为了行车安全，需要遵循"闭塞"的原则，即不可以允许列车进入已经有车占用的区间。但在对故障车进行连挂救援的情况下就需要打破此限制。当然，为了防止事故的发生，救援车必须低速慢行。

【例 10】 某地铁公司规定，如果列车因牵引供电故障而停顿在区间且无法在短时间内用内燃或电瓶调车机车进行连挂救援，就要组织乘客使用位于列车端头的紧急疏散门下到轨道上，步行前往最近的车站。

有一次，接触网断线，列车停在无电区间。司机经过查看发现垮下来的接触线及毁坏的受电弓掉落在车前车后的轨道上，形成了通行障碍，于是通过无线电对讲机向控制中心报告情况，并请求改用列车的边门让乘客下车，并经上下行隧道间的横通道沿邻线隧道走回车站。控制中心在确认邻线隧道安全（没有列车运行，且接触网断电）后，批准了司机的请求。

四、规程的正确性

规程是对工作行为的规范，是要执行的。所以规程必须是正确的。但不幸的是，确实有由于种种原因（主要是制定规程的人对事情的认识不足）导致规程本身错误而酿成大祸的案例。

【案例 64】

英国伦敦地铁王十字车站火灾事故（参见案例 4）

1987 年 11 月 18 日晚，在王十字地铁站发生重大火灾事故，导致 31 人死亡，其中包括一名消防人员。事故的直接原因是有乘客把未完全熄灭的火柴杆随手丢掉，经自动扶梯的缝隙落进了自动扶梯的机械间，点燃了经年积累的油污和纸屑等垃圾之后，木制电梯本身在预热一段时间后突然着火，酿成惨祸。当时伦敦地铁火灾报告程序的错误在一定程度上耽误了灭火行动。具体情况如下：

早在 1985 年 8 月 23 日（贝克街火灾事故发生后的第二天），伦敦消防大队的队长曾让其副手写信给伦敦地铁运营总监克卜先生，敦促伦敦地铁修改火灾报告程序，由"报大火，不报小火"改成"不论大火小火都要在第一时间通知消防大队，甚至包括只是疑似火警的情况"。

信的译文如下：

亲爱的克卜先生：

关于向消防大队报警的安排在得知贵公司启用新的"两阶段"火警报告程序后，我感到十分地不安，因为这一"两阶段"火警报告的做法和我们消防大队在奥克斯福德马戏团地铁站火灾事故后提出的"对地铁系统内任何火情均应第一时间向消防大队报警"的专业建议刚好相反。

经验表明"两阶段"报告法会带来迷惑，继而会延误消防大队的反应，就像昨晚在贝克街发生的火灾事故那样。

我们注意到消防大队关于在地铁系统内减少垃圾丢弃的建议得到采纳后，地铁系统内的火警数目大为减少，但我强烈敦促你们撤回"两阶段"火警报告程序，而明确地要求对任何火情，即便只是疑似火情均应立即向消防大队报警。这样做会救人性命。

我们知道地铁运营面临的困难，所以我们已经修订了消防大队的工作程序以确保一旦接获地铁火警报告，消防大队就会派高级的人员到场处理。

尽管有上述的书面信函,地铁公司并未对作为规程第 8 附件的"两阶段"火警报告程序做任何修改。该程序内容为:

有两种火情,一种是使用第 C 章描述的设备就可以扑灭的火,第二种是需要消防大队前来的火。如有疑问,一定要请消防大队前来。

1987 年 11 月 18 日晚在王十字车站的第一次火情是在大约 19:15 被地铁员工扑灭的,这个火情发生在维多利亚线的自动扶梯的下部端头,是一团着了火的纸巾。第二次火情,也就是后来酿成大祸致使 31 人丧命的火情,发生在站内皮卡第利线自动扶梯上,站务督导员是在大约 19:30 从乘客那里接获火情报告的。

如果在 19:15,即发生第一次火情时,或在 19:30 即发现第二次火情时马上向消防大队报警,那么消防大队就会提前约 19 min 或 4 min 做出反应,因为当晚实际向消防大队报警的时间为 19:34。在紧急情况下,每一分钟都是宝贵的。

至于为什么伦敦地铁公司没有按消防大队的建议撤回"两阶段"火警报告程序,调查报告指出,当时在地铁公司,人们普遍认为地铁火情是免不了的,在过去发生过无数的火情,都被制伏了,没有什么大不了的。这实际上也反映出当时伦敦地铁公司安全文化的严重缺陷。

【案例 65】

美国华盛顿地铁列车雪天冲出车站撞车事故(参见案例 22)

1996 年 1 月 6 日晚上约 10:40,华盛顿地铁红线的一列地铁车 T111 在进谢地格卢终点站时由于车速过高加之钢轨因积雪黏着降低而冲过车站,和位于站后出入停车场的出入场线上的一列备用车相撞。T111 的司机当场身亡,车上乘客均未受伤,财产损失超过 200 万美元。

事故的直接原因是列车因钢轨积雪而打滑,无法正常刹车。深层次的原因之一是当时控制中心执行的行车规定有严重的错误。具体情况如下:

华盛顿地铁的列车有自动驾驶模式和两种手动驾驶模式,分别记为 M1(自动),M2(手动,有速度保护)和 M3(手动,没有速度保护)。在正常情况下,在 1995 年 11 月 17 日之前的 20 年间,通常有如下三种情况会使用手动模式:

(1)在受天气影响的情况下,OCC 会按规定让司机手动驾驶。

(2)为了给司机练习的机会以保持驾驶技术,OCC 每周会安排一天手动驾驶。

(3)由于夜间轨区施工作业可能会改变线路条件,所以每天早上第一趟车也是由司机手动驾驶,以便司机能在发现问题时及时停车。

但在 1995 年 11 月 17 日,OCC 主任下达了一个书面指示,其中规定:除非在紧急情况下,不得以 M2 行车。每天早上第一趟车以 M2 运行的做法也暂停,直到另行通知。

之后,在 1995 年 11 月 20 日,负责地铁运作的总主任下发了一个备忘录,强调所有司机必须先得到 OCC 的允许,否则不可以把驾驶模式从 M1 改为 M2,在站内调整车的位置(比如列车停站不准确而需要重新起动以便对位时)除外。

这些书面指示及备忘录的起因是 1995 年 11 月 11 日接到的关于车轮"磨平"事件报告的次数明显增多,并一直持续到 11 月 14 日。公司质量保证部于 11 月 14 日提交的报告称该部的车辆维修组正在多方查找原因,怀疑车轮"磨平"与人工驾驶有关,其他可能因素包括相关线路区段的钢轨材质、齿轮箱漏油可能造成的钢轨表面打滑等，并建议对自动模式和手工模式下的列车制动进行对比试验。

1995年11月15日，公司的车辆工程部起草了一份备忘录，称近期车轮"磨平"事件次数的剧增和司机有关，并建议在接下来的冬季先在个别区段停止手动驾驶，在确定有效后，予以推广。

但11月17日的书面指示及11月20日的备忘录十分明确地指示全网的OCC控制员和司机停止人工手动模式。这些指示的出台没有经过慎重的试验来证明"停止手动模式"的效果，更没有留足够的时间来观察自动模式在冬季雪天气候条件下是否有安全方面的问题。事实上后来的数据表明：

在书面指示实施前的17天内，只有14次列车在站停车时越位，而在指示实施的当天就发生了39次。在1995年11月18日至31日间的14天内发生的越位事件次数是前16天内的次数的三倍多。12月继续呈增加趋势，达到85次。

事故调查报告指出，尽管造成列车在站停车越位的因素有多种，但1995年12月的越位次数远远超过过去3年同期的越位次数，说明停用人工手动模式有问题。

1996年1月6日晚T111的撞车事故正是由于在钢轨积雪打滑的情况下，OCC机械执行书面指示要求，在接获司机报告说车速为 75 mile/h，远高于公司规定的最高限速 59 mile/h 后，仍坚持以自动模式运行。

事故调查报告还指出，之所以书面指示及备忘录均规定停用手动模式，是因为他们错误地认为自动模式是安全可靠的，即便在天气不好的情况下。

【案例66a】

法国列车相撞事故（参见案例25）

1988年6月27日傍晚7:08在法国里昂站发生了严重的列车相撞事故。其原因之一是"全面关闭"程序有严重缺陷。详情参见本书第七章。

【案例66b】

德国ICE列车脱轨事故（参见案例35）

当乘客约格迪曼找车长反应异常情况，并要求停车时，车长坚持按公司的规定先去调查，才决定是否停车。但不幸的是，还没等到他们抵达发生异常情况的一号车厢，列车就脱轨了。

五、规程的时效性

城轨一旦建成就会持续运营几十年甚至上百年。在这么大的时间跨度内，会发生很多的变化，比如客流量的时、空分布的改变，设备的更新，机构的改组等。这一切都要求规程跟上形势的发展，与时俱进。

条例（规程）成文施行后，即便随着时间的推移已不再适用、不再相关，也没有人去清理。就像张贴的告示。告示贴出后，并没有谁真的认真跟踪及时把过期的告示清除掉。

只有培训部,因为要向新员工进行规程教育/培训,所以还一遍又一遍地把即便是成了古董的规程拿出来宣讲。

◆ 思考题

(1)认真阅读下面的新闻报道节选,讨论清理的必要性和开展方式。

让党内法规制度更具生命力
——聚焦中共中央首次对党内法规制度进行集中清理

新华网北京 2013 年 8 月 28 日电随着《中共中央关于废止和宣布失效一批党内法规和规范性文件的决定》发布,1978 年以来中央制定的 767 件党内法规和规范性文件,有 300 件被废止和宣布失效,另有 42 件将作出修改。这是党的历史上第一次对党内法规制度进行集中清理,必将为党的制度建设注入新活力。

加强党内法规制度建设的一项基础工程

新中国成立以来特别是改革开放以来,党制定了大量党内法规和规范性文件,为规范党组织工作、活动和党员行为,增强党的创造力、凝聚力和战斗力提供了重要制度保障。

"由于缺乏清理机制,新中国成立以来尚未对已出台的党内法规和规范性文件开展过集中清理,党内法规制度十分庞杂,相当程度上存在不适应、不协调、不衔接、不一致等问题。"中央党校党建部教授如是说。

以本次集中清理中被废止、宣布失效和修改的文件为例:

——中央在 1985 年、1987 年、1993 年、1996 年、1997 年、2001 年先后出台 6 个关于防止机构编制膨胀的文件。上述文件的内容,已被 2011 年出台的关于严格控制机构编制的新文件涵盖,新旧文件并存造成执行困扰;

——1984 年出台的关于党政机关和党政干部经商办企业的一个文件,规定党政机关在职干部在不保留原来职务的前提下可以保留公职经商办企业,这与《中国共产党党员领导干部廉洁从政若干准则》等规定冲突;

——2003 年出台的《中国共产党党内监督条例(试行)》,有些规定比较原则,操作性不强,约束力不够,难以满足新形势要求;

——2004 年出台《中国共产党党员权利保障条例》,有些规定保障措施操作性不够强,对侵犯党员权利的责任追究力度不够大,导致党员的知情权、参与权、选举权、表达权、监督权保障不到位。

专家认为,党内法规制度中存在的这些问题,有损于党内法规制度的严肃性和权威性,有碍于党内法规制度的贯彻执行,也不利于党内法规制度建设的顺利推进。借鉴开展法律清理、行政法规清理的做法,对党内法规和规范性文件予以集中清理,一揽子解决党内法规制度中存在的问题,十分必要。

中央对开展清理工作高度重视,将其作为加强党的制度建设的一项重要举措和任务来部署。中国共产党党内法规制定条例》明确规定,党内法规制定机关应当适时对党内法规进行清理。去年,中央批准印发《中共中央办公厅关于开展党内法规和规范性文件清理工作的意见》,正式启动了党内法规和规范性文件集中清理工作。

关于开展这次集中清理工作的重要意义,党内法规和规范性文件清理工作领导小组办公室、中央办公厅法规局负责人认为，其意义可以用"三个工程"来概括：一是"基础工程"，通过全面清理可以摸清党内法规制度的"家底"；二是"系统工程"，通过清理可以解决党内法规制度中存在的不适应、不协调、不衔接、不一致的问题，有效维护党内法规制度的协调统一；三是"战略工程"，通过清理有利于明确下一步党内法规制度建设的方向、重点和着力点，加快构建科学的党内法规制度体系。

严肃审慎、科学民主的清理过程

这次清理工作时间跨度大、涉及主体多、覆盖范围广、文件数量多，任务十分繁重。为做好这次集中清理工作，中央批准成立了由中央办公厅牵头，中央纪委、中央组织部、中央宣传部、中央统战部、中央政法委、国家档案局、国家保密局等单位参加的党内法规和规范性文件清理工作领导小组，小组办公室设在中央办公厅法规局。各地区、中央有关部门也相应成立了清理工作领导机构。

据介绍，此次集中清理按照"由近及远、先上位后下位"的思路进行。所谓由近及远，是指清理工作分两个阶段实施：第一阶段清理1978年至2012年6月底前制定的党内法规和规范性文件，第二阶段清理新中国成立后至1978年前制定的党内法规和规范性文件。所谓先上位后下位，是指先对中央党内法规和规范性文件进行清理，中央纪委、中央各部门和各省区市党委同步启动清理工作，但要待中央《决定》出台后，再对照中央清理意见开展审核、审批等工作。全部清理工作将于2014年12月底前完成。

记者从中央办公厅法规局了解到，这次清理遵循了严格的程序，经过了5个环节：一是确定清理范围。从1978年至2012年6月制定的近4 000件各类中央文件中，梳理出767件属于党内法规和规范性文件纳入清理范围。二是提出清理意见。根据"谁起草、谁提出清理意见"的原则，由中央有关部委和单位研究提出初步清理意见。三是组织集中审核。中央办公厅会同有关部门成立集中审核工作组，根据各有关部委和单位提出的初步清理意见，逐件进行论证审核。四是广泛征求意见。将审核意见分送有关部委和单位，并根据各方面反馈情况形成一致的清理意见。五是中央审批发布。决定》稿形成后，按程序报请中央审批发布。

据介绍，这次清理主要采取了废止、宣布失效、继续有效等3种处理方式。

——决定废止162件，占清理文件总数的21%。废止的主要有3种：一是文件主要内容同党章和党的理论路线方针政策相抵触，或者同宪法和法律不一致；二是明显不适应现实需要；三是已被新的规定涵盖或者替代。

——宣布失效138件，占清理文件总数的18%。宣布失效的主要有2种：一是文件的调整对象已消失；二是文件适用期已过或者文件规定的阶段性任务已经完成，文件事实上已不再执行。

——继续有效467件，占清理文件总数的61%。继续有效的有3种：一是文件内容不存在问题；二是文件内容虽存在一些问题，但不影响继续执行，废止、修改的必要性不大；三是文件内容存在一些问题，需要进行修改，但修改前继续有效。决定予以修改的文件共42件。

让党内法规制度真正成为硬约束

制度的生命力在于执行。"有生命力的制度，应当是科学合理、务实管用、适应需要、便于执行的好制度。"国家行政学院法学部教授认为，制约当前制度执行力提高的一大障碍是制度本身存在的不适应、不协调、不衔接、不一致等问题，经过清理，将那些不该继续执行和事实上已不再执行的党内法规制度予以废止和宣布失效，达到制度"瘦身"的目的，同时对需要修改的党内法规制度安排进行修改，达到制度"健身"的效果，可以为提高制度执行力扫清障碍。

专家认为，经过这次清理，继续有效的文件可以说是"有一件算一件"，必须得到严格执行，确保有规必依、执规必严、违规必究。

专家认为，党内法规制度真正得到实施，单靠一次集中清理并不够。这次集中清理只是解决了此前党内法规制度中存在的问题。今后，还要按照中央要求，建立健全清理工作长效机制，既要重视定期清理，一般每5年开展一次集中清理；也要重视日常清理，在制定或者修改党内法规和规范性文件时，同步对与之不协调、不衔接、不一致的相关党内法规和规范性文件进行清理，实现清理工作的经常化、制度化、规范化。

（2）运营管理规程类似于法规。讨论立法程序对制定运营管理规程的借鉴作用。

（3）有观点认为：制定法规的根本目的是对个人利益和整体利益进行协调，使个人利益服从整体利益。你认同这一观点吗？试举例说明。

参考文献

[1] 资本论[M]. 中共中央马克思、恩格斯、列宁、斯大林著作编译局译. 北京：人民出版社，1975.

[2] Customer Behavior Relative to Gap Between Platform and Train，July2009，Janice R. Daniel，Ph. D.

[3] Reducing error and influencing behavior，ISBN9780717624522

[4] SAFETY CRITICAL TASKS CLARIFICATION OF ROGS, REGULATIONS REQUIREMENTS, Office of Rail Regulation，UK.

[5] London Underground Safety Certificateand Safety Authorization Document.

[6] The Multitasking Myth：Handling Complexity in Real-world Operations，Loukia D. Loukopoulos，R. Key Dismukes，Immanuel Barshi.

[7] August8，2007 Storm Report, Elliot G. Sander, Metropolitan Transportation Authority. New York，USA.

[8] Special Commission of Inquiry into the Waterfall Rail Accident, Final Report, Volume 2，January 2005，The Honourable Peter Aloysius Mc Inerney QC，AUS.

[9] Investigation into the King's Cross Underground Fire，Desmond Fennell OBE QC, Deportment of Transport，UK.

[10] GOOD PRACTICE GUIDE TO TRAIN DRIVER TRAINING，A guide to the analysis, design, delivery and management of train driver training. Rail Safety & Standards Board，UK.

[11] Rail Accident Report：Accident involving a pantograph and the overhead line near Littleport, Cambridgeshire, 5 January 2012, Rail Accident Investigation Branch, Department for Transport. UK.

[12] Rail Accident Report：Train departed with doors open，Warren Street，Victoria Line, London Underground, 11 July 2011, Rail Accident Investigation Branch, Department for Transport. UK.

[13] Rail Accident Report：Passenger trapped in a closed train door，Tooting Broadway, Northern Line, London Underground, 1 November 2007, Rail Accident Investigation Branch, Department for Transport. UK.

[14] Rail Accident Report: Unauthorized train movement at High Street, Kensington, 29 April 2006, Rail Accident Investigation Branch, Department for Transport. UK.

[15] Rail Accident Report: Runaway of an engineering train from Highgate, 13 August 2010, Rail Accident Investigation Branch, Department for Transport. UK.

[16] Rail Accident Report: Derailment of a London Underground Central Line train near Mile End station, 5 July 2007, Rail Accident Investigation Branch, Department for Transport. UK. Rail Accident Report: Derailment of a Docklands Light Railway train near Deptford

[17] Rail Accident Report: Derailment of a Docklands Light Railway train near Deptford Bridge station, London, 4 April 2008, Rail Accident Investigation Branch, Department for Transport. UK.

[18] Railroad Accident Report: COLLISION OF WASHINGTON METROPOLITAN AREA TRANSIT AUTHORITY TRAIN T-111 WITH STANDING TRAIN AT SHADY GROVE PASSENGER STATION, GAITHERSBURG, MARYLAND, JANUARY 6, 1996, National Transportation Safety Board, USA.

[19] Railroad Accident Report: Collision Between Two Washington Metropolitan Area Transit Authority Trains at the Woodley Park-Zoo/Adams Morgan Station in Washington, D. C. November 3, 2004, National Transportation Safety Board, USA.

[20] Railroad Accident Report: Collision of Massachusetts Bay Transportation Authority Train 322 and Track Maintenance Equipment near Woburn, Massachusetts, January 9, 2007, National Transportation Safety Board, USA.

[21] Railroad Accident Report: NEAR HEAD-ON COLLISION AND DERAILMENT OF TWO NEW JERSEY TRANSIT COMMUTER TRAINS NEAR SECAUCUS, NEW JERSEY, FEBRUARY 9, 1996, National Transportation Safety Board, USA.

[22] Railroad Accident Report: Collision of Two Municipal Transportation Agency Light Rail Vehicles, San Francisco, California, July 18, 2009, National Transportation Safety Board, USA.

[23] Railroad Accident Report: Massachusetts Bay Transportation Authority (MBTA) train Collision, Boston, Massachusetts, May 8, 2009, National Transportation Safety Board, USA.

[24] Railroad Accident Report: MARTA train 103 striking technicians fouling the track Near MARTA Avondale Station in Decatur, Georgia, February 25, 2000, National Transportation Safety Board, USA.

[25] Railroad Accident Report: Metropolitan Atlanta Rapid Transit Authority (MARTA) Unscheduled train 166 striking bucket of self-propelled lift containing two contract workers at MARTA Lenox rail transit station, Atlanta, Georgia, April 10, 2000, National Transportation Safety Board, USA.

[26] Railroad Accident Report: Chicago Transit Authority train Derailment, Chicago, Illinois, May 28, 2008, National Transportation Safety Board, USA.

[27] An Analysis of the Agency Response to The December 28, 1990, Smoke and Fire Condition at the Clark Street Subway Station, New York Committee on Transportation, Hon. June M. Eisland, New York, USA.

[28] Rail Safety Investigation Report: DERAILMENT OF CITYRAIL PASSENGER SERVICE 37-K HOMEBUSH, 7 JANUARY 2009, Office of Transport Safety Investigations, AUS.